AF557202

Gerhard L. Durlacher
Die graublaue Strickjacke

Gerhard L. Durlacher (1928–1996) wuchs in Baden-Baden auf. 1937 floh die Familie in die Niederlande. Von dort aus wurde er 1942 in das holländische Transitlager Westerbork deportiert und 1944 über Theresienstadt nach Auschwitz verschleppt. Er war einer der wenigen, die das Todeslager überlebten. Nach der Befreiung kehrte er 17-jährig nach Holland zurück, wo niemand auf ihn wartete, schloss zunächst ein Medizinstudium mit Promotion ab. Im anschließenden Soziologiestudium führten seine anerkannten Veröffentlichungen rasch zu einem Lehrstuhl. Erst mit fast 60 Jahren wird es ihm möglich, über das Erlebte zu schreiben. Der vielfach ausgezeichnete Schriftsteller starb 1996 im Alter von 67 Jahren.

Jessica Durlacher wurde 1961 in Amsterdam als eine von drei Töchtern des Soziologen, Schriftstellers und Holocaust-Überlebenden Gerhard L. Durlacher geboren. In ihren Romanen schreibt sie über Familien, die über Generationen vom Holocaust traumatisiert und geprägt sind. Werke (Auswahl): 2000: *De Dochter* (dt. *Die Tochter*, Diogenes, 2001); 2011: *De Held* (dt. *Der Sohn*, Diogenes 2012); 2021: *De stem* (dt. *Die Stimme*, Diogenes, 2022).

Gerhard L. Durlacher

Die graublaue Strickjacke

Ein jüdischer Junge unter Nazi-Herrschaft

Mit einem Nachwort von Jessica Durlacher

Europäische Verlagsanstalt

Bibliografische Information der Deutschen Nationalbibliothek
Die Deutsche Nationalbibliothek verzeichnet diese Publikation in der Deutschen Nationalbibliografie; detaillierte bibliografische Daten sind im Internet über http://dnb.d-nb.de abrufbar.

Einige der erstmals in den Jahren 1993, 1994, 1995 und 1998 erschienenen und von Maria Csollány ins Deutsche übersetzten Erzählungen von Gerhard L. Durlacher wurden in diesen neu zusammengestellten Band aufgenommen, wobei die Erzählung „Nicht verstehen" und das Nachwort von Jessica Durlacher von Inge Feldhaus ins Deutsche übertragen wurden.
Coverabbildung: Zeichnung von Solomonica de Winter
Umschlaggestaltung und Satz: Christian Wöhrl, Hoisdorf
Signet: Dorothee Wallner nach Caspar Neher „Europa" (1945)

Printed in Germany
ISBN 978-3-86393-173-5

Informationen zu unserem Verlagsprogramm finden Sie im Internet unter www.europaeischeverlagsanstalt.de

Inhalt

Peterchens Mondfahrt 7
Kerzen und Fackeln 12
Geburtstag 25
Der Ertrinkende 35
Maria und Lena 43
Schulzeit 54
Auswanderung 64
»Nicht verstehen« 78
Gabel 109
Der Beginn einer Reise 126
Streifen am Himmel 139
Quarantäne 155
Verbotener Unterricht 169
Die Illusionisten 181
Befreiungen 198
Nach 1945 223
Die Suche 253

Jessica Durlacher
Für immer mein Vater 293

Peterchens Mondfahrt

In der Ankleidekabine von Kindlers Strickwarengeschäft hängt der Gummigeruch von alten Armblättern und ein warmer vertrauter Mief wie in Großmutters Zimmer. Die Stecknadelköpfe auf dem Parkett pieksen in meine Ferse, als ich auf einem Bein hüpfend mit dem anderen in das Hosenbein des dunkelblauen Matrosenanzugs fahre.

Mit halb zugekniffenen, stechenden Augen und spöttischbös gespannten Lippen beobachtet der Besitzer mein Gehopse. Meine Mutter, die, wie ich finde, in ihrem hellbraunen Fohlenpelz sehr schön und vornehm aussieht, steht verlegen schweigend mit prüfendem Blick halb hinter ihm. Er ist ein Feind, verkauft aber an Juden, wie ich zu Hause gehört habe. Die Hosenbeine sind unangenehm lang und kratzen grob über den Knien, und plötzlich weiß ich, so müssen sich die Nesselhemden angefühlt haben, die Elisa im Märchen für die Schwanenprinzen webte.

Verdrossen schaut mein Spiegelbild mich an, denn die Matrosenmütze, die vieles wettgemacht hätte, bekomme ich nicht. Stattdessen eine Wollmütze mit Schild, die an Festtagen auch als vorgeschriebene Kopfbedeckung dienen kann. Tausendmal lieber hätte ich eine Tiroler Lederhose mit hübschen Hirschhornknöpfen bekommen, wie die Nachbarsbuben sie tragen, aber den Gedanken daran wage ich nicht laut auszusprechen.

Kummer und Zorn überkommt mich, als der Saum der neuen Hose sich an der Innenseite meiner eiskalten Schenkel reibt.

Die Aussicht, in ein paar Tagen im großen Schauspielhaus die Weihnachtsvorstellung von Peterchens Mondfahrt mit meinen Eltern zu besuchen, lässt mich das Ungemach vergessen.

In einem Nebel kleiner Schneeflocken, durch den die Straßenlaternen wie Vollmonde schimmern, gehen wir zu dritt an den Fenstern der Geschäfte und Wohnhäuser entlang. Hinter den halbgeöffneten Vorhängen sieht man leuchtende Weihnachtsbäume und Adventskränze, die es bei uns zu Hause nicht gibt. Mutter kann mir meine Sehnsucht nachfühlen, aber Vater schlägt den Wunsch nach dem winterlichen Grün barsch ab: Dafür haben wir Chanukka.

Er geht ein paar Schritte vor uns her. Ein Riese in dunklem, schwerem Mantel und einem steifen schwarzen Hut mit runder Krempe, einem Bowler. Sein Spazierstock, ein Wunderding mit verborgenem Regenschirm, ist größer als ich. Fast nie benutzt er ihn als Stütze beim Gehen; es ist ein langer Zeigefinger, mit dem er auf Menschen und Gegenstände zeigt und den er beim Grüßen emporschwenkt.

An der Ecke zum Leopoldsplatz gesellt sich Onkel Rudi, Vaters Schulfreund, lachend zu uns. Er lacht oft und bringt es manchmal fertig, dass sich die scharfen Falten um Vaters Mund glätten. Von hier aus kann ich das hell erleuchtete Schaufenster seines Geschäftes mit dem Spielzeug, dem Porzellangeschirr und den Küchengeräten sehen. Die Spielzeugpistole, die er mir kürzlich geschenkt hat, hüte ich wie einen Schatz, aber leider ist die Munition ausgegangen und darf nicht nachgekauft werden.

Wir schlagen die Richtung zum Kurhaus ein, das ich im nebligen Licht undeutlich wiedererkenne, von den Sonntagmorgenspaziergängen zur Trinkhalle, wo ältere Leute das übelriechende Wasser trinken und wo ich von den schaurigen Wandmalereien mit geharnischten Rittern, Drachen, schnaubenden Pferden und verängstigten Jungfrauen eine Gänsehaut bekomme.

Links vom Kurhaus schimmern die milchweißen Kugeltrauben der Theaterlaternen durch die kahlen Bäume der Lichtenthaler Allee. Während der Sommer- und Herbstspaziergänge mit Mutter und Senta, meiner schwarzen Schäferhündin, hätte ich mir nie träumen lassen, dass abends das rosa Theatergebäude zu einem Märchenpalast wird.

Rudi beschleunigt plötzlich seine Schritte, rennt mit flatternden Hosenbeinen voran und deutet auf zwei überlebensgroße Schneefiguren, rosafarben im Widerschein der Theaterfassade. Ein schlanker Mann, eine dicke Frau und zwischen ihnen ein großer dünner Windhund mit Kohlen als Augen.

An dem Hund erkenne ich die Figuren: meine Tante und ihren Verlobten, den Schauspieler mit Monokel, Pelzkragen und spitzen Schuhen. Die Kutscher der Droschken, in denen die beiden Abend für Abend ins Theater fahren, haben die Schneestatuen gemeinsam gebaut, aus Sympathie, oder, wie mein Vater behauptet, wegen der hohen Trinkgelder.

Die weiß-rosa Vorderfront des Theaters, der Balkon mit den Lämpchen, die Steinfiguren am First, alles erscheint größer, schöner, eindrucksvoller als bei Tage. Aus den Scheiben der vielen Bogenfenster funkelt Licht. Die mittlere der drei Eingangstüren steht weit offen und der rote Läufer kommt uns bis zur steinernen Treppe entgegen.

Alles um mich herum ist wie ein Märchen. Das dunkle Rot der unübersehbaren Stuhlreihen, der sanft ansteigende Fußboden, die hellblaue Decke mit rosa Baby-Engeln, die großen und kleinen goldfarbenen Leuchter, die Masken und pausbäckigen Posaunenbläser, die riesigen, wie Baumpilze vorspringenden Balkons, der rotglänzende, wellige Vorhang, das alles gleicht einem Königspalast, in den ich, der kleine Muck, auf Zauberpantoffeln hineingeflogen bin.

Nicht sehr weit vom Vorhang schiebe ich mich zwischen den Eltern zur Mitte einer Sesselreihe und versinke in rotem Plüsch. Hinter mir kichern zwei Mädchen mit blonden Zöpfen und Haarschleifen. Umzusehen getraue ich mich nicht.

Als die Lichter langsam verlöschen, verstummen auch die Geräusche unter den »Psst«-Gezischel der Eltern. Ein Hauch von Stille und Erwartung liegt über dem Saal bis zu dem Augenblick, als rechts hinter dem Vorhang ein Schlitten mit künstlichen weißen Rehen und Glöckchen auf die Bühne gleitet. Ein kleiner, gebeugter Mann mit langem Bart, Pelzmütze und einer braunen Kutte steigt ab. Auf seinem Rücken ein voller Jutesack, den er brummend mitten auf der Bühne auf den Boden stellt. Eindringliches Geflüster entlang den Reihen: »Der Weihnachtsmann, schau, der Weihnachtsmann.« Statt des erwarteten Märchenspiels, von dem meine Eltern mir zu Hause erzählt haben und dessen Melodien mir als Schlaflieder vertraut sind, steht dort ein Weihnachtsmann und macht mir Angst mit seiner Rute und dem Sack, in den er die Kinder steckt und mitnimmt.

Von seinem hohen, beleuchteten Platz herab spricht er zu uns, aber was er sagt, dringt nicht zu mir durch. Dann nennt er einen Namen oder zeigt auf ein Kind, das zu ihm heraufkommen soll. Einige sind in Tränen aufgelöst, andere klettern ganz mutig auf die Bühne. Mit polternder Stimme fragt er, ob das Kind in diesem Jahr ungehorsam gewesen sei. Er lässt die Rute liegen und packt Honigkuchen und Marzipan aus dem Sack, wenn der Junge oder das Mädchen ein Lied für ihn singt oder ein Gedicht aufsagt.

Das Herz stockt mir schier vor Schrecken, als ich meinen Namen höre. Mit glühendem Gesicht und Tränen in den Augen versuche ich vergeblich, meine Freiheit zu verteidigen. Der verlockende Lebkuchen und die ermutigenden Worte meiner Mutter reichen nicht aus, das Gefühl der Beklemmung zu vertreiben. Dann vernehme ich ein kichernd geflüstertes »Hosenscheißer« hinter mir und zornig stoße ich die Knie beiseite, die mir den Weg zum Seitengang versperren.

Die Stufen zur Bühne sind höher als vermutet, und als ich in die Schlucht des Orchestergrabens hinunterblicke, vergesse ich die Angst vor dem Weihnachtsmann. Hier oben sieht er viel größer aus. Er winkt mir freundlich zu und zögernd gehe ich über den Bretterboden zu ihm hin. Ich wage nicht, ihm ins Gesicht zu schauen. Die Reisigrute und der Sack halten mich in ihrem Bann, und als er brummend fragt, ob ich artig oder ungezogen war, antworte ich mit heiserem Flüstern.

Ich kann ihm ja nicht gut von meiner Missetat im Café Schweinfurt berichten, wo ich aus Langeweile und Ärger über das endlose Geschwätz meiner Tanten mit der Inhaberin alle Schokoladenröllchen und Kirschen von einer großen weißen Schwarzwälder Torte geklaubt und mir in den Mund gesteckt habe.

Ob ich ihm ein Lied vorsingen wolle? Ein Gedicht aufsagen? Meine Kehle ist wie zugeschnürt, mein Kopf wie eine Windmühle. Er brummt: »Kommt ein Vogel geflogen …« Ich versuche zu singen, aber kein Ton kommt aus meinem Mund. Im Saal werden Stimmen laut. Er beugt sich vor und hält mir sein Ohr hin, damit ich hineinflüstere.

Dieses Ohr kenne ich, auch das Haar drumherum, und als ich seine Augen aus der Nähe sehe, weiß ich, dass jetzt alles gut ist. Die Angst verfliegt, ich möchte ihn umarmen.

Meine Kehle wird frei und meine Stimme jubelt: »Du bist ja gar nicht der Weihnachtsmann, du bist der Onkel Herbert!«

Ich merke, dass er erschrickt und mit zusammengepressten Lippen lächelt, als von unten Zischen und schallendes Gelächter ertönt. Warum der Nachbar, der über uns wohnt, der Schauspieler, der so oft zum Kaffee zu uns kommt, jetzt auf einmal den Weihnachtsmann spielt, verstehe ich nicht. Ich singe ihm das Liedchen, das er mir vorgebrummt hat, ins Ohr, bekomme ein großes Lebkuchenherz und steige im grellen Scheinwerferlicht glücklich und zufrieden die Treppe neben dem gruseligen Orchestergraben hinunter.

Auf dem Weg zu der Reihe, wo meine Eltern sitzen, schauen mich die Leute mit schmunzelnden oder bösen Gesichtern an.

An vielen Knien vorbei schiebe ich mich zu meinem Platz. Ich bin noch ganz benommen von meinem Abenteuer, so dass ich die Bemerkungen der Zuschauer gar nicht höre. Die blonden Mädchen in der Reihe hinter mir wenden den Blick ab, als sei ich Luft. Ihr Vater beugt den Kopf mit der kurzgeschnittenen Stoppelfrisur zu mir herüber und herrscht mich wütend an: »Frecher Judenbub, ich könnte dich …«

Die folgenden Worte gehen in den ersten Takten der Ouvertüre unter und mit klopfendem Herzen warte ich, bis der Vorhang aufgeht.

Kerzen und Fackeln

»Boruch ...« »boruch ...« »Atho ...« »atho ...« »Adonai ...« »adonai«: Wort für Wort plappere ich die unverständlichen Segenssprüche nach, die meinen unsicheren Versuchen vorangehen, mit einer brennenden Kerze eine andere Kerze anzuzünden. Auf dem halbrunden Deckel einer Keksdose, die mit roten Rosen auf weißem Grund bemalt ist, steht eine Kerze, die ich, befangen von der Feierlichkeit des Augenblicks, beinahe umstoße.

Links und rechts von mir drei festlich dunkel gekleidete Gestalten mit schwarzen Hüten und ernsten Feiertagsgesichtern, erhellt vom flackernden Schein der drei Chanukka-Leuchter auf dem Buffet. Mein Vater, Onkel Jacob, Großmutters jüngerer Bruder, und Albert, der »Sekretär-Onkel« mit demselben Nachnamen aber undurchschaubarer Familienzugehörigkeit, haben unter Absingen der drei Segenssprüche in einer fremdartigen, eintönigen Melodie die erste Kerze auf ihrer Menora angezündet; zuerst Onkel Jacob als ältester. Ich schäme mich über meine Unwissenheit und ärgere mich, weil ich als Jüngster mein Licht nur auf dem Deckel voller Wachsflecke anzünden darf.

Hinter mir Großmutter, Mutter und Tante, auch sie in festlichen Kleidern mit einem Schal auf dem Kopf, als wäre es hier drinnen kalt. Beifälliges Gemurmel und Seufzer der Erleichterung werden laut, als meine Kerze aufflammt. Endlich bin ich fertig mit dem Nachsagen der fremden Laute. Großmutter legt die Hände auf mein Käppchen, murmelt ein paar hebräische

Worte und endet mit demselben Wort, mit dem ich gelernt habe, mein Abendgebet zu beschließen: Omein. Dann flüstert sie, für alle hörbar: »Wenn du die Broches aufsagen kannst, bekommst du von mir eine Menora, ganz für dich allein.«

Der Tisch mit den Päckchen lenkt wie ein Magnet meine Aufmerksamkeit von dem Chanukkalied ab. Alle singen es auf ihre eigene Weise, ohne auf Vater zu achten, der die Melodie auf dem Flügel spielt und versucht, uns mit seiner Kantorstimme den Takt vorzugeben.

Erleichtert trage ich die Hüte in den Gang. Das Fest, von dem meine Mutter meint, es sei wie Weihnachten, kann beginnen. Ein Baum, wie andere Kinder ihn zu Hause haben, mit Päckchen an den Zweigen, mit Lichtern, Girlanden, Nüssen und Lebkuchenherzen, wäre mir viel lieber, aber die große Schachtel auf dem Tisch verscheucht meine heimlichen Träume. Meine Finger sind steif vor Aufregung, als ich die faserige Schnur aufknüpfe.

Minuten später rutsche ich auf den Knien über den großen Perserteppich mit dem breiten Rand, der jetzt eine Straße ist, auf dem mein neues rotes Feuerwehrauto dahinbraust. Chanukka ist auch sehr schön!

Auf dem Leopoldsplatz, dem großen Platz, den ich nie überqueren darf, ohne dass jemand mich an der Hand hält, steht ein Riese von einem Tannenbaum, geschmückt mit Lichtern, Girlanden, silbernen Kugeln und unzähligen Sternchen. Davor ein Polizist in Grün mit einem schwarzen Helm wie ein umgestülpter Blumentopf, den er über die Wölbung des Hinterkopfes geschoben hat. Seine Arme gehen auf und ab wie bei einem Hampelmann und knicken an den Ellenbogen ein. Die ratternden Autos halten an, stinken, drehen eine Runde um den Baum und entfernen sich auf den Strahlen des Sterns, in dessen Mittelpunkt der Verkehrspolizist steht.

Marias schützende, warme Hand umklammert meine kalte Faust und drückt sie vor Vergnügen, als der Baum in Sicht kommt. »Er ist größer und schöner als in den vorigen Jahren«, sagt sie mit einem Wölkchen vor dem Mund und steckt unsere beiden Hände in ihre kitzelnde Manteltasche, als wir vor dem großen Stamm auf dem groben Pflaster stehenbleiben.

Jetzt fahren keine Autos mehr am Polizisten vorbei, wie es scheint, hat er nichts mehr zu tun. Um uns herum stehen Kinder mit ihren Vätern und Müttern. Ein Mädchen neben mir trägt Jungenschuhe und hat große gestopfte Stellen in den langen braunen Strümpfen. Daneben steht ihr Vater, ohne Mantel, und zittert in seinem viel zu weiten Anzug. Ich schäme mich zwischen den vielen armen Leuten, aber meine Befangenheit verfliegt im Nu, als die Musik zu spielen beginnt und mit den Hauchwolken das Lied »O Tannenbaum« aus allen Mündern erklingt. Marias helle hohe Stimme erhebt sich über die anderen Stimmen und mutig singe ich mit, obwohl das Lied zu Hause eigentlich verboten ist, aber sie erlaubt es mir. Niemals verrät sie unsere kleinen Geheimnisse. Immer ist sie für mich Wärme und Sicherheit.

Ein Lied folgt dem anderen, meine Füße werden kalt und meine Aufmerksamkeit lässt nach.

Durch die muffig riechende Menschenmenge drängen wir uns auf die gegenüberliegende Seite des Platzes. Angesichts der vorwurfsvollen Blicke aus den grauen, mageren Gesichtern bekomme ich Schuldgefühle wegen meiner Ungeduld.

Über der Rathaustreppe, hoch über der Straße mit dem Möbelgeschäft meiner Großmutter, türmt sich ein grauer, steinerner Ritter, der Bismarck heißt. Aus seinem weißen Schneehut ragt eine Spitze wie von einem Blitzableiter. Offenbar steht er auf Wache und ich fühle mich erleichtert, dass sein strenger Blick mir in das schwarze Marmorportal des Geschäftes nicht folgen kann.

Maria muss ein paarmal auf den kupfernen Klingelknopf drücken, bis hinter den dunklen Möbelkonturen und den gerollten Teppichsäulen ein Licht aufblinkt.

Am schlitternden Gang und am flatternden Arbeitskittel erkenne ich Alois, den Polierer. Er sucht nach dem Schlüsselloch und rüttelt mit zitternden Fingern an der Türklinke. Mit verschwommenem Blick sieht er uns aus feuchten, dunklen Augen freundlich an und brummt unter seinem Walrossschnurrbart, als sei es ihm peinlich: »Fröhliche Weihnachten«.

Schlurfend geht er uns voran zum Licht und zieht eine Spur von Branntwein- und Spiritusdunst hinter sich her. Den Geruch kenne ich. Vor kurzem hing er noch im Musikzimmer, wo Alois unseren Ibach-Flügel fast zwei Tage lang mit gleichmäßigen Armbewegungen und puffenden Geräuschen wie von einer Dampfmaschine glänzend rieb. Was Mutter mir damals über seine Trunksucht zuflüsterte, erweckte mein Mitgefühl, und ich bin froh, dass er heute beim Weihnachtsfest mitfeiern darf.

In dem gespenstischen Saal mit den weichen Fauteuils und Kanapees, den großen Holz- und Messingbetten mit Pullmannmatratzen, den turmhohen Buffets und den schweren, o-beinigen Tischen lasse ich Marias Hand los und stürze mich in das verbotene Abenteuer der elastischen Springfedern.

Aus der hellen Türöffnung höre ich meinen ungekürzten Vornamen rufen, und obwohl die Botschaft in Wolle, Plüsch und Bouclé verlorengeht, weiß ich, dass ich meine Entdeckungsfahrt unterbrechen muss, da das Fest beginnt.

Das Büro hinter dem Verkaufsraum badet im Licht und sieht viel fröhlicher aus als sonst. Die alten, kahlen Tische und Schreibtische, an Wochentagen mit Papieren, Tintenfässern, Löschpapier und drehbaren Ständern mit klappernden Stempeln vollgestellt, sind jetzt unter Mutters weißen Tischtüchern verborgen und mit roten Bändern und frischem Tannengrün geschmückt. Große Adventskränze, auf denen weiße Kerzen in Blechhaltern stecken, hängen an Schnüren von der gelb geräucherten Decke. Nach einem Christbaum brauche ich mich nicht umzusehen. Großmutter hat zu Hause mit schriller Stimme die Grenze bei den grünen Kränzen gezogen. Ein Baum wäre ihrer Meinung das gleiche wie Schinken oder Speck.

Auf dem weißen Damast unter den Kränzen liegt das Schlaraffenland. Die Torten und Napfkuchen, die Zimtsterne und Weihnachtsplätzchen halten meinen Blick gefangen. Erst nach Mutters leiser Ermahnung gebe ich den bekannten und weniger gut bekannten Leuten des Personals die Hand und wünsche ihnen fröhliche Weihnachten.

Wie Gäste sitzen sie in ihrem eigenen Zimmer auf Stühlen und Kisten, alle festlich gekleidet außer Alois, der noch seinen Arbeitskittel trägt.

Meine kleine Großmutter thront in einem neuen Lehnsessel aus dem Ausstellungsraum. Um ihre Schultern liegt das Umschlagtuch mit den weiten Maschen, durch die das Spitzenjabot des schwarzen Kleides schimmert. Ihre geäderte rechte Hand stützt sich auf den schwarzen Stock mit dem Silberknauf, und wenn sie zu Mutter oder zu meiner niederländischen Tante eine Bemerkung macht über die Leckerbissen und die Päckchen, die auf einem Tisch im Schatten ihres Stuhles liegen, zeigt sie mit dem Stock darauf, um ihren Worten Nachdruck zu verleihen.

Verärgert über diese Geste runzelt die Frau meines Onkels die Augenbrauen über den dicken, funkelnden Brillengläsern. Als ihr Mann Anstalten macht, den Päckchenabend mit einer Ansprache zu eröffnen, flüstert sie vernehmlich, das müsse mein Vater tun. Stolz, dass er sich ohne Zögern dazu bereitfindet, und neugierig auf den Inhalt der Päckchen schaue ich zu, wie er jedem Angestellten ein Geschenk, auf dem sein Name steht, in die Hand legt, und etwas sagt, worüber alle lachen müssen.

Martha, die blonde Verkäuferin mit den wie Kopfhörer über den Ohren gerollten Zöpfen, dreht den Verschluss der großen Flasche 4711 auf und träufelt Kölnisch Wasser auf mein sauberes Taschentuch.

Alois überlegt, ob er den Cognac anbrechen soll, und entschließt sich, bis zu Hause damit zu warten, wenn Mutter ihm Schnaps verspricht.

Gersbach, Vaters Chauffeur, der kaum in ein Auto passt, ohne sich den kurz geschorenen Kopf anzustoßen, lacht erfreut, als seine großen Hände mühelos in die neuen gelben Handschuhe gleiten. Die Seidenkrawatte bindet er sich sofort vor dem Spiegel um und fängt spontan zu singen an. Vater fällt ein und das Perlenfischerduett, das sie auf langen Reisen oft im Auto ertönen lassen, bringt die einen zum Stutzen und die anderen zum Lachen.

Onkel Adolf, Großmutters Schwager, schaut stirnrunzelnd vor sich hin. Durch das große Pflaster auf seiner Stirn erscheint sein runzliges Gesicht weniger faltig als sonst. Ein »Zusammenstoß mit den Braunen«, höre ich Großmutter missbilligend murmeln, aber was das bedeutet, verstehe ich nicht so recht.

An ein Geschenk für ihn wurde nicht gedacht, weil er Chanukka feiern sollte, was er aber nicht tut. Er bekommt das Päckchen, das eigentlich für Willy, den unlängst verschwundenen Buchhalter, bestimmt war, aber die Zigarren bessern seine Laune nicht.

Wie zum Scherz stimmt Gersbach die ersten Takte eines Weihnachtsliedes an, hört aber bald wieder auf, da nur Martha ein paar Töne mitpiepst.

Maria, Mutter und Tante teilen die Torte und den Napfkuchen aus, reichen Süßigkeiten und Plätzchen herum und schenken Kaffee und Schnaps ein, während Großmutter zuschaut, als sei sie nicht ganz wach. Der Kneifer fällt ihr in den Schoß.

Wie von fern höre ich das Stimmengesumm und durch die beschlagenen Fenster meiner Schläfrigkeit sehe ich, wie das Weihnachtsfest allmählich erlischt.

Maria liest mir aus dem dicken Märchenbuch mit den schaurig-schönen Bildern vor, aber heute Abend höre ich nicht richtig zu. Satzfetzen über den Silvesterball, die durch die offene Tür des Schlafzimmers dringen, machen mich ungeheuer neugierig.

Meine Eltern kleiden sich zum Fest an. Schon mittags habe ich Vaters schwarzen Zylinder, der sonst in einer Schachtel unauffindbar im Schrank steht, die langen weißen Glacéhandschuhe meiner Mutter und die weiße und schwarze Seidenmaske mit sauberen Händen vorsichtig berühren dürfen. Später habe ich in einem unbewachten Augenblick vor dem Spiegel mit der viel zu großen schwarzen Maske auf der Nase Grimassen geschnitten.

Im Gang verabschiede ich mich von ihnen. Mutter hebt den Schleier über die Hutkrempe. Nur ganz vorsichtig darf ich meinen Gutenachtkuss auf ihre samtig gepuderte Wange drücken.

Ihr Kuss ist heute Abend wie ein Schmetterlingshauch, denn Lippenstift färbt ab. So schön habe ich meine Eltern noch nie gesehen, sie sind noch schöner als die Fotos in der *Illustrierten.*

Die Clips in den Ecken des graden Ausschnitts von Mutters schwarzem Crêpe-de-Chine-Kleid funkeln blau und grün. Der Fuchs um ihren Hals schaut mit schläfrigen Augen aus dem grauen Pelz, betäubt vom Parfüm.

Vater rückt die weiße Smokingschleife zurecht, nachdem er ungeduldig ein aufgegangenes Kragenknöpfchen zugeknöpft hat, das den steifen Klagen am Oberhemd mit dem weißen, einer Stalltür ähnelnden Plastron festhält.

Als Maria die Tür hinter ihnen geschlossen hat, kehrt wieder Ruhe in die Wohnung ein. Ganz fern surrt ein Auto und Glocken läuten in Erwartung des Neujahrstages 1933.

Leises Klirren von Tellern und Besteck dringt aus dem Esszimmer. Maria bereitet das Frühstück, aber an diesem ersten Sonntag ist außer ihr und mir noch niemand wach.

Länger und lauter als sonst rufen die Glocken. Ich schlüpfe aus der Daunenwärme meines Bettes und jammere Maria so lange die Ohren voll, bis sie schließlich einwilligt, mich in ihre Kirche mitzunehmen.

Durch die prickelnd kalte Winterluft, aus der kein Schnee fallen will, gehe ich an Marias Hand zu dem großen gelben Kirchengebäude mit den hohen Türmen auf dem Platz, wo auch der Doktor wohnt. Mutter will nie hinein, jetzt werde ich endlich sehen, was sich dort verbirgt.

Viele fröstelnde Menschen stehen barhäuptig zwischen den harten Holzbänken. Unheimlich hoch sind Decke und Leuchter, Orgelklänge rollen dröhnend durch meinen Bauch und das Gegurgel des Pastors hallt von allen Seiten wieder. Ich verstehe kein Wort, obwohl ich weiß, dass es kein Hebräisch ist. Enttäuscht von dem Geheimnis gestehe ich auf dem Heimweg, lange vor dem Schlusspsalm, dass mir ihre Kirche gar nicht gefällt.

Hinter der Haustür murmelnde Stimmen. Niemand fragt, wo wir gewesen sind. Bekannte meiner Eltern reden laut durcheinander und gestikulieren aufgeregt mit Händen und Armen, um ihren Worten Nachdruck zu verleihen. Einige haben den Hut aufbehalten wie in der Synagoge. Der dicke Kantor mit der großen glänzenden Nase hat ein rotes Gesicht. Er ist wütend. Die Eltern sehen unausgeschlafen aus, Vaters Stimme klingt matt.

Während Maria beim Kaffeekochen hilft, erzählt Mutter, was auf dem Neujahrsball passiert ist. Mit offenen Ohren fange ich Bruchstücke einer Geschichte auf, die einem makabren Märchen ähnelt.

Ein Ball mit Masken, Tanz, Champagner und Musik. Die Männer als Fürsten verkleidet, in alten Uniformen und mit gepuderten Perücken. Frauen mit weißen Korkenzieherlocken, in Spitzen und weiten Reifröcken. Seidene Gesichtsmasken, aber auch als Schweine, Kühe oder Löwen vermummte Gestalten. Schornsteinfeger und Aschenputtel, Clowns und Nymphen, Pierrots und Bauernknechte. Überall buntes Konfetti und Papierschlangen wie große Spinnweben, in die sich alle verstricken.

Und dann die Glockenschläge zum Neuen Jahr, das Knallen der Champagnerkorken, das Platzen der Knallbonbons, das Absetzen der Masken.

Nur einer, ein eleganter Pascha mit Turban und Krummschwert, lässt sein Gesicht bedeckt. In den weiß behandschuhten Händen hält er eine prächtig verzierte Schachtel mit auserlesenen Pralinen. Leicht sich verneigend geht er herum und bietet mit höfischer Gebärde den jüdischen Damen, manchmal auch den Herren, seine süße Gabe an. Mutter lehnt trotz des freundlichen Drängens ab. Champagner und Schokolade vertragen sich nicht recht miteinander, aber viele greifen gierig zu.

Niemand weiß genau, wann er hereingekommen ist, und genauso plötzlich ist er verschwunden.

Das rauschende Fest geht weiter und auf einmal fühlt Frau Roos sich nicht wohl. Nach Atem ringend, beide Hände krampfhaft auf den Bauch gedrückt, läuft sie in den Gang, wo schon andere Damen verzweifelt an den Toilettentüren hämmern.

Wüstes Gedränge bricht aus, die Frauen in den beschmutzten Kleidern weinen. Mutter versucht zu helfen. Sie ist wohlauf wie alle, die die Bonbons verschmäht haben.

Eine kleine Gruppe jüdischer Männer, verstärkt durch deutsche Freunde, nimmt die Verfolgung auf, findet aber den Übeltäter nicht. Ihre Beute ist lediglich der Turban und die leere Schachtel, auf deren Unterseite in großen schwarzen Lettern steht: »Die Juden stinken. Heil dem Führer.« Als Unterschrift: ein Hakenkreuz.

In die Eisblumen an den winterlichen Fenstern mache ich Gucklöcher mit einem Fünfmarkstück, das mir Mutter gegeben hat, und sehe den wirbelnden Schneeflocken zu. Morgen will ich auf meinem neuen Davoser Schlitten wie die anderen Kinder den Abhang hinuntersausen und hoffe auf eine weiße Welt.

Vater kommt hinter der Zeitung hervor, die ihn morgens und abends unsichtbar macht. Mit dem Kneifer auf der Nase verschwindet jetzt Großmutter hinter der Papierwand. Sie streitet sich mit ihrem Bruder, der sie jetzt fast täglich besucht, wer als erster die Zeitung lesen darf. Sie schimpfen böse über einen Adolf, offensichtlich einen anderen als meinen alten Onkel mit dem Pflaster auf der Stirn. Vater dreht an den beiden Knöpfen des jaulenden und knatternden Radioapparates, bis er Stimmen hört, die ebenfalls von diesem Adolf sprechen, aber sein Nachname klingt anders.

Niemand interessiert sich für den Schnee und im Bett träume ich davon, wie weiß und weich es jetzt draußen ist.

Der Januar bringt Winterfreuden, aber zu Hause ist keine frohe Stimmung. Sonntags sause ich vor oder hinter Vater, Mutter oder Maria den Hügel neben dem Theater hinunter, rolle manchmal vor Vergnügen und Angst kreischend durch den lockeren Schnee, wenn sich unser kleines Fahrzeug allein seinen Weg sucht. Neidisch schaue ich den anderen Kindern nach, die als geübte Rodelfahrer paarweise an uns vorbeirasen, und halte den Mund, wenn sie uns nach einem Sturz verspotten.

Die Woche über ist es langweilig. Selten hat jemand Zeit für mich. Alle lesen die Zeitung oder horchen auf die Stimmen aus dem Radiokasten. Vater klagt über die Firma, Mutter über die Geschäfte, wo es kaum noch Butter, Eier und Fleisch zu kaufen gibt. Und immer wieder die Namen von fremden Männern im fernen Berlin: Von Papen, Hindenburg oder Schleicher, und vor allem dieser Hitler, der auch Adolf heißt wie mein Onkel.

Von Tag zu Tag wird es kälter.

Die Eisblumen an den Fensterscheiben sind jeden Morgen dicker, und auf den Tennisplätzen an der Lichtenthaler Allee tummeln sich Schlittschuhläufer in Pudelmützen, Knickerbockern und dicken Wollpullovern. Auch Vater schraubt die Schlittschuhe unter seine Wanderstiefel und gleitet schwankend übers Eis. Mutter und ich schauen lachend zu. Als er hinfällt, eilt sie zur Umzäunung, aber er hat sich schon hochgerappelt, versucht noch ein paar Schritte und gibt dann auf.

Auf dem Weg zum Haus seines Bruders freue ich mich auf die Kaninchen und Meerschweinchen meiner Vettern.

Wegen der Kälte stehen die Ställe im Wintergarten. Wie stolze Zirkusdirektoren lassen die Vettern ihre Tiere Kunststückchen vorführen und erzählen von der langen Reise nach Holland, die sie in Kürze antreten werden.

Überall im Haus stehen Kisten; das Spielzeug ist unauffindbar in Stroh und Zeitungspapier verpackt. Meine Tante ist schon vorausgereist in das unbekannte Rotterdam, die Vettern und mein Onkel werden ihr bald folgen. Ihre Aufregung stimmt mich traurig, denn ich habe ja nicht viele Freunde zum Spielen.

Am letzten Sonntag des Monats kann man immer noch Schlittschuh laufen, aber heute ist der vereiste Tennisplatz nicht voll. Viele Leute tragen auf der Brust ein rundes, rotweißes Abzeichen mit dem schwarzen Hakenkreuz in der Mitte. Die Kinder, die sie an der Hand führen oder die mit ihren Müttern am Gehsteigrand stehen, haben Papierfähnchen mit demselben Zeichen.

Ganz fern dröhnen Trommeln im Takt der Marschmusik und als der Wald von Fahnen, Bannern und funkelnden Instrumenten in Sicht kommt, stimmt die Kapelle die drohenden, dumpfen Töne des Horst-Wessel-Liedes an. Hunderte von gestiefelten Männern in braunen Hemden und Reithosen, mit Koppeln, Schulterriemen und Mützen, deren Band in das Doppelkinn schneidet, marschieren wie Marionetten im strengen Takt vorbei, den Blick starr auf den Nacken des Vorgängers geheftet. Um den linken Arm die rote Binde mit dem schwarzen Hakenkreuz im weißen Feld, und aus den Kehlen schallt rau und abgehackt: »Die Fahne hoch! Die Reihen dicht geschlossen!«

Riesige Fahnen flattern über ihren Köpfen und aus den Absätzen sprühen Funken wie bei den Pferden der Brauerei. Der Boden dröhnt unter den stampfenden Sohlen und in den engen Gassen klirren die Fensterscheiben.

Ich ziehe Mutter nach vorn, um besser sehen und hören zu können. Sie will nicht zwischen den Fähnchen schwenkenden Kindern und ihren winkenden Eltern stehenbleiben. Widerwillig folge ich ihr zu unserer Wohnung. Hinter dem Rücken der Leute zwängen wir uns an den Häusern und Geschäften entlang. Zwischen den hochgestreckten Armen und den Fähnchen sehe ich das Ende des Zuges, der mit donnerndem Trommelschlag vorbeizieht. Unsere Haustür auf der gegenüberliegenden Seite scheint unerreichbar. Um mich herum Kinder, älter und jünger als ich, stolz auf ihre Fähnchen. Ich komme mir nackt und ausgestoßen vor, als ich, von Mutter mühsam mitgezerrt, die schwere Tür hinter mir ins Schloss fallen höre.

Allmählich verklingt die Marschmusik. In Vaters Sessel sitzend, schlägt Mutter die Hände vor die Augen, auf ihren Wintermantel tropfen Tränen.

Montags ist der Kindergarten geschlossen. Vergeblich der lange, steile Spaziergang, vorbei am Kurhaus mit den kleinen Geschäften. Die Fotografin steht neben der Tür und fragt Mutter, wie ihr die Fotos in der Auslage gefallen. Auf einem Foto stehe ich, mit dicken Backen und grässlich süßem Lachen.

Am Kiosk stehen frierende Männer, sie lesen die Zeitung und blasen Wolken aus Zigarrenrauch. Auf den Straßen laufen heute viel mehr Polizisten herum als gewöhnlich.

Zu Hause ist Waschtag. Im Keller steht Maria in einem Nebel aus Wasserdampf und wäscht, Mutter mangelt die Laken.

Oben in der Küche dampfen Kohlrouladen auf dem Herd. Auch bei den Nachbarn im Treppenhaus rieche ich das Montagsgericht, das zum Waschtag gehört, das ich aber gar nicht mag.

Beim Mittagessen spricht niemand, alle hören den Stimmen aus dem Radio zu. Aus Angst vor den strengen Worten meines Vaters getraue ich mich nicht, am Essen zu mäkeln. Aber als ich herumtrödle und im Kohl stochere, weist mich niemand zurecht.

Mutter legt den Finger auf die Lippen. Jetzt schweigen auch die Stimmen aus dem Äther. Die Gabeln und Messer erstarren, eine heisere, aufgeregte Stimme meldet aus Berlin, wer jetzt Deutschlands neuer Herr ist: Reichskanzler Hitler, Adolf, wie mein Großonkel.

Der sitzt heute bei uns am Tisch und wird so weiß wie das Pflaster auf seinem Kopf. Auch meine Eltern sehen erschrocken aus. Maria trägt die halbvollen Schüsseln in die Küche zurück, an den Nachtisch denkt niemand. Was das alles zu bedeuten hat, verstehe ich nicht, bin aber sehr erleichtert, als Vater sagt, das könne nicht lange dauern, zur Sorge gebe es keinen Grund.

Unten auf der Straße ist es unruhig. Heute sind viele Braunhemden und mehr Spaziergänger unterwegs als gewöhnlich. Oma bleibt lieber zu Hause, Mutter überlegt, ob sie ausgehen soll.

Aus dem Radio schallt den ganzen Nachmittag Marschmusik; Männer sprechen von der Regierung und was sie für das Land tun wird. Auf der Theke beim Bäcker stehen viele rote Papierfähnchen mit Hakenkreuzen in einer Vase. Die Kinder vor mir bekommen eines, manche sogar zwei. Die Bäckersfrau meint, ich würde ja Abend auf dem Theaterplatz ohnehin nicht mitsingen und bräuchte deshalb auch keine Fahne. Mutter gibt ihr in allem recht und darüber werde ich schrecklich böse. Mein Vetter, der nur ein wenig größer ist als ich, darf mitmachen. Wie ungerecht die Erwachsenen sind, denke ich, halte aber den Mund und sage nichts.

Nach dem Abendessen scheint der sonderbare Tag vorbei zu sein. Nach dem Abwaschen, als die Teller und Schüsseln sich wieder im Büffet stapeln, das Silberbesteck ordentlich in den

Fächern liegt und ich von allen einen Gutenachtkuss bekommen habe, bringt Maria mich zu Bett.

Im Dunkel des Kinderzimmers verscheuche ich die Gespenster meiner Kinderangst und klammere mich an meinen kahl gestreichelten Bären. Ein dröhnender Schlag, und noch einer. Ein schwerer Paukenwirbel folgt, dann prasseln Trommeln, eine Tuba brummt, Trompeten schmettern.

Hellwach und erschrocken springe ich aus dem Bett, laufe aufgeregt ins Wohnzimmer und sehe meine Eltern mit den anderen am offenen Fenster stehen. Die Lampe ist ausgeschaltet, die riesigen Schatten an der Wand sind von flackerndem Licht umgeben, das von unten heraufkommt.

Auf einem Stuhlsitz kniend, in Omas Umschlagtuch gewickelt, schaue ich hinaus und sehe etwas, das mich sprachlos macht. Bis ans ferne Ende der Straße auf beiden Seiten lange, lange Reihen von Fackellichtern wie sich windende Feuerschlangen. Die feuchtkalte Luft flimmert wie ein unruhiges Gewässer. Unter den Sturmmützen spiegeln sich die Flammen auf den Gesichtern der Braunhemden. Hunderte von Teufeln stampfen mit den Hufen auf das Granitpflaster und brüllen ihre Lieder. Fahnen flattern über den Flammen und werfen schwarze Schatten auf die Häuser. Eisenharte Männer mit Stahlhelmen hämmern mit den Stiefeln auf den Amboss der Straße.

Der Anführer sitzt hoch zu Ross, der Sattel ist ein Tigerfell. Die Flammen spielen um den Helm, das Gesicht ist aus Stein.

An beiden Seiten vor ihm Pauken, größer als Kessel, mit Schnüren bespannt, wie reißende Mäuler mit Wolfszähnen.

Mit den dick gepolsterten Trommelschlegeln schlägt er übers Kreuz dröhnend auf das straffe Fell, trommelt einen Wirbel, schleudert die Stöcke in die Luft und fängt sie auf wie ein Jongleur. Und das alles im Takt der Stiefel.

Unangreifbar, stolz und drohend reitet er vorbei, der grausame Ritter aus meinem Märchenbuch.

Ich folge ihm mit den Augen, bis er nicht mehr zu sehen ist, und höre meinen Vater flüstern: »Erlkönig«.

Geburtstag

Aus dem fernen Land von Butter, Käse und Eiern ist meine Tante als Gast ins eigene Haus zurückgekehrt.

Das von der Reise zerdrückte fettige Päckchen, das sie Mutter gibt, kommt in die verschlossene Speisekammer: ein kostbarer Schatz. »Holländischer Käse und holländische Butter«, sagt sie mit der Betonung auf ›holländisch‹, denn dort ist ihrer Ansicht nach alles besser …

Ich denke an grünes Gras, an bunte Kühe in einer Landschaft ohne Berge, wo die Ferne nur ein Strich ist: eine kleine Skizze in Tantes fast leerem Haus.

Für mich hat sie eine flache Schachtel mit wolligen Kätzchen auf dem Deckel mitgebracht. Im weißen Satinbett liegt eine lange Reihe Katzenzungen aus Schokolade, zu schön, um sie zu essen.

Meinen Namen spricht sie so komisch aus, als würde sie sich beim G die Kehle räuspern, und manchmal verstehe ich nicht, was sie meint. »Das kommt daher, weil sie Holländerin ist«, hat Oma mir mit einem mitleidigen Lächeln anvertraut.

Sie streitet sich mit meinen Eltern und will sie überreden, ebenfalls in ihr wasserreiches Land auszuwandern. Vater sagt, das sei Unsinn und panisches Getue. An ihre Gruselgeschichten glaubt er nicht.

Ihre Augen blicken zornig durch die dicken Brillengläser, weil Vater sich ihren Worten gegenüber taub stellt, und beim Abschied deutet sie auf mich und sagt: »Tu es ihm zuliebe.«

In einem zu langen, mottenzerfressenen grauen Wintermantel mit schwarzem Samtkragen steht er vor unserer Wohnungstür. Auf seinem Kopf ein dunkler, fettiger Filzhut. Über dem Hutband weiße Linien wie verschwommene Schneeberge. Die langen braunen Haare fallen in Locken unter dem Hut hervor. Mit den traurigen Falten um Augen und Mund sieht er dem alten freundlichen Bluthund unseres Zahnarztes ähnlich.

Unter seiner linken Achsel klemmt ein abgestoßener Geigenkasten, an der Hand baumelt ein verbeultes und zerkratztes Köfferchen. Mit der anderen Hand sucht er Halt am Türpfosten. Aus seinem weinerlichen Deutsch verstehe ich nur so viel, dass er meine ›Mame‹ oder meinen ›Tate‹ sprechen will.

Mutter kommt die Treppe herauf. Sie erschrickt nur ein wenig, als sie den Mann an der Tür sieht.

Ihre Besorgtheit und ihr Mitleid kenne ich schon, denn er ist nicht der erste Flüchtling, der bei uns um Obdach, Essen oder Geld anklopft.

In der Küche, einen Teller mit Butterbroten vor sich, erzählt er zwischen den Bissen seine Geschichte, von der ich nur Bruchstücke verstehe.

Nach Polen muss er zurück. In Deutschland darf er nicht bleiben. Hausieren ist jetzt verboten, die Braunhemden haben ihn mit Knüppeln und Fäusten geschlagen. Wegen seiner jiddischen Aussprache hat man ihn verspottet, sogar die deutschen Juden sind manchmal hartherzig. Seine Geige will er uns verkaufen, aber Vater lehnt misstrauisch ab. Er setzt den Preis herunter, klappt aber den schmuddeligen Kasten schließlich wieder zu, als ihm Vater etwas mürrisch Papiergeld in die Jackentasche steckt.

Abends im dunstigen warmen Badezimmer wickelt Mutter mich in das große weiße Frottiertuch und schlägt plötzlich die Arme um mich. Ihre Augen schimmern feucht: »So etwas darf uns nicht passieren, das kann nicht wahr sein.« Und unter Tränen lachend flüstert sie trotzig: »Und Vaters Geburtstag feiern wir trotzdem, Boykott hin oder her.«

Die runden weißen Marmortischchen, unverrückbar und stabil auf ihren weißen eisernen Löwenfüßen, sind fast alle leer. Nur am Fenster sitzen zwei alte Damen mit silbergrauem Haar und rühren in ihren Kaffeetassen. Die dicke Konditorfrau mit der steifen weißen Schürze schneidet große Stücke Schwarzwälder Torte mit Kirschen und Schokoladeröllchen ab, legt sie behutsam auf die Teller und bringt sie schlurfend an ihren Tisch.

Auf dem Weg zurück zu meiner Mutter, die hinten im Café steht, nickt sie mir freundlich zu, wobei die rosigen Wangen und das mollige Doppelkinn ein wenig zittern. Sie zeigt auf die Salzstangen auf der Vitrine und erlaubt mir, ein paar davon zu nehmen.

Hinter den Glasplatten der Auslage stehen halbe und ganze Torten mit Schokolade und Früchten, eine sahnige Quarktorte, weißes Schaumgebäck und lange Eclairs mit brauner Glasur, die meinen Blick gefangenhalten.

Leise redet sie mit Mutter, die mich auf dem Weg zum Café durch die Straßen voll flatternder roter Hakenkreuzfahnen an Fahnenstangen mit goldenen Spitzen nervös hinter sich hergezerrt hat.

»Ein hohes Parteitier«, Wagner heißt er, ist heute in der Stadt, und Mutter hat zu Hause lange überlegt, ob sie die Geburtstagseinkäufe machen könne. Wir waren an Braunhemden vorbeigekommen, die mit Handbürsten, von denen der Leim tropfte, weiße und gelbe Plakate mit dicken schwarzen Buchstaben an Wände und Litfaßsäulen klebten. Auf meine Frage, was die dort machten, blieb Mutter mir die Antwort schuldig und beschleunigte nur den Schritt. Jetzt höre ich aus ihrem lauten Geflüster heraus, dass die schwarzen Worte für uns Unheil bedeuten.

Die Salzstengel schmecken mir nicht, nicht einmal die große runde Torte, auf der »32 Jahre« in Schokoladenlettern steht, macht mich fröhlicher. Ich fühle mich wie unter einer gläsernen Glocke gefangen und höre die Stimmen wie von fern.

Den Heimweg erschwert die selbstauferlegte Aufgabe, die Gehsteigeinfassung aus grauem Granit nicht zu verlassen. Ein falscher Schritt kann ungeahnte Katastrophen zur Folge haben, und kurz bevor wir unsere Haustür erreichen, verliere ich, das Ziel schon in Sicht, mein Gleichgewicht.

Der Sabbat verläuft nicht ganz so wie sonst. Großmutter betet länger und verbeugt sich tiefer nach Osten. Beim Anzünden der Kerzen zittern ihre Hände so sehr, dass das Zündholz erlischt, und als sie mir die Hände auf den Kopf legt und den Segen spricht, spüre ich, wie sie bebt. Heute Abend gibt es auch keinen ›gefillte Fisch‹ oder grünen Hecht. Onkel Jacob, Omas Bruder, fehlt, weil er sich nicht auf die Straße wagt.

Ohne Gäste ist es still am Tisch und Vater spricht rasch die Gebete zu Ende.

Das leise Flattern der Vorhänge in meinem Zimmer schläfert mich ein. In der graublauen Morgendämmerung des ersten Apriltages weckt mich das bramarbasierende Grölen eines Betrunkenen, das von den Hauswänden zurückgeworfen wird und zu meinem offenen Fenster hereinschallt.

Heute hat Vater Geburtstag, summt es mir durch den Kopf, und da ist auch noch etwas anderes, aber ich weiß nicht was.

Ich höre, dass sich im Haus etwas rührt, stelle mich aber schlafend, denn es ist noch viel zu früh. Die Geräusche draußen werden lauter. Klackende Stiefel im Marschrhythmus und Lieder mit unverständlichen Wörtern dröhnen durch die Straße.

Es ist noch nicht ganz hell, als Maria mich wecken kommt. Die Eltern sind schon aufgestanden und ich weiß nicht, was ich mit meinen Geburtstagsversen anfangen soll.

Auf dem Frühstückstisch stehen warme, knusprige Brötchen, die Maria in einem Leinensäckchen beim Bäcker nebenan geholt hat, ein zusätzliches Ei an Vaters Platz und neuer Honig, den er immer in die ausgehöhlte Brötchenspitze tropfen lässt.

Mit abwesendem Lächeln hört er sich mein Gedicht an und rührt im Kaffee. Ein Ei lässt er stehen, den Honig nimmt er hastig mit dem Kaffeelöffel aus dem Topf und kleckert auf das saubere Tischtuch.

Das Telefon klingelt.

Vater hält den Hörer fest, als wolle er ihn zerquetschen, und wird weiß im Gesicht. »Ich komme sofort«, sagt er heiser in die Telefonmuschel zu seinem Bruder, der offenbar vergessen hat, dass heute Samstag ist und außerdem sein Geburtstag.

Auf Französisch sagt er etwas zu Mutter, die gleichfalls vom Tisch aufgestanden ist und sonderbar blass aussieht.

Diesmal hat es nichts mit mir zu tun, denn französische Wörter bedeuten sonst, dass für mich Bettzeit ist, aber jetzt ist es erst früh am Morgen. Sie fragt, ob sie mitkommen darf, aber er schüttelt beinahe böse den Kopf, fährt in seinen schweren dunklen Mantel und läuft ohne Hut und Stock zur Haustür hinaus, die Maria für ihn aufhält.

Schweigend sitzen wir am Tisch, Großmutter, Mutter, Maria und ich. Oma sagt unverständliche Dinge über die Nazis, die mir Angst machen. Mutter schreit sie an, sie solle den Mund halten und lieber die Sabbatgebete in ihrem Zimmer aufsagen, statt uns Angst einzujagen.

Ich will zu Mutter, aber Maria hebt mich hoch, versucht mich zum Lachen zu bringen und trägt mich in die Spielecke, wo sie mir aus Pinocchios Abenteuern vorliest.

Das Pochen in meiner Kehle lässt nach.

In den Pausen zwischen den Sätzen höre ich, dass Mutter telefoniert und dass vor den Fenstern draußen dumpf Marschlieder erklingen.

Trüb schleppt sich der Vormittag dahin.

Mutter sagt zu Maria, sie fühle sich, als habe man sie während eines Sturmes in eine Schiffskajüte gesperrt, sie will hinaus, ins Geschäft, zu meinem Vater. Maria zögert und sagt, das sei zu riskant, lässt sich aber überreden. Großmutter protestiert aufgeregt, dass sie nicht allein bleiben will, und bringt mit überkippender, zänkischer Stimme ihre Argumente vor. Ausnahmsweise setzt Mutter ihren Willen durch und lässt Oma tobend in ihrem Zimmer zurück.

Zwischen den beiden Frauen komme ich mir heute unwichtig vor. Ihre Hände sind kalt, der haarigen Stoff ihrer Mäntel kitzelt mich. Schweigend gehen wir durch ruhige steile Nebengassen, wo wenig Leute sind. In der Sophienstraße unter den kahlen Lindenbäumen, wo an anderen Samstagen Marktbuden aufgebaut sind, in denen dicke Bäuerinnen ihre Hühner und Eier anpreisen, und wo manchmal der weißhaarige Mundharmonikaspieler sein Äffchen zu den Klängen der blitzenden Hohner tanzen lässt, sehe ich Leute im Kreis vor Onkel Rudis Geschäft stehen. Hastig laufen wir hinter ihnen vorbei und Mutter umklammert meine Hand, als hätte sie Angst, ich könnte davonlaufen.

Dann und wann unterbricht ein lauter Befehl die Stille, das Murmeln der fröstelnden Zuschauer klingt wie eine Antwort.

Hinter den Reihen der Männer und Frauen erkenne ich undeutlich zwei Braunhemden. Wie Hellebardisten stehen sie da, mit Stangen in den Fäusten, an denen weiße Tafeln mit dicken schwarzen Buchstaben befestigt sind. Auf den Köpfen steife braune Mützen, das Band unterm Kinn. In der Ferne, auf dem großen Leopoldsplatz, steht eine dunkle Menschenmasse, gespickt mit dem Braun und Rot von Uniformen. Ich würde gern hingehen und zuschauen, werde aber an beiden Seiten von besorgten Händen festgehalten.

In der Straße hinter Omas Geschäft erkenne ich das Hotel Tannhäuser.

Zwei große Fensterscheiben sind zerbrochen, man kann von der Straße aus ungehindert hineinsehen. Der Eigentümer, ein Mann, an dem alles grau ist, sitzt stumm und reglos mit weit offenen Augen hinter der Theke und scheint uns nicht zu erkennen, obwohl er vor gar nicht langer Zeit bei uns zu Hause am Tisch gesessen hat, um die Hochzeitsfeier von Vaters Nichte zu besprechen. Wie fröhlich er damals war, und wie schön war das Fest! Nach dem Gottesdienst in der Synagoge, wo Vater eine Arie sang, die alle zu Tränen rührte, und wo das Brautpaar ein Weinglas zertrat, hatte ein langer Zug festlich gekleideter Verwandter aus dem Elsass und aus den Städtchen und Dörfern der Umgebung die Sophienstraße überquert und war in das Hotel geströmt. Dort waren in einem riesigen Viereck lange, weißgedeckte Tische aufgestellt, neben jedem Teller drei Messer, drei Gabeln und drei Gläser, dazwischen Blumensträuße und Leuchter mit langen Kerzen.

Meine Mutter, in einem langen, glänzenden gelben Kleid, sah fast noch schöner aus als Tante Selma in ihrem Brautkleid mit der langen Schleppe, die ich hatte tragen helfen.

Ich saß neben ihr und trieb am Tisch Späße mit meinen Vettern. Niemand achtete darauf, ob ich aß oder nicht, und immer wieder wurde der Teller vor mir weggenommen mit Resten, die ich zu Hause niemals hätte stehenlassen dürfen.

Der alte Onkel aus Rastatt, der den Kühen, mit denen er handelt, ähnlich sieht, schob mir sein Eis und die anderen Süßspeisen hin, und ich aß, bis mir beinahe übel wurde. Nach dem Dankgebet, das Benschen heißt, spielten wir unter dem Tisch, während die Onkel über uns dicke Upmann-Zigarren rauchten.

Ihre Frauen hatten sich zusammengesetzt und kakelten wie Hühner in einem Käfig. Als Vater am Flügel seine schönsten Lieder sang, schwiegen alle oder summten mit. Onkel Edward, Omas französischer Bruder, ließ seine goldene Uhr für mich aufspringen. Sie bimmelte so schön und hell, und auf seinem Schoß schlief ich ein.

Er starrt vor sich hin und hört Mutters Worte nicht, als sie ihn durch das zerschlagene und verschmierte Fenster fragt, was hier geschehen sei.

Voll banger Ahnungen beschleunigen wir unsere Schritte, von Mutters Unruhe getrieben.

Unten auf der Straße, wo schon vor sehr langer Zeit die Römer aus den heißen Quellen tranken und wo das Wasser noch immer dampfend im Felstrog rauscht, biegen wir ab in die Richtung von Omas Möbelgeschäft. Auch hier stehen viel mehr Menschen herum als sonst, und ich begreife nicht, was sie dort zu suchen haben. Von Mutters hartem Griff tut mir die Hand weh.

Aus seiner Höhe schaute der graue Ritter Bismarck mit Schwert und Spitzhelm ungerührt auf uns herab, und vor uns sehe ich, was ich bislang nur geahnt habe.

Durch die Menge der Zuschauer drängen wir uns nach vorn. Einige sehen uns stirnrunzelnd an, andere gelassen oder verstört. Aber es sind auch manche dabei, die grinsen, als bereitete ihnen das Schauspiel großes Vergnügen. Herr Kindler vom Bekleidungsgeschäft um die Ecke ist unter ihnen. Mit gespreizten Beinen, die Hände in die Hüften gestemmt, steht er in der ersten Reihe und auf seiner Lederjacke glänzt das rote Abzeichen mit dem Hakenkreuz.

An beiden Seiten der Eingangstür stehen stämmige Männer in brauner Uniform, den Revolver am Koppel mit dem Schulterriemen, die Beine in glänzenden schwarzen Stiefeln, unbeweglich wie Statuen. Neben ihnen, an Stöcken befestigt, große Schilder mit Wörtern, die ich nicht lesen kann und trotzdem verstehe. Hochgeschossene Jungen, ein gutes Stück größer als ich, rufen die Parolen aus, ältere Leute in muffigen, abgetragenen Kleidern murmeln zustimmend oder kopfschüttelnd. »Kauft nicht bei Juden, sie sind euer Unglück« und »Die Juden verderben das Volk, Deutsche wehrt euch«. Die großen Schaufensterscheiben sind verschmiert mit Davidssternen aus tropfendem Kalk, der in langen weißen Schlieren von den Ecken herunterläuft und die schöne neue Fassade aus schwarzem Marmor verdirbt.

Der Chefmonteur der Garage, in der Vaters Auto steht, ein großer, breitschultriger Mann mit braunen Haaren und schmutzigen Händen, drängt sich neben uns nach vorn. Zwischen den Braunhemden hindurch versucht er die Ladentür zu erreichen, aber der eine streckt den Arm vor und hält ihn zurück. Er brüllt ihn an: »Kannst du nicht lesen, du blöder Judenfreund? Dir wird man ja noch vieles beibringen müssen!« Keine Stimme erhebt sich zu seiner Verteidigung, niemand protestiert.

Ohne ein Wort zu sagen, geht er fort mit hängenden Schultern, den Rücken gebeugt.

Mutter wagt sich keinen Schritt mehr vor. Aber der andere SA-Mann hat uns erkannt und sagt mit einer Geste spöttischer

Dienstbeflissenheit: »Gehen Sie nur rein, gnädige Frau, wir verhelfen Ihnen bald zur Pleite.« Und Maria lächelt er tückisch an: »Dir werden wir schon helfen.«

Dutzende Blicke verfolgen uns mit kühler, spöttischer Gleichgültigkeit oder wenden sich ab, als wir mit klopfendem Herzen und bleiernen Füßen die weißverschmierte Ladentür erreichen. Herr Kindler grüßt uns mit einem gemeinen Grinsen und mir wird schlecht vor Angst.

Der Ausstellungsraum ist kalt und verlassen. Hinter den Linoleumrollen im Büro brennt Licht.

Onkel und Tante sitzen da in ihren Sabbatkleidern. Vater herrscht Mutter böse an, sie hätte nicht herkommen dürfen. Sie bricht in Tränen aus; Gersbach versucht sie zu trösten und zu ermutigen, sagt, alles sei nur halb so schlimm, und ich glaube ihm aufs Wort.

Vom Schluchzen geschüttelt erzählt Mutter, was draußen vor der Tür passiert ist. Die Augen meiner Tante sehen wütend durch die dicken Brillengläser. Offenbar ist es ein Fluch, den sie auf Holländisch zischt, und in ihrem guten Kleid verschwindet sie im Waschraum. Mit Schürze und Eimer, Scheuertuch und Schwamm geht sie, ohne ein Wort zu uns zu sagen, mit großen Schritten an den Polstersesseln und Betten vorbei zum Ausgang und stößt die Ladentür auf. Mit überschlagender Stimme ruft Onkel Benno ihr befehlend und weinerlich nach: »Komm zurück, Jet, das kann man hier nicht machen«, aber sie geht unbeirrt weiter.

Mit nassem Tuch und Schwamm wäscht sie die schmutzigen Scheiben ab, angestarrt von den stummen, kuhäugig glotzenden Zuschauern.

Ein Braunhemd schreit sie an, versucht, ihren Eimer umzustoßen. Sie schaut ihm gerade in die Augen und lässt ein donnerndes Gewitter niederländischer Wörter über ihn herabprasseln. Er starrt sie verständnislos an und weiß nicht, wie ihm geschieht, als sie plötzlich die Sprache wechselt und auf Deutsch losschimpft, dass sie »den Botschafter der Niederlande benachrichtigen wird.«

Die Zuschauer trollen sich davon, als machte ihnen das Schauspiel keinen Spaß mehr. Nur ein paar schlaksige Jungen lungern noch herum.

Im Waschraum, wo sie den Eimer mit sauberem Wasser volllaufen lässt und sich die weiße Schmiere von den Händen wäscht, nickt Tante zufrieden und selbstbewusst: »So macht man das in Holland.«

Der Ertrinkende

Immer wenn mein bewegliches, rotbraunes Holzkämmerchen voller Spiegel ein Stockwerk passiert und an einer Gittertür vorbeigleitet, macht das Schmiedewerk des Fahrzeugs einen lauten Klick. Auf und ab fahre ich, vom Keller zum Dachboden, und zu meinem Glück fehlt nur noch die vielknöpfige rote Livree und die flache Mütze des echten Liftboys. Ich bediene die Knöpfe, wie ich es ihn in dem anderen Aufzug des Hotels habe tun sehen, und verschwunden ist die grimmige Langeweile, die mich am Tisch der Eltern und ihrer Bekannten geplagt hat. Niemand sprach dort mit mir und das, was ich aufschnappte, rief die vergessenen Ängste wieder wach, die mich vor einem Jahr überfallen hatten, als Männer in braunen Hemden und mit roten Hakenkreuzbinden die Schaufensterscheiben unseres Geschäftes beschmierten. Die geflüsterten Namen und Schimpfwörter kamen mir bekannt vor, aber der Sinn des Gesprächs blieb im Dunkeln; sogar meine Mutter nahm mit roten Wangen daran teil und vergaß, dass ich dabeisaß. Niemand hielt mich zurück, als ich den großen, hohen Saal verließ, wo aus den schwatzenden Mündern der vielen Erwachsenen die Rauchschwaden wie Schlechtwetterwolken zur Decke stiegen, und Oberkellner mit flatternden Frackschwänzen Tabletts voll Kaffeetassen und Gläser mit grünen, roten und gelben Getränken auf der Hand tanzen ließen, ohne etwas zu verschütten.

An der großen, glatten, glänzenden Theke, hinter der sich Hunderte von nummerierten Fächern mit Briefen, Zeitungen und Schlüsseln befinden, komme ich nicht unbemerkt vorbei. Der kahle dicke Mann in moosgrüner Uniform, der mir gleich bei unserer Ankunft die Hand gab und nach meinem Namen fragte, sagt in seinem drolligen Deutsch, dass ich mich nicht verirren soll.

Langsam schlendere ich durch die langen Korridore und betrachte die Bilder mit Hirschen, Hunden und Vögeln an den Wänden. In einem langen, unbekannten Gang, dessen Läufer schon ein wenig verschlissen aussieht, entdecke ich einen Lift mit einem genauso verschnörkelten Gitterwerk wie in dem Gang, wo unser Zimmer liegt. Dort durfte ich weder die Knöpfe drücken noch die beiden Türen schließen. Mutter fürchtete, ich könnte mir die Finger einklemmen, obwohl ich zu Hause mit unserem Aufzug sehr gut umgehen kann.

Die rumpelnde Fahrt vom Keller zum Dachboden und vom Dachboden in den Keller fesselt meine Aufmerksamkeit nicht lange, und als ich auf einen Knopf drücke, um anzuhalten, bleibt mein Käfig zwischen zwei Stockwerken hängen. Weder das Zerren an der Innentür noch die Fingerübungen auf den Knöpfen setzen das Fahrzeug wieder in Bewegung. Was zunächst so lustig aussah, ist jetzt bedrohlich geworden. Ich fühle mich wie ein Gefangener und aus den Spiegeln sieht mich ein ängstliches Gesicht mit großen Augen an.

Wie eine Schlange beschleicht mich die Furcht, hier jämmerlich und einsam sterben zu müssen, denn trotz der Hilferufe und gellenden Schreie kommt niemand, um mich zu erlösen.

Ich schrecke hoch, als der Käfig metallisch zu rasseln beginnt. Über mir sehe ich die Schuhe und Beine meiner Eltern und die grünen Hosenbeine des Oberportiers. Meine Hose ist kalt und nass. Die Scham ist größer als die Angst vor Strafe, als die Eltern mich an den neugierigen Erwachsenen vorbei auf unser Zimmer bringen.

Am späten Morgen des nächsten Tages, als sich der hellblaue Nebel über den Weingärten verzieht, erkunden wir das Schwimmbad von Meran mit den langen Reihen von rosafarbenen Kabinen, den bunten Liegestühlen, den kleinen und großen, tiefen und flachen Becken und dem Kinderspielplatz, der mich wie ein Magnet anzieht.

Nirgends steht ein Schild wie zu Hause, das den Juden den Zutritt verbietet, trotzdem stammelt Mutter verlegen, als sie vor dem Mann an der Kasse steht.

Drinnen entdecken meine Eltern rasch Freunde aus dem hohen Hotelsaal, und die Gespräche werden fortgesetzt, als wären sie über Nacht nicht unterbrochen worden.

Der singende Ruf des Eisverkäufers: »Gelati, Gelati«, übertönt das aufgeregte Geplapper und weckt mich aus meinen Tagträumen auf dem Spielplatz.

Auf dem Rücksitz unseres dunkelblauen Adlers, Vaters makelloser Stolz, schaue ich schläfrig in die vorüberziehende gebirgige Landschaft hinaus. Auf langen geraden Wegstrecken, wenn das Auto ruhig brummt, schiebt er die weiße Reisemütze auf den Hinterkopf und singt aus voller Brust. Mutter fällt ein und die zweistimmigen Arien erklingen im Inneren des Autos freier und fröhlicher als daheim in unserem Musikzimmer.

Die Route entlang dem Gardasee vertreibt meinen Schlaf. In den gespenstischen, roh ausgehauenen Tunnels, in die wir immer wieder eintauchen, überläuft mich genüssliches Gruseln, und im grellweißen Sonnenlicht am Tunnelende kneife ich die Augen zu.

Wenn ich sie öffne, sieht die Landschaft immer wieder anders aus. Was bleibt, ist der tiefblaue See, die grau und rot geäderten Felsen und die weißen Dreiecke der kleinen Segelboote. Manchmal hält Vater bei einem Aussichtspunkt an, zeigt mir durchs Fernglas einen Marmorbruch, ein Dorf, einen Berg in der Ferne oder macht ein Foto.

Im Fernglas erkenne ich selten, was er mir zeigt, aber das sage ich ihm nicht, denn ich möchte nicht darauf verzichten, den schönen schwarzen Apparat in den Händen zu halten.

Riva ist unser Urlaubsziel. Nach dem Drehen am Rändelrad und ein wenig Hilfe beim Suchen des Bildes erkenne ich die meergrünen, blauen und rosa Häuser am Ufer, den Kai des kleinen Hafens, eine mit Flaggen geschmückte Fähre am Landungssteg, die Hotelterrassen mit den Markisen, die wie große Melonenschnitze über den Fenstern hängen, die Menschen an den weißen Tischen, die buntgestreiften Sonnenschirme und die an den Tauen dümpelnden Segelboote.

Kaum eine Stunde später gehören wir in Riva dazu und der Besitzer der Gelateria unserem Hotel gegenüber hat aus den tiefen Kühlzylindern mit den weißen spitzen Metalldeckeln drei bunte Eisbecher für uns gezaubert.

Die nächsten Wochen sind abwechselnd interessant und langweilig.

Auf den Spaziergängen nach Torbole entlang der Autostraße ist es drückend heiß. Voran Vater mit Spazierstock und weißer Mütze, in Knickerbockers und Polohemd. Mutter hinter mir, in leichten Schuhen, ruft ihm zu, seine Schritte ein wenig zu bremsen. Am Strand Badeanzüge mit breiten Streifen. Die Gummibademütze mit dem Band unter dem Kinn verwandelt Mutter in ein fremdartiges Wasserwesen.

Ich spiele mit Sand und Steinen. Manchmal werfen wir uns einen Gummiring zu, aber meistens muss ich mich selbst beschäftigen. Die anderen Kinder bleiben genauso wie ich bei den Eltern sitzen, und neidisch beobachte ich die Familien mit mehreren Kindern. Wie herrlich wäre ein Spielkamerad.

Vater geht spritzend und platschend ins Wasser und kommt als prustendes Seeungeheuer wieder heraus. Ein paar Meter weit wage ich mich mit ihm hinein, aber wenn das kalte Nass mir über die Taille steigt, kann auch seine ausgestreckte Hand mich nicht beruhigen.

Oft sitzen wir in der Sonne unter den Schirmen am Ufer und manchmal kommt ein Wind auf, der das dunkelbraune Haar meiner Mutter zerzaust. Sie steckt es mit Haarnadeln fest, die sie ständig verliert und die ich dann für sie suchen muss.

Am Kai ist viel los. Der Raddampfer, der mir von einem Ausflug auf dem See bekannt ist und dessen ächzendes Metallgestänge im offenen Kasten ich mehr genossen habe als die allerseits bewunderte Aussicht auf dem Deck, bringt bei jeder Ankunft Dutzende von Feriengästen, Dorfbewohnern und Soldaten mit. Die Touristen lassen sich schnatternd auf den Terrassen um uns herum nieder, die anderen verschwinden zwischen den Häusern.

Atemlos schaue ich zu, als einmal eine schier endlose Reihe von Jungen, manche kaum größer als ich, mit dunklen Hemden und Käppis und einem roten Tuch um den Hals, singend die Laufplanke herunterkommt. Am Ufer stellen sie sich in Reih und Glied auf und marschieren singend zum Kai. Dort singen sie weiter, schlagen Trommeln und blasen auf kleinen Flöten. Die Kellner, Gäste und Einwohner eilen zu ihnen hinunter. Wir und die neuen Bekannten meiner Eltern bleiben sitzen, obwohl ich schrecklich gern auch hingegangen wäre. »Das ist die Balilla«, flüstert Vater mir ins Ohr und ich ahne, was das bedeutet.

Der große Oberkellner, Herr Fritz, mit straff zur Seite gekämmtem blondem Haar und großen Ohren, der immer im Frack herumläuft, auch wenn die anderen Kellner nur eine Weste tragen, zeigt mir manchmal die schönen Schiffe auf dem See, erkundigt sich nach meinem Zuhause, nach meinem Hund Senta und was ich später werden will, und bringt mir mit dem Eis oft einen Farbstift, einen Luftballon oder ein Blatt Papier zum Zeichnen. Er redet nicht viel, aber ich weiß, dass er mein Freund ist.

Es sind nur noch wenige Tage bis zum Ende des Urlaubs. Nach einer langen, mühsamen Kletterpartie zum Marmorbruch kehren wir, klebrig von Schweiß und Staub, auf die Terrasse zu unserem vertrauten Tisch zurück. Auch hier ist es schwül und feucht. Über dem See ballen sich graurosa Wolken zusammen, auf dem Kai ist mehr Gedränge und Lärm als sonst. Aus den offenen Fenstern schallen Radiostimmen auf Deutsch und Italienisch.

Männer stehen in kleinen Gruppen beisammen, hören den Lautsprechern zu und reden laut miteinander.

Ein Raddampfer legt an. Der Himmel färbt sich lila, weiße Sommerhüte fliegen über die Kieselsteine.

Ein Ehepaar mit zwei Jungen, der kleinere etwa sechs Jahre alt wie ich, der größere vielleicht acht, kommen von der Laufplanke geradewegs auf uns zu und setzen sich an den Tisch vor dem unseren. Beide Jungen haben weiße Hemden an. Eifersüchtig schaue ich zu, wie sie die riesigen Eisbecher, die Herr Fritz ihnen bringt, auslöffeln, und verspüre kein Mitleid, als ihre Mutter böse schimpft, weil sie ihre guten Sachen bekleckern.

Ihre und meine Eltern geraten ins Gespräch, und plötzlich scheint es, als redeten alle Erwachsenen auf der Terrasse miteinander und durcheinander. Ich sitze verloren und gelangweilt zwischen den aufgeregten großen Leuten, höre um mich herum die plappernden Stimmen, die schmetternden Lautsprecher, das Donnergrollen in der Ferne und schaue sehnsüchtig dem Spiel der beiden Jungen zu, die am Ende des Landungssteges ein kleines Boot an einer Schnur durchs Wasser ziehen.

Verlegenheit und Furcht vor dem großen Wasser fesseln mich an meinen Stuhl.

Windstöße rütteln an den Markisen und Sonnenschirmen. Boote mit gerefften Segeln tanzen knarrend an der Mole und zerren wie Hunde an ihren Leinen.

Gebannt beobachte ich die Versuche der Jungen, das losgerissene Spielzeugboot einzufangen.

Der Kleine steht weinend an der Stegkante, den Mund weit aufgerissen, aber sein Schrei ist nicht zu hören. Jetzt sehe ich nur noch seinen Bruder, der sich auf dem Bauch liegend tief hinunterbeugt, dann ist auch er verschwunden.

Niemand scheint etwas zu merken. Würgende Angst schnürt mir die Kehle zu. Ich rufe um Hilfe, doch niemand beachtet mich.

Die Erwachsenen lauschen gespannt der metallenen Stimme aus dem Lautsprecher, die der pfeifende Wind in Fetzen davonweht.

Verzweifelt zeige ich auf den leeren Steg, doch keiner kümmert sich darum. Ich schreie sogar, werde aber wie ein lästiges Kind beiseitegeschoben, als ich an ihren Ärmeln ziehe. Ich renne zum Steg hinunter und sehe, wie der eine Junge im Wasser zappelt. Gleich daneben zwei Hände, die gerade noch über die Wasserfläche hinausragen.

Herr Fritz steht mit dem Rücken zum See und hört ebenfalls zu. Ich ziehe an seinen Rockschößen wie an einem Glockenstrang und fuchtele, fuchtele mit den Händen, stimmlos in den Alptraum schreiend.

Er sieht, was ich sehe, wirft wortlos den Frack ab und springt in den schäumenden See.

Er kämpft mit dem Wasser, zieht den älteren Jungen ans Ufer und sucht an der Stelle, wo die Hände des jüngeren untergegangen sind.

Meine Eltern und die anderen Erwachsenen erwachen aus ihrer Trance, drängen sich an den Rand des Wassers und rufen ihm Anweisungen zu.

Als ich durch einen Wald von Beinen Herrn Fritz erblicke, der triefend, mit zerknautschter, schlaffer Hemdbrust hinter dem Kleinen kniet und seine Arme wie Flügel hochreißt und an den Körper drückt, um ihn wieder zum Leben zu erwecken, bricht der Damm meiner Tränen.

Allmählich verflüchtigt sich der böse Traum. Die Metallstimme aus dem Lautsprecher schweigt, das Pfeifen des Windes lässt nach, das Krakeelen der Erwachsenen verstummt.

Vor mich hinstarrend, hin und wieder aufschluchzend, sitze ich zwischen den Eltern. Lebt er oder ist das schon der Tod? Immer wieder sehe ich vor mir sein bläulich-weißes Gesicht und Herrn Fritz, der seine Arme wie Pumpenschwengel auf und ab bewegt.

Der Applaus meiner Eltern und der anderen Gäste schreckt mich hoch. Herr Fritz kommt auf uns zu, in tadellosem Anzug ohne Knitterfalten. Die Hemdbrust ist steif und sauber, das Haar wieder glattgekämmt mit scharf gezogenem Scheitel. Er bleibt vor mir stehen, beugt sich vor, streicht mir über den Kopf und sagt: »Der Junge lebt, er hat Glück gehabt«, und zu meinen Eltern: »Die Nazis haben Dollfuß erschossen.«

Tage eher als vorgesehen, am frühen Morgen, als Nebelschwaden über dem See treiben und der Sonnenschirm an unserem weißen Tischchen traurig tropft, treten wir die Heimreise an.

Auf dem Rücksitz des Adlers betrachte ich fröstelnd die Nacken meiner Eltern. Sie kommen mir gebeugt vor. Aus ihrem Mund kommt kein Lied wie auf der Herfahrt. Nirgends ist es warm und sicher.

Maria und Lena

»Schau lieber nicht hin«, sagt Maria und nimmt mir die Sicht auf dem Käfig, indem sie ihre Hüfte an die von Mutter drängt.

Wenn ich mich auf die Zehen stelle und den Hals recke, kann ich durch den ovalen Spalt zwischen ihnen trotzdem sehen, was passiert ist. Ein kleines Häufchen gelber Federn mit steif hochgezogenen Füßchen liegt mitten im Futter auf der Bodenplatte hinter den gelben Kupferstäben des Vogelbauers.

Ich bringe kein Wort heraus, Tränen kitzeln auf meinen Wangen, als gehörten sie nicht mir.

Dann öffnet sich der Schirm ihrer Körper und ich sehe, dass die Porzellanschälchen mit Wasser und Vogelfutter, die ich täglich füllen und saubermachen darf, unberührt sind. Was Kranksein bedeutet, weiß ich sehr gut, aber dass der Tod nie mehr geheilt werden kann, erklärt mir jetzt Maria mit feuchten Augen. Mutter streichelt meine Haare. Ihre Augen und Nase sind rot und ihre Trostworte klingen stark erkältet.

Maria wischt meine Trauer fort mit dem Versprechen, Hänsel an einem schönen Ort unter einem Lindenbaum zu beerdigen, wie es sich gehört. In der Nähstube sucht sie nach schwarzen Samtresten und Wolle, Mutter findet eine schöne große Zigarrenkiste, die noch nach Holz und Tabak riecht, und ich zeichne den schönsten Vogel auf meinen Malblock, um ihn Hänsel als Gefährten mitzugeben. Sein Samtbett steht auf dem weißmarmornen Küchentisch und behutsam bettet Maria das gelbe Körperchen, zusammen mit meiner Zeichnung, hinein.

Senta, meine schwarze Schäferhündin, darf heute nicht mit und begreift auch warum, als ich es ihr vor ihrem Korb im Gang hockend erkläre.

Maria hat für den ernsten Gang einen dünnen dunklen Mantel über ihr Dirndlkleid angezogen; der große Hut mit den roten Kirschen sieht vornehm aus über den weichen braunen Haaren, die ich manchmal flechten darf. Ihre rechte Hand halte ich ganz fest, in der linken trägt sie das Kistchen vor sich her.

Wir gehen am schäumenden, wilden Wasser der Murg entlang zum Kurhauspark, meiden aber die großen Wandmalereien der Trinkhalle, die wir beide scheußlich und gruselig finden.

Alte Leute mit Stöcken, die den Michaelsberg, den Hügel hinter dem Gebäude mit dem heißen Quellwasser, Schritt für Schritt hinaufsteigen, gehen an uns vorbei.

Zweimal werden wir neugierig angesprochen von Damen mit runzligen Gesichtern und schwarzen Bändchen mit goldenen Anhängern um den Hals. Maria erklärt ihnen, was wir tun, und ernst nickend lassen sie uns weitergehen.

Außer Atem schauen wir uns oben auf dem Hügel um. Maria zeigt auf unser Haus, weit unten im Tal, und meint, dass Mutter jetzt sicher Ausschau hält. Mit ihrem Taschentuch, das nach Kölnisch Wasser riecht, wischt sie mir die Stirn ab.

Auf der Kuppe des Michaelsberges, unter den alten Linden suchen wir unauffällig nach einem schönen Platz. Mit meiner Sandschippe, die Maria aus der Manteltasche zieht, graben wir abwechselnd ein Loch unter einem Strauch an einem Platz, den niemand kennt.

Hänsels Sarg passt genau hinein, und als das Holz unter der Erde verschwindet, wird mir bewusst, dass ich meinen Vogel nie wiedersehen werde. Tränen füllen mir die Augen und durch die Tränen hindurch sehe ich, dass auch Marias Augen nass sind.

Sie legt zwei Holzstöckchen als Kreuz auf das Erdhäufchen, nimmt dann meinen Kopf in die Hände, an denen noch Erde klebt, drückt mir einen Kuss auf die Stirn und sagt leise: »Gott beschütze dich, Gerdl.«

Ihre Worte machen mich unsäglich traurig, ohne dass ich genau weiß, warum. Schweres Schluchzen drückt mir auf die Brust und sitzt in meiner Kehle, und als zu Hause meine Stimme heiser klingt, fragt Mutter, ob ich mich dort oben auf dem Hügel erkältet hätte.

Die Tage, die nun folgen, sind graue Regenwolken, aus denen halbverstandene Sätze tröpfeln. Maria muss zur »Gestapo«, bei ihren Eltern haben die Braunen vor der Tür gestanden. Bei Tisch erzählt sie von bösen Männern, die sie verspottet und ihr gedroht haben. Mit einem Kloß im Hals liest sie uns den Brief ihres Vaters vor, in dem er sie bittet, nach Hause zu kommen. Maria möchte lieber dableiben. Mutter zerknüllt ein nass geweintes Taschentuch in der Hand. Vater ahnt Gefahr und stottert hin und wieder. Marias Angst zittert in mir nach. Ich schlage die Arme um ihren Hals, um sie festzuhalten.

Ganz, ganz oft wird sie an mich denken, an meine Eltern und an Senta. Sie wird mir viele Briefe schicken, verspricht sie flüsternd, bald wird der böse Spuk vorbei sein.

Zwei große rostbraune Mädlerkoffer mit hölzernen Beschlägen und Kupferschlössern stehen am nächsten Morgen im Gang, als ich unbemerkt mein Bett verlasse. Barfüßig und noch im Nachthemd betaste ich die Unheilsdinger und fühle, wie schwer sie sind. Wider besseres Wissen hoffe ich, dass die Koffer nicht ins Auto passen oder dass Maria es sich überlegt und lachend sagt: »Ich bleibe hier.« Durch meinen Kopf summt es: »O bleib bei mir und geh nicht fort!«

Die Sommersonne scheint, als Maria neben Vater im Auto sitzt. Die Koffer auf dem Rücksitz. Obendrauf ihr dünner dunkler Mantel und der Kirschenhut. Unter Tränen lächelt sie mir zu, und ich winke und winke und winke, bis sie in meinem Meer von Traurigkeit ertrinkt.

Ohne Maria ist unser Haus leer und unfreundlich. Die großen dunklen Möbel schauen streng, der Flügel glänzt schwarz und abweisend.

Der schwere grüne Staubsaugertopf, den ich hinter Mutter hertrage, brummt und jault. Das rote Tuch um ihren Kopf kann nicht verhindern, dass ihr immer wieder eine Locke ins erhitzte Gesicht fällt, die sie mit dem Handrücken wegzuwischen versucht. Sie sagt nicht viel beim Reinemachen und das bleibt auch später in der Küche so. Sentas Schwanz hängt traurig herab, sogar wenn sie zum Einkaufen mitkommen darf. Meine kleine graue Großmutter mit dem wackelnden Kneifer, dem langen schwarzen Kleid und dem gehäkelten Umschlagtuch sitzt täglich viele Stunden an der neuen Tretnähmaschine und flickt oder ändert die Kleidung, die ich anprobieren muss, obwohl die Stecknadeln darin mich pieksen. Seit Marias Abreise wohnt sie ständig bei uns, sie hat ihr Zimmer in Dunkelgrün und Braun tapezieren lassen. Die Ecke, in der ihr großes Bett aus Mahagoniholz steht, gleicht einer Erdhöhle. Der frische Geruch von Kölnisch Wasser und Feldblumen ist verflogen und hat dem von Baldriantropfen und Kampferspiritus Platz gemacht.

Morgens und am späten Nachmittag sehe ich zuweilen, wie Oma Gebete aus einem Buch aufsagt. Dabei steht sie vor der blinden Ostwand, nickt mit dem Kopf, schaukelt den Oberkörper hin und her und antwortet nicht, wenn ich etwas frage oder sage.

Wenn es regnet und ich mich zu Hause langweile, lasse ich meine aufziehbare Eisenbahn durch ihr Zimmer tuckern oder baue eine Hütte aus zwei Stühlen und ihrer braunen Kamelhaardecke. Dann erzählt sie von ihrer Jugend im Elsass, ihrer Lehrzeit als Modistin in Straßburg, von Onkel Edward aus Metz mit dem feuchten grauen Schnurrbart und der Melone, der bei Verdun so tapfer gewesen ist, von ihren noch lebenden Brüdern und Schwestern im sicheren Frankreich und von ihrem Geburtsdorf bei Kehl, das ich von langweiligen Sonntagsbesuchen her kenne.

An Samstagen betet sie länger als gewöhnlich und trägt das vornehme schwarze Kleid mit weißem Spitzenkragen und Jabot. Zur Synagoge geht sie nicht mehr, denn auf die Straße, wo viele Nazis herumlaufen, wagt sie sich nicht mehr hinaus.

Seit ihrer Ankunft haben sich die Freitagabende verändert. Auf einem glänzenden, weißen Damasttischtuch stehen die silbernen Leuchter, die noch Mutters Vater gehört haben. Das Rosenthal-Service mit dem Goldrand, bislang im Büffet vergraben, glänzt wie neu unter der großen seidenen Hängelampe. Großmutter segnet die Kerzen, murmelt ein Gebet und hält die Hände vor die Flammen, als wolle sie sie wärmen. Auf Vaters Kopf der schwarze Bowler, auf meinem die Schirmmütze aus Wolle, mit der ich mich unbehaglich fühle. Wir alle sind festlich gekleidet. Vater singt, als wir vor unseren Tellern stehen, und zu dem Stückchen Mohnbrot mit Salz und einem Schluck Wein aus dem alten verbeulten Silberbecher muss ich unverständliche hebräische Wörter nachsprechen.

Nach der Hühnersuppe bringt Mutter eine Schüssel mit einem großen Karpfen in braunem, manchmal grünem Gelee aus der Küche. Ich mag das Gericht nicht, aber aus Höflichkeit gegenüber Großmutter, die stolz auf ihr Werk ist, muss ich davon kosten.

Onkel Jacob, Omas Lieblingsbruder, der Sabbatgast an unserem Tisch, isst manchmal einen halben Fisch. Er ist arm und klagt ständig über Rheumatismus und zu wenig Geld. Manchmal spricht er das Dankgebet und zieht es so lange hin, bis die Eltern und ich vor Langeweile gähnen.

Wenn er unruhig und gehetzt meinem Vater überlässt, den Tisch aufzuheben, und nervös den Deckel seiner dicken Taschenuhr auf- und zuklappt, weiß ich nur zu gut, was nach dem Essen kommt. Das Zauberwort Bayreuth erlegt allen Schweigen auf. Onkel Jacob und Vater schleppen schwere Sessel vor den Radioschrank, auf dem das neue Blaupunkt-Superhet-Gerät steht und alsbald dröhnen die Walküren, die Meistersinger oder Elsa von Brabant durchs Esszimmer. Mit einer Hand hinter der Ohrmuschel, um keinen Ton zu versäumen, sitzt Onkel dicht vor dem Lautsprecher, und die Geräusche beim Abräumen des Tisches, beim Öffnen einer Tür oder ein geflüstertes Wort zischt er wütend nieder. Wagner, die Bronzeplakette auf dem Flügel, ist unser Hausgott.

Einige Tage, nachdem mein Vater eine Geschäftsreise angetreten hat, wird Großmutter bettlägerig.

Doktor Roos, der alte Hausarzt mit einem Kopf wie ein glänzendes Osterei, einer goldenen Brille auf der Nase und großen roten Händen, mit denen er mir einmal wehgetan hat, als er sie mir in seinem Sprechzimmer auf den Bauch drückte, bleibt sehr lang bei ihr. Als er fortgeht, kneift er mich fest in die Wange und sagt, dass ich Oma nicht stören darf.

Meine Hoffnung auf gemütliche Tage mit Mutter schwindet, als ich merke, dass Großmutter sie ständig benötigt. Bald möchte sie hoch aufgerichtet sitzen, bald flach liegen, oder sie will Wasser, Suppe oder Kaffee aus einer Schnabeltasse, und die klappernde weiße Bettschüssel muss dauernd gebracht oder hinausgetragen werden.

Ich helfe beim Abstauben, bekomme aber böse Worte gesagt, wenn ich etwas falsch mache. Mutter ist traurig und bekümmert, ich fühle mich hilflos und bin widerspenstig.

In ihrem rosa Bettjäckchen thront Großmutter in den dicken Daunenkissen, die vor dem geflammten, hölzernen Kopfteil ihres Bettes aufgeschichtet sind. Die Haare, die Mutter morgens kämmt und bürstet, hängen offen herab. Sie häkelt ein neues Bettjäckchen, als erwarte sie, noch viel Zeit im Bett verbringen zu müssen. Oft und viel höre ich sie klagen, obwohl es ihr sichtlich besser geht.

Selten verlässt sie das Bett und streitet mit dem Doktor, als er sie zum Aufstehen ermutigt. Ich spiele wieder auf dem Teppich in ihrem Zimmer mit der Eisenbahn, dem Märklin-Baukasten und einer neuen Mickymaus, die mit den Armen schlenkert und läuft, wenn ich sie mit einem Schlüssel im Rücken aufziehe. Hebt man sie hoch, dann trappeln die schwarzen Füßchen, sie schüttelt den Kopf und rattert schneller als die Nähmaschine. Nimmt man sie in die Hände, so ist es, als sei sie lebendig und wollte davonlaufen.

Oma schläft unter ihrem Federbett wie Rotkäppchens Großmutter.

Auf der Hügellandschaft ihrer Bettdecke lasse ich meine Mickymaus frei. Omas Augen öffnen sich rund vor Erstaunen, ihr gebissloser Babymund versucht etwas zu sagen, und plötzlich kräht sie wie ein heiserer Hahn, weicht zurück und schlägt wild nach meinem Spielzeugtier. Sie kreischt Mutters Namen, und in meiner Verwirrung, Angst und Bosheit packe ich das zappelnde Ding und setze es ihr auf den Kopf. Nach und nach verheddert es sich in den grauen Haarlocken, während ihr Geschrei unvermindert anhält.

Meine Welt stürzt zusammen, als Mutter die zuckende Mickymaus mit einer Schere aus dem grauen Gewirr befreien muss. Atemlos zischt Großmutter, ich sei ein »Mamser«, ein Teufel, und schwört, ich werde meiner Strafe nicht entkommen. Mutter steht das Weinen näher als das Lachen. Sie versucht zu beschwichtigen, träufelt Baldrian in ein Glas Wasser und schickt mich aus dem Zimmer.

Verdrossen vor Kummer und Schmerz über die harte Strafe, die Vater mir verpasst hat, hungrig und mit pochenden Schläfen liege ich abends in meinem Bett. Seine brüllende Stimme schallt aus dem Esszimmer und Mutter weint und schreit, dass sie allein, ohne Maria, die Belastung nicht länger ertragen könne.

Ein paar Tage später eilen wir vom Einkaufen nach Hause. Lena, Mutters neue Hilfe, soll sich heute vorstellen. Ich brenne vor Ungeduld und Neugier, sie zu sehen. Die Haustür zum Treppenhaus steht einen Spalt offen. Schon von unten höre ich Senta aufgeregt bellen.

Über die glatten Steinstufen renne ich vor Mutter zu unserer Wohnung im ersten Stock, halte aber an, als ich durch die Lücken des Treppengeländers sehe, wie Lena mit großen schwarzen Schnürstiefeln auf den Boden stampft, um den Hund einzuschüchtern.

Sie bemerkt uns erst, als wir neben ihr stehen. Hinter der weißen Wohnungstür mit den kleinen Scheiben taucht jetzt leise winselnd die Hundeschnauze auf.

Noch bevor Lena uns begrüßt und sich vorstellt, zetert sie, dass wir den Hund festhalten müssen, wenn wir die Tür öffnen.

Nervös steckt Mutter den Schlüssel ins Schloss und schickt Senta mit strengen Worten zu ihrem Korb. Misstrauisch und wachsam beobachtet sie von dort aus unsere neue Hilfskraft.

Als ich Lenas große lila Hand schütteln muss, fühle ich tiefe Verbundenheit mit meinem Hund. Die große, derbe Frau mit der spitzen Nase und den hellen Augen ist mir unheimlich. Das graubraune Haar ist mit Haarnadeln zu einem dicken Knoten im Nacken aufgesteckt, und ich kann die Augen von den Haaren auf ihrem Kinn kaum abwenden. Wie ich spüre, ist auch Mutter erschrocken und lässt zu, dass Lena sofort zu arbeiten beginnt. Sie holt eine große braune Schürze aus ihrem geflochtenen Koffer hervor und nach wenigen Worten wischt und bohnert sie, als sei es ihr Haus.

Mutter kocht, sie lässt sich nicht vom Herd verdrängen. Als wir um den Tisch sitzen, murmelt Vater leise, er sei froh, dass »das Mensch« lieber allein in der Küche isst. Von nun an wird in unserem Haus viel geflüstert, denn Lena horcht an den Türen. Ich kann kaum glauben, dass Erwachsene so etwas tun, bis ich mit eigenen Augen sehe, wie sie im Flur davonrennt, als Vater mit einem Ruck die Tür öffnet.

In der Küche fallen harte Worte, das Geflüster hält an. Die Woche über verlässt Großmutter selten ihr Zimmer und drückt sich dann schweigend an Lena vorbei.

Allmählich wird Oma mir wieder gut. Auf den Stühlen an ihrem Bett oder neben der Nähmaschine, die sie zuweilen wieder schnurren lässt, schütten wir alle unser Herz bei ihr aus. Als spuke ein Drache im Haus, dem Vater als einziger Widerpart bieten kann.

Als auf dem Markt hinter der Stiftskirche dicke Bäuerinnen mit Körben voll länglicher, blauer Zwetschgen stehen, weiß ich, dass Mutter einen Kuchen backen wird. Auf rechteckigen Backblechen legt sie entsteinte und halbierte Zwetschgen wie Dachziegel in vielen Reihen nebeneinander auf den Teig, streut

Zucker und Zimt darüber und gibt dünne Sahne dazu. Sie macht das geschickt und mit großem Vergnügen.

Der Kuchen ist noch warm und saftig, als wir die ersten Stücke kosten dürfen. Lena sieht beinahe freundlich aus, als sie sich eine doppelte Portion in den Mund stopft.

Mit Augen, die größer sind als der Magen, bitte ich um noch ein Stück und höre von Mutter, dass wir morgen, am Freitagabend, Gäste haben. Besonders schöne Stücke ohne Kruste legt sie auf eine große Platte und stellt sie in der Speisekammer neben der Küche sorgsam beiseite.

Schon im Gang verdüstert sich Onkel Jacobs Gesicht, als er hört, dass Mutters mollige Schwester und ihr Freund Harry, der Schauspieler mit dem Monokel, sowie Onkel Albert, ein entfernter Verwandter von Vater, heute Abend zum Essen kommen. Er befürchtet und ich hoffe, dass Wagner diesmal nach dem Essen keine Chance hat.

Vater gibt sich andächtiger als sonst und singt die Gebete wie Arien. Still warte ich an dem festlich gedeckten Tisch auf den Zwetschgenkuchen. Den Karpfen im grünen Mantel rühre ich heute nicht an, denn auch Tante lässt ihr Stück stehen.

Mit überkippender Stimme ruft Mutter aus der Küche nach mir. Keiner Übeltat bewusst außer meinem Widerwillen gegen den Fisch, gehe ich zu ihr und sehe sie mit den Tränen kämpfend vor der Platte mit den Kuchenstücken stehen. Es ist kein Berg mehr, nur noch ein Hügel, und ich stehe da als Angeklagter. Erst nach einem heiligen Eid glaubt mir Mutter. Ihr Kreuzverhör erstreckt sich auch auf Vater. Er weiß von nichts und regt sich auf. Oma ist über jeden Verdacht erhaben. So bleibt nur Lena als Verdächtige übrig, aber sie kommt erst wieder am Montagmorgen.

Aus der Waschküche im Keller dringt der Lärm eines schrillen, heftigen Streites durch das hallende Treppenhaus bis in unsere Wohnung, und ohne die Worte zu verstehen, weiß ich, worum es geht. Blass und verstört, mit rotumrandeten Augen, stürzt Mutter ins Zimmer und stolpert atemlos über die eigenen Worte: Lena hat den Kuchen gestohlen, schlimmer: Lena stiehlt von Anfang an aus der Speisekammer. Aber das Schlimmste: Lena schimpft und höhnt, sie habe ein Recht darauf, sie werde ausgebeutet und bekomme viel zu wenig zu essen, die Juden würden die »Volksgemeinschaft« betrügen und sie werde uns die »Partei« auf den Hals hetzen, um uns ein für alle Mal Mores zu lehren.

Kuchen, Konserven, Wurst und Käse haben schlagartig ihre Bedeutung verloren. Der Ärger wird zur Angst, und in der Vorstellung sehe ich schon die Braunhemden mit Fackeln und Knüppeln vor der Tür stehen. Ratlos überlegen die Eltern miteinander, mit Freunden und Bekannten. Den ganzen Tag über rasselt die Wählscheibe des Telefons und atemlos spricht Mutter in den Hörer. Abends klingelt sie bei den Nachbarn an, oben, links und rechts.

Erschöpft und aufgeregt gibt sie mir einen Gutenachtkuss. Die Neugier schwelt in mir, als ich einschlafe, den tröstenden Kissenzipfel in den Armen.

Unwirsch und mit verkniffenem Mund tobt Lena morgens durch die Wohnung. Vor ihrer Wut klirrt das Geschirr in der Küche, wir sind für sie Luft. Sie tritt heftiger gegen Stuhl- und Tischbeine, als ich es im schlimmsten Jähzorn je gewagt habe, und als das dumpfe Knallen des Teppichklopfers vom Hof herauftönt, tun mir die Teppiche leid.

Mutter kocht das Mittagessen. Ihre Wangen sind erhitzt, als wäre es glühend heiß in der Küche, und bei jedem Schlag und Knall im Haus oder von draußen zuckt sie zusammen.

Schweigend helfe ich ihr beim Tischdecken. Als die Suppe in der Terrine auf dem Tisch dampft, ruft sie Lena zum Essen.

Leise schließt Mutter die Küchentür und überlässt die Suppe schlürfende Lena, die weder auf noch um sich schaut, sich selbst. Wir essen wortlos unsere Suppe und ich verstehe nicht, was die erwartungsvolle Stille zu bedeuten hat.

Als die Türklingel läutet, springt Mutter auf, als hätte sie auf einer Feder gesessen, läuft zur Wohnungstür und kommt gleich darauf mit den Damen zurück, die geheimnisvoll leise gehen und flüstern, allen voran Frau Huber, unsere immer lachende, mollige Nachbarin von oben, im grünen Dirndlkleid, aus dem ihr üppiger Busen mit dem goldenen Kreuzchen darauf quillt.

Teils im Zimmer, teils im Gang warten alle auf den Augenblick, in dem Frau Huber die Küchentür aufreißt. Lena würdigt sie keines Blickes. Den linken Arm hat sie um den Teller gelegt, als müsste sie ihn gegen Diebe verteidigen. In ihrer rechten Hand die Gabel, mit der sie, ohne den Arm anzuheben, den Berg aus Sauerkraut, Kartoffeln und Fleisch mit großen Bissen in den Mund schaufelt.

Als die Nachbarin und die anderen Frauen in der Küche stehen, blickt Lena unwirsch vom Essen auf. Frau Hubers lachend gesprochene Worte: »Aber Lena, ich glaubte, man lasse dich hier verhungern« bringen die Gabel zum Stillstand. Eine Donnerwolke zieht über ihr Gesicht, der Mund ist ein verkniffener Spalt. Böse erhebt sie sich, umklammert die Gabel mit der Faust und sticht sie wie eine Heugabel mit Schwung ins Sauerkraut. Drohend schaut sie sich um, stößt Flüche aus, die ich noch nie gehört habe, reißt die braune Schürze vom Haken und ohne sie in den geflochtenen Koffer zu stecken, drängt sie uns in der Küchentür beiseite. Mit einem donnernden Schlag wirft sie die Wohnungstür hinter sich ins Schloss. Im leeren Treppenhaus hallt ihr Fluch wider: »Juda verrecke!«

Bleich, mit Gesichtern, auf denen die Fröhlichkeit erloschen ist, gehen die Frauen hinaus. Mutters geflüsterte Worte des Dankes bleiben in der Luft hängen.

Schulzeit

Im Korridorspiegel erkenne ich mich kaum wieder. Das Weinen steht mir näher als das Lachen. Nur oben am Kopf sind noch Haare, aber darunter hat der Friseur mit seiner Haarschneidemaschine ein Stachelschwein aus mir gemacht. »Für die Schule muss es kurz und schneidig sein«, hatte er zu meiner Mutter gesagt. Bevor sie sich's überlegen konnte, hatte er, ohne weitere Worte zu verschwenden, mir einen deutschen Schopf geschnitten. Auf den weißen Frisierumhang fallen braune Strähnen wie Herbstblätter und ich schließe die tränennassen Augen, um meine Verwandlung nicht ansehen zu müssen.

Auf dem Heimweg spüre ich den kalten Wind auf der nackten Kopfhaut und es scheint, als sei mir die Mütze auf einmal zu groß geworden. Harro, der Nachbarsjunge, Sohn des Chefmonteurs der Opel-Garage, in der Vaters Auto steht, kommt auf seinem fliegenden Holländer zu uns herangebraust. Auch er hat einen frischgeschnittenen Stachelkopf und ich bilde mir ein, dass er über meine viel zu große Mütze lacht, obwohl er sonst sehr nett ist. Ich zerre an Mutters Hand, um so rasch wie möglich im Treppenhaus vor fremden Blicken sicher zu sein und beruhige mich erst, als die Haustür ins Schloss fallt.

Mit einer knisternden, in braunes Packpapier gewickelten Überraschung lockt sie mich vom Korridorspiegel fort. Auf dem großen Esszimmertisch liegt das graue Leinentischtuch, das Großmutter monatelang mit Blumen bestickt hat, angespannt murmelnd, die bebrillte Nase bei jedem Stich dicht am Tuch. Schrill ruft sie aus ihrem Sessel, das neue Tischtuch müsse erst zusammengefaltet werden, bevor ich die Schnüre des Pakets aufknüpfen darf. Durch das Papier hindurch dringt der aufregende Geruch frisch gegerbten Leders, und mit ungeduldigen Fingern entferne ich die braune Umhüllung von dem schönsten Schulranzen, den ich jemals angefasst habe.

Sprachlos streichle ich das wunderbare, genarbte Leder, verfolge mit dem Zeigefinger die glatten, rechteckigen Bahnen auf der Klappe und stecke den Kopf in die Tasche hinein, um den würzigen Geruch tief einzusaugen. Auf dem Boden liegt ein langer hölzerner Federkasten. Erst nach vielem Probieren und Fummeln gelingt es mir, den geheimnisvollen Verschluss zu öffnen. Niemand im Zimmer kommt auf den Gedanken, dass man den Schiebedeckel zuerst halb herausziehen muss.

Glatt und schwer liegt der Kasten in meiner Hand, ein gefährliches Stück Holz. Farbstifte und ein Federhalter klappern in den Fächern. Einzelne Federn mit einer kleinen Kugel an der Spitze, ein Stück Sämischleder und ein wunderbar weicher grüner Radiergummi liegen in ihrem Geheimversteck verborgen.

Die ledernen Schulterriemen meines Ranzens sind steif und hart. Es kostet mich Mühe, den Haken des rechten Riemens ohne Hilfe in den Eisenring an der Unterseite einzuhängen, aber nach einigen vergeblichen Versuchen klappt es. Stolz laufe ich mit meiner neuen Schulausrüstung aus dem Zimmer zum Korridorspiegel und betrachte mich mit anderen, neuen Augen.

An dem Schulgebäude aus grauen, glitzernden Steinblöcken bin ich oft mit den Eltern oder an Marias Hand vorbeigekommen auf dem Weg zu meinem Freund Walter, dem Sohn des dicken Rabbiners, oder gelegentlich an Sonntagen, wenn wir uns von der seufzenden kleinen Bergbahn auf den Gipfel des Merkurs tragen ließen.

Auf den grauen Granitstufen, die vom Gehsteig zur breiten Terrasse hinaufführen, hinter der steinernen Balustrade und vor dem Bogen des dunkel drohenden Schuleingangs stehen viele

Mütter mit Jungen, ebenso groß oder größer als ich, mit kurzgeschnittenem Haar; einige mit Ranzen aus Leder oder Leinwand, andere mit Leinenbeuteln oder Bündeln, die mit einer Schnur umwickelt sind. In den Armen halten sie große spitze Tüten aus bunter Seide, aus Karton oder braunem Papier, voll mit buntverpackten sauren Bonbons, Ostereiern und Zuckerwerk. Sie rufen einander zu, prahlen mit ihren Osterschätzen und tauschen Süßigkeiten aus.

Einige Mütter schwatzen laut miteinander, während ihre Söhne über der Balustrade hängen und die Sonntagskleider schmutzig machen.

Walter und ich stehen ohne Schultüten auf dem Gehsteig gegenüber der Schule. Unsere Mütter flüstern kaum hörbar, wir beschnüffeln unsere neuen Schulranzen. Seine abstehenden Ohren werden rot, als er nach dem österlichen Zuckerwerk schaut, und auch ich verspüre nagenden Neid.

Mit schmetternden Stimmen kommandieren die Lehrer die Jungen in Dreierreihen, und an der Hand unserer Mütter eilen wir die Treppe hinauf, um uns hinten anzuschließen. Ein Fotograf mit großem Stativ und Kamera drängt sich durch die Reihen in das Gebäude. Die Schüler verschwinden mit ihren Müttern und den Lehrern im dunklen Maul der Schule.

Wir, als letzte, werden an der Eingangstür von einem großen hageren Mann mit Glatze und grauem Haarkranz erwartet. Sein Schnurrbart ähnelt einer Bürste. Auf der glänzenden Nase klemmt eine Brille mit runden Gläsern. Er verbeugt sich ungelenk vor meiner Mutter, gibt ihr die Hand und stellt sich als Oberlehrer Kreis vor. Dann, als müsste er mühsam nach Worten suchen, bittet er sie und Walters Mutter, später am Tag oder besser erst morgen in die Schule zu kommen, jetzt gäbe es Schwierigkeiten, wegen den Klassenfotos ... jüdische Kinder ... »Sie verstehen ...« Wir gehen die Treppe hinunter und verabschieden uns mit wenigen Worten. Still gehe ich neben Mutter her. In meinem Ranzen klappert der Federkasten.

Unter all den auf uns gerichteten Augen erkenne ich nur Harros Gesicht. Wir stehen an der Klassentür, Walter und ich. Unsere Mütter reden leise mit Herrn Lehrer Kreis, während die Klasse uns betrachtet wie seltsame Fische in einem Becken. Die zwei unbesetzten Plätze liegen weit auseinander, Walter kommt nach vorn in die erste Reihe, ich etwa in die Mitte ans Fenster. Ich sehe nur ein Stück seines Hinterkopfes. Wir dürfen nicht nebeneinandersitzen.

Harro rettet mich aus meiner Einsamkeit und fragt, ob er den Platz tauschen darf mit dem mir fremden Nachbarn, der mir einen feindseligen Blick zuwarf, als ich mich neben ihn setzen musste. In seinen neuen Lederhosen und echten Haferlschuhen stapft er stolz zu Harros Platz, froh, dass er nichts mehr mit uns zu tun hat.

Unsere Mütter verschwinden im Gang, ein Gefühl banger Verlassenheit macht meine Knie weich. Harro ist ein magerer Trost. Die unwirschen Stachelköpfe meiner Klassenkameraden, der hochgewachsene, grauhaarige Lehrer mit den scharfen, alles bemerkenden Augen, das Bambusstöckchen in der Ecke, die sonderbaren Buchstaben auf der Tafel, die geradestehen und anders aussehen als die, die meine Oma mich zu Hause gelehrt hat: eine unbekannte Welt voller Gefahren.

Die Pause, in der die Jungen Butterbrote tauschen, aber nicht mit mir. Im WC, wo wir in einer Reihe nebeneinander gegen eine schwarze Wand pinkeln müssen und nach dem Pimmel der anderen gucken, entdecke ich den Unterschied zu den Jungen anderer Religionszugehörigkeit, und sie den meinen. Danach bin ich Gehässigkeiten ausgesetzt, ein Los, das ich mit Walter teile.

Geschichten über Strafen mit peitschenden Bambusstäben treiben wie Unwetterwolken durch die Gänge, aber Herr Kreis rührt das Stöckchen nie an. Manchmal stellt er jemand, der zu laut war oder ihn geärgert hat, zur Strafe in die Ecke, aber wirklich unfreundlich ist er nie. Allmählich fühle ich mich weniger unsicher. Er lässt nicht zu, dass wir verspottet und beschimpft werden, und hält Ordnung in der Klasse.

Die geraden dicken Buchstaben lerne ich rasch und zähle, die Zungenspitze zwischen den Lippen, Rechensummen fehlerlos zusammen. Manchmal helfe ich Harro insgeheim, muss aber in der Klassenecke dafür büßen, als Lehrer Kreis mich dabei ertappt.

Morgens, als ich noch neben Maria durch die lange, leere Stephanienstraße mit den alten, abblätternden Hausfassaden gehe, warten wir oft auf Harro, der aus dem großen Garagentor angerannt kommt. Wir hüpfen und springen vor ihr her, mit Mühe hält sie uns zurück. Wenn wir an der Realschule vorbeigehen, geben wir ihr die Hand, denn die großen Jungen in dieser Schule mit ihren Uniformen, ledernen Koppelriemen und Hakenkreuzbinden um den Ärmel sehen uns wie ein Rudel Wölfe drohend an.

Wenn aus der Schmiede die kreischenden Geräusche der Drehbank oder das dumpfe Dröhnen des Ambosses zu hören ist, stecken wir die Köpfe um die Ecke durch die Tür der Werkstatt und grüßen Harros Onkel, der dort Chef ist. Mit tiefer, rollender Stimme wünscht er seinem Neffen einen guten Schultag und nickt mir zu, als gehörte ich ganz selbstverständlich dazu.

Maria bleibt am Fuß der Steintreppe stehen, die zur Terrasse vor dem Schultor führt, und winkt uns nach, wenn wir ordentlich in Dreierreihen durch die große Tür hineindirigiert werden.

Einige Klassenkameraden grüßen mich flüchtig, doch die meisten schauen durch mich hindurch. Die Jungen, die sich um Fritz mit den Lederhosen scharen, wenden den Kopf ab. Herr Kreis hat sie bestraft, als sie Walter und mir ein Bein gestellt und uns zu Stinkjuden erklärt haben.

Wir klappen die Holzsitze an den quietschenden Scharnieren herunter, schieben uns in die Bank und nehmen die Hefte und Federkästen aus dem Ranzen.

Dann taucht hinter dem kleinen Fenster in der Klassentür der Kopf unseres Lehrers auf. Die Tür ist noch nicht offen, als die ganze Klasse aufspringt und jeder sich neben die Bank stellt. Sobald er vor dem Katheder steht, heben alle Jungen außer

Walter und mir den gestreckten rechten Arm und rufen einstimmig: »Heil Hitler, Herr Lehrer.«

Er hebt nur die Hand mit der uns zugekehrten Handfläche und murmelt wie zum Dank ebenfalls Heil Hitler.

Wochenlang hat die Klasse geübt, um das Zeremoniell wie ein Mann auszuführen. Fast unhörbar hat Herr Kreis für mich hinzugefügt, dass ich den Gruß nicht mitzumachen brauche. Die Lieder singe ich mit, wenn auch nicht aus voller Brust. Die feindseligen Wörter summe ich nur und stelle mich dumm, als verstünde ich nicht, was sie für uns bedeuten.

In der Pause rede ich mit Harro; unsere Wege trennen sich erst vor dem Garagentor. Sein Onkel, der Schmied, ist auf dem Heimweg eine Bake der Sicherheit.

Vater ist sehr selten daheim. Er macht weite Reisen mit großen Koffern voll Gardinenstoffen und bedruckten Tischtüchern. Seit er kein Geschäft mehr besitzt, sehe ich ihn die Woche über nicht. Die kurzen Karten, die er mit dicken Buchstaben schreibt, sagen nicht mehr, als dass es ihm gut oder mäßig geht, und in einer Art Geheimsprache teilt er Mutter mit, wie hoch sein Umsatz an diesem Tag, in dieser Woche war. Wenn er samstags oder sonntags zu Hause ist, machen wir einen Ausflug. Von dem schiefen Bergbähnchen, in dem man trotzdem gerade sitzt, wenn es vom dicken schwarzen Kabel hochgezogen wird, lassen wir uns auf den Merkur tragen, oft in Gesellschaft von Freunden meiner Eltern, die nie einen Spielkameraden für mich dabeihaben. Im Café oben auf dem Gipfel langweile ich mich und darf mit Münzen, die mir Mutter gibt, ein buntbemaltes Blechei aus dem Automaten ziehen, in dem etwa hundert solcher Eier hinter Glas aufgestapelt sind. Die Spielzeuguhr, die in meinem Ei steckt, geht noch am selben Nachmittag kaputt.

Als meine Tante mit dem Lockenhaar aus Berlin im Hotel Gretel auf dem Fremersberg wohnt, ist sonntags ein Fest. Senta, meine Schäferhündin, darf nicht mit. Tantes Barsoi ist sehr scharf und bissig, obwohl er mir gegenüber ganz zahm tut.

Ich treibe mich in den Gängen und im Garten herum und werde in der Küche mit Torte und Eis vollgestopft, bis mir beinahe übel wird. Die dicke blonde Küchengehilfin bekommt dafür einen Verweis von Dodi, der Chefin, einer Bekannten meiner Tante und ihres Freundes. Sie nimmt mich mit auf die Terrasse, wo alle bei Kaffee und Kuchen sitzen und flüsternd über die Artikel in den Sonntagsblättern reden. Manchmal ist Vaters Stimme zu hören. Mutter zischt warnend seinen Vornamen, und gedämpft plätschert das Gespräch weiter dahin.

Jetzt gehe ich morgens immer allein zur Schule mit Harro, der vor der Garage auf mich wartet. Marias trauriges Gesicht, ihre Hand, die mir hinter den Scheiben von Vaters Auto Abschied winkt, erscheint jeden Abend beim Einschlafen vor meinen geschlossenen Augen. Ihr Weggehen schmerzt mich noch immer und ich bete jede Nacht darum, dass sie zurückkommt.

Mia, eine entfernte Verwandte aus Frankfurt, ist kein Ersatz für sie. Ihr molliges Gesicht ist freundlich. Mit dunklen Augen schaut sie in die Ferne, aber nicht nach mir. Ihr Zopf ist lang und dick und braun. Ich darf nicht daran ziehen. Manchmal nimmt sie mich sonntags auf einem Spaziergang mit, schneidet sogar eine Vogelpfeife aus Kirschholz für mich. Wenn sie ihrer Freundin begegnet, die auf zwei Kleinkinder aufpasst, dann redet und redet sie immerfort, als wäre ich nicht vorhanden.

Beim schrillen Klingeln des Telefons am Sonntagmorgen springt Vater erschrocken aus dem Bett. Ich schlafe längst nicht mehr und betrachte die großen ovalen Fotos von Mutters Eltern, die über den rotgeflammten Kopfenden hängen. Seit Vaters Mutter bei uns wohnt, steht mein Bett vor dem hohen Fußende der elterlichen Ehebetten. Ich habe genügend Gelegenheit, das Porträt meines Großvaters zu studieren. Ich habe ihn kaum gekannt, aber seine Lieder in einer fremden, weichen Sprache, seine Späße und seine hell bimmelnde goldene Uhr leben verschwommen und warm in meiner Erinnerung fort.

Mit blassem, bestürztem Gesicht kommt Vater vom Telefon zurück, flüstert aufgeregt etwas zu Mutter und beide ziehen sich in größter Eile, fast ohne Worte an. Mia soll mit mir spazieren gehen, sie müssen in einer dringenden Angelegenheit zu Tante Mina, Omas jüngster Schwester.

Es ist sonnig, aber kühl. In meiner neuen Lederhose, mit bloßen Knien, spaziere ich neben Mia zum Hügel hinter der Schule. Dort trifft sie ihre Freundin, und hinter dem Kinderwagen herlaufend reden sie pausenlos miteinander. Ich weiß nicht, was ich mit den kleinen Kindern spielen soll. Aus Langeweile reiße ich Gras und Blumen ab, blase auf den Halmen, werfe mit Kieselsteinen und spüre plötzlich ein ganz dringendes Bedürfnis. Ich schäme mich, es vor Mias Freundin offen zu bekennen und beschließe, allein nach Hause zu gehen. Zuerst gehe ich schnell, dann renne ich durch die Straßen, die am Sonntagmorgen wie ausgestorben sind, an Onkel Rudis Geschäft entlang zum Leopoldsplatz und am Kino vorbei in unsere Straße, als mir in meiner großen Not einfällt, dass niemand zu Hause ist und dass Tante Minas Wohnung um die Ecke mir Rettung verspricht. Ich hämmere an die Tür und läute, als stünde das Haus in Flammen.

Mit großen, erschrockenen Augen öffnet Irene, Tante Minas Tochter, die Haustür, und schlägt ängstlich die Hand vor den Mund mit den Kaninchenzähnen, als ich sie beiseitedränge und zum WC stürze.

Im Gang höre ich ein Durcheinander aufgeregter Stimmen, Mutter will zu mir herein und hören, was mit mir los ist. Sie ist verstört und hat verweinte Augen, und einen Augenblick lang fürchte ich, ich könnte schuld daran sein.

Als ich, beschämt über mein Missgeschick, mit Mutter das Zimmer betrete, sitzen die Verwandten mit blassen Gesichtern und roten Augen um den Tisch. Fragend sehe ich Vater an, und fast tonlos sagt er zu mir: »Heute Nacht haben sie Onkel Adolf nach Dachau abtransportiert.« Ich verstehe nicht recht, was er meint, weiß aber ganz sicher, dass es tausendmal schlimmer ist als das, was mir soeben passiert ist.

Vater reist am nächsten Montagmorgen später ab als gewöhnlich. Mutter sagt mit erstickter Stimme, sie habe Angst um seine Sicherheit, doch er winkt fast fröhlich ab und meint, ihm könne so etwas nicht passieren.

Ich würde heute gern die Schule schwänzen, aber beide finden, das könnte zu sehr auffallen.

Harro erwartet mich ungeduldig am Garagentor und runzelt die Stirn, weil ich zu spät komme. Auf dem Weg zur Schule erfahren wir, dass sein Onkel, der Schmied, nicht in der Werkstatt ist; der Geselle sagt, er sei seit gestern Abend nicht zu Hause gewesen.

Auf dem Treppenabsatz vor der Schule stehen mindestens zehn Klassenkameraden in den braunen Uniformen des Jungvolks um Fritz herum. Die Koppeln blitzen, die braunen Hemden sind frisch gebügelt, als gäbe es in ihrem Club ein Fest. Sie schauen kriegerisch drein, und die älteren Jungen, ebenfalls in brauner Montur, geben sich ihnen gegenüber kameradschaftlicher als sonst.

Fritz ruft mir etwas zu, aber ich verstehe es nicht oder will es nicht verstehen. Beim Hineingehen in der Reihe zischt er so laut, dass sogar Herr Kreis hören kann, was er sagt: »Du kleiner Stinkjude, bist du taub? Wir werden dir die Ohren auswaschen.«

Während des Unterrichts kommt Unruhe auf, aber Herr Kreis greift kaum ein, als spürte er, dass da etwas schwelt, was er nicht löschen kann. In der Pause lungere ich in seiner Nähe herum und Walter tut es mir nach.

Bevor noch die Meute drinnen ist, sitzen wir als erste in der Bank. Harro flüstert vorsichtig, wenn die Glocke nach der letzten Stunde läutet, müssten wir uns so schnell wie möglich auf die Beine machen.

Ich passe beim Unterricht nicht auf und meine falsche Antwort löst höhnisches Gelächter hinter mir aus.

Der erste Glockenton ist noch nicht verstummt, als Harro und ich aufspringen. Den Ranzen unverschlossen unterm Arm geklemmt, rennen wir ohne Gruß zur Klasse hinaus, rasen die

Treppe hinunter zur Tür, die gerade aufgemacht wird. Über die eigenen Füße stolpernd, mehr rutschend als laufend, erreichen wir über die Granitstufen vor der Terrasse den Gehsteig. An der Ecke der Stephanienstraße, wo der Weg steil ansteigt, ringen wir keuchend nach Atem und sehen, dass der Feind sich hinter uns vor der Schule versammelt; einige schnallen ihre Koppeln ab.

Während des Laufens schiebt Harro den schweren Federkasten auf den Boden des Ranzens, macht ihn zu und löst den Schulterriemen. Er ruft, ich solle dasselbe tun und die Tasche als Schleuder zur Verteidigung benutzen.

Mit klopfendem Herzen folge ich seinem Beispiel und versuche mit ihm Schritt zu halten. Langsam, aber unaufhaltsam holt uns die braunrote Horde ein. Unsere Klassengenossen erscheinen uns wie Fremde, wie hungrige Wölfe im Schnee.

Die Schmiede gewährt keinen Schutz. Die Tür ist verschlossen und bleibt auch nach heftigem Hämmern zu.

Vor der Tür stürzen sie sich mit Kriegsgeschrei und sausenden Koppeln auf uns. Die Flucht nützt nichts mehr. Rasend lassen wir unsere Ranzen wie Mühlenflügel kreisen. Als ein Koppel mich trifft, schlage ich zitternd vor Wut, ohne den Schmerz zu fühlen, zurück. Das Schimpfen verstummt, der Kampf ist kalt und verbissen.

Zwei Passanten in Arbeitskleidung befehlen uns mit donnernder Stimme aufzuhören, und plötzlich ist alles vorbei.

Hinkend und blutend, voller Schrammen und Beulen setzen wir den Heimweg fort. Fritz und seine Meute bleiben stehen. Umzusehen wagen wir uns nicht.

Vor Kummer schluchzend vergrabe ich mein tränenüberströmtes, geschundenes Gesicht an Mutters Brust, als sie die Tür öffnet. Ich finde keine Worte.

Ein paar Tage später, fast wieder geheilt, warte ich am Garagentor auf Harro. Seine Mutter kommt heraus und sagt mit abgewandtem Blick, er sei allein gegangen. In der Klasse sitzt er auf einem anderen Platz, an der Tür, weit weg von mir.

Auswanderung

Vom Gelobten Land, das sich spitzwinkelig auf der blauen Sparbüchse abzeichnet, hat uns Rabbi Grünfeld während der Hebräischstunde in der muffigen Kammer neben der Synagoge schon viel erzählt. Dabei steht er hinter meinem Stuhl oder dem eines anderen Kindes, den linken Fuß auf der Stuhlleiste, weist mit dem dicken Zeigefinger, den er auch zum Bohren in seiner großen Nase benutzt, auf Passagen in der Kinderbibel und sticht zornig auf Buchstaben oder Schriftzeichen, die wir falsch benennen.

Palästina ist ein Land aus einem verworrenen Märchen, das nur in dem Augenblick ein wenig Wirklichkeit gewinnt, wenn die bebrillte, grauhaarige Dame kommt, um die Münzen aus der Büchse zu nehmen. Mit einem kleinen Schlüssel öffnet sie die Klappe an der Unterseite, zählt die Münzen mit enttäuschtem Gesicht und belehrt uns, wieviel Geld benötigt wird für jenes ferne Land, in dem Milch und Honig fließen.

Die Bilder in dem Buch, das sie uns hinterlässt, haben nichts mit den biblischen Geschichten zu tun, die ich kenne. Bauern und Bäuerinnen, die Steine aus dem Acker graben, pflügen oder Orangen ernten, Handwerker, die Bretter hobeln, Möbel anfertigen, Baracken bauen, ein Schmied, der Hufeisen schmiedet und vor einem Amboss Pferde beschlägt, Monteure, die Traktoren reparieren und Frauen mit weißen Kopftüchern, die Kühe melken und buttern, erinnern überhaupt nicht an den Tenach.

Wenn sie atemlos von DEM LAND erzählt, glänzen ihre Augen und sie bekommt rote Flecken auf den Wangen.

Mutters Lippen werden schmal. Sie sagt kein Wort, Vater rutscht unruhig auf dem Stuhl herum. Wenn die Tür hinter der Zionistin ins Schloss fällt, atmet er tief und erleichtert auf. Mit spöttischem Lächeln klappt er das Buch zu, schüttelt den Kopf und sagt, sowas sei nichts für ihn. Mutter zögert und gibt mir das Buch: Ob es nicht doch gut wäre, für später? Für eine Zukunft, die nicht mehr hier in Deutschland liegt?

Die Schulferien sind Befreiung und Verdammnis zugleich. Graue Tage kriechen wie Schnecken dahin. Walter und sein Schwesterchen Miriam sind verreist, vorausgeschickt nach England. Niemand, mit dem ich reden oder spielen könnte. Sogar ein entzündeter Hals unterbricht die zähe Langeweile nicht, verstärkt sie eher. Übelgelaunt liege ich im Bett und mache meiner Mutter das Leben sauer.

Mit Mühe bekomme ich das Fenster der Abteiltür auf, indem ich mich mit meinem ganzen Gewicht an den breiten Lederriemen hänge und ihn dann loslasse. Wind und fetter Kohlenqualm wehen ins Abteil. Meine Haare flattern, ich spüre die Geschwindigkeit des Zuges, der Mutter und mich nach Freiburg bringt. In dem Kinderheim der Hachschara, das wir noch nicht kennen, soll ich mich vorstellen, wo man auf das Land, das auf unserer Büchse abgebildet ist, vorbereitet wird. Mit bangen Vorgefühlen lausche ich dem Dreivierteltakt der Eisenbahnräder. Die Vögel auf den Notenlinien der Drähte, die schwarzen Wälder und fernen blauen Berge, die Süßigkeiten, die ich bekommen habe, und die Bahnhöfe, auf denen laute Stimmen warme Wurst und Kölnisch Wasser feilbieten, vertreiben zeitweilig meine innere Angst.

Das große kahle Haus mit den breiten Steintreppen, die hohen Säle mit den langen Tischen und Holzbänken, auf denen Dutzende von weinerlichen Kindern sitzen, stapelweise Butterbrote von verbeulten Emailletellern essen und warme Milch mit einer Haut darauf aus Blechbechern schlürfen: All das bestätigt nur meine angsterfüllte Phantasie.

Mutter sitzt unten im Büro bei der grauhaarigen Dame, die manchmal die Büchse bei uns leert.

Nicht laut, aber in befehlendem Ton weist ein Mädchen, das Mia ähnelt, aber dicker ist und schwarze Locken hat, mich zu einem Platz an dem Tisch, wo ich essen soll. Kein Bissen rutscht mir durch die Kehle, die zugeschnürt ist vor Angst und Verzweiflung, dass Mutter fortgeht und mich hier unter all den Fremden mit ihren hebräischen Liedern und komplizierten Hora-Tänzen zurücklässt.

Die Kinder neben mir sehen mich schadenfroh an, und als meine Tränen in die Milch mit der dicken Haut fallen, kennen sie kein Erbarmen. Ich klettere über die Bank und laufe zur Tür, wo das Mädchen mit den Locken mich aufhält und etwas freundlicher als vorhin fragt, warum ich schon vom Tisch aufgestanden bin.

Erbittert schiebe ich sie zur Seite, renne durch die Korridore mit knarrenden Dielen, über Treppen, die ich nicht kenne, vorbei an Schlafsälen, wo Betten in Reih und Glied stehen. Ich schreie meine Todesangst und Verzweiflung ohne Scham und Zurückhaltung heraus und stoße jeden, der mich anspricht oder aufhalten will, aus dem Weg. Unten an der großen Treppe, am Ende des Alptraums, sehe ich Mutter stehen, die Augen vor Entsetzen geweitet. Sie stürzt mir entgegen. Ich klammere mich an ihr fest, um sie nie mehr loszulassen.

Im Zug auf der Heimreise komme ich wieder zu mir. Alles will ich ertragen, alles lieber, als allein ins Gelobte Land fahren.

In München werde ich acht Jahre alt. Mein Vater war dort schon vorher in Geschäften. Wir sind ihm nachgereist. Aus dem Fenster des Hotels Metropol sehe ich das Getümmel auf dem Platz vor dem Bahnhof. Die Straßenbahnen, mir aus meiner Geburtsstadt unbekannt, klingeln und machen ein Feuerwerk mit ihren Bügeln. Immer wenn ich Mutter frage, warum wir nie damit fahren, antwortet sie ausweichend, bis ich aus Gesprächsfetzen während des Frühstücks begreife, dass der öffentliche Verkehr für Juden riskant ist. Die Braunen werden manchmal sehr grob und unverschämt, und Mutter hat Angst, dass uns etwas zustoßen könnte.

Im Frühstücksraum ist hinten in einer Ecke ein Tisch für uns gedeckt. Der Ober, den Vater schon seit Jahren kennt, nickt nur. Er bringt den Honig und das Vierminuten-Ei, als die anderen Gäste den Saal schon verlassen haben, und sagt leise, plötzlich vertraulich: »'s Maul muss i halt'n, i darf Sie nit mehr kennen.« Vater senkt den Kopf und murmelt, er verstehe das. Mit besorgtem Gesicht macht er sich auf und geht seinen Geschäften im Zentrum der Stadt nach.

In der dunklen Wohnung einer Tante, die ich nur aus den Erzählungen von Oma kenne, treffen wir uns Stunden später. Bis dahin gehe ich mit Mutter durch windige Geschäftsstraßen und stehe staunend vor Schaufenstern mit vielen Märklin-Eisenbahnen, die mit großer Geschwindigkeit durch Tunnels und an bayrischen Spielzeugdörfern entlangfahren, gezogen von großen Dampflokomotiven mit echten Tendern. Die grünen und roten Waggons winden sich wie glitzernde Schlangen durch die Berglandschaft, und atemlos, die Stirn gegen die kühle Scheibe gepresst, verfolge ich ihren Lauf. Diese Schätze sind für mich unerreichbar, aber ein schöner Trostpreis fällt mir zu. Stolz trage ich mein Geburtstagsgeschenk am hölzernen Griff, einen echten Märklinbaukasten mit Rädern, Platten, Verbindungsleisten, Bolzen, Muttern und glatten Stäben.

Auf dem glänzend polierten Tisch in Tantes düsterem Esszimmer packe ich, auf dem harten Sitz eines mit Leder bezogenen Stuhls kniend, mein Festgeschenk aus. Vater kommt herein. Mit abwesendem Blick betrachtet er das Spielzeug. Sein Gesicht ist weiß. Kaum hörbar, heiser, ohne einen von uns dabei anzusehen, sagt er: »Mein ältester Kunde hat mich vor die Tür gesetzt, aus Feigheit oder noch Schlimmerem.«

Auf dem Weg zu Moische Schwarz und seiner koscheren Gaststätte, wo Vater während seiner Studentenzeit oft gegessen hat, klärt sich sein Gesicht auf. Er erzählt Anekdoten über

Moische, den polnisch-jüdischen Gastwirt, der seine Gäste auf Jiddisch lobt, wenn sie die Teller leergegessen haben. Sein »Minnischt werden gepitzt« (muss nicht mehr geputzt werden) klingt von zu Hause her vertraut, wo Vater es bei Tisch oft scherzend zitiert hat.

Die Gaststätte von Schwarz ist ganz anders, als ich sie mir vorgestellt habe. In einer großen Wohnung im Obergeschoß, wo drei Zimmer ineinander gehen, stehen mit weißem Damast gedeckte Tische, darauf große Porzellanteller und schwere Messer und Gabeln. Leinenservietten, so groß wie Schürzen, liegen neben dem Besteck; einige der Gäste, denen der Schweiß auf der Stirn perlt, haben sie zu Eselsohren um den Hals gebunden.

Große silberfarbene Terrinen mit dampfender Nudelsuppe stehen auf den Tischen, und Moische, ein kleiner dicker Mann mit einem Käppchen auf den schwarzen Locken, freundlichen runden Kohlenaugen und einer Fleischerschürze vor dem Oberhemd, fischt für mich zwei große Klöße aus der Schüssel, weil heute mein Geburtstag ist. An der Tür hat er Vater wie einen wiedergefundenen Sohn umarmt und mich gelobt, dass ich schon so groß bin.

Immer wieder setzt er sich auf den vierten Stuhl an unserem Tisch, und wenn einer der Gäste ihn dringend ruft, macht er eine beschwichtigende Handbewegung und sagt: »Schoyn, schoyn.«

Erregt diskutieren die Gäste miteinander, drehen sich halb um, reden mit den Nachbarn am Nebentisch und stellen Fragen an uns. Sooft er Zeit dazu findet, redet Moische auf meine Eltern ein. Ich versuche die krummen deutsche Sätze zu entwirren und gähne vor Müdigkeit.

Als nach der schweren, süßen »Birnen-Kugel« sich Zigarrenrauch mit dem Kaffeeduft vermischt, höre ich wie von ganz fern seine Stimme, die sagt: »Ihr seid meschugge, wenn ihr bleibt in diesem Land.«

Der Name Effie David summt durch meinen Kopf. Mia reist nach Amerika, um dort zu heiraten. Die Eltern reden von Effie David wie von jemanden, den sie von dort erwarten. Ist es die

Tochter meines Großonkels, Großvaters Bruder, der Arzt in New York ist? Warum sollte er sie nach Deutschland schicken?

Mit meiner Frage, wie alt sie sei, bringe ich Mutter zum Lachen. Es handelt sich nicht um ein Mädchen, sondern um ein offizielles Schreiben. Der Großonkel muss es unterschreiben, damit wir die Erlaubnis bekommen, ins sicher-ferne Nordamerika auszuwandern.

Die Abbildungen der riesigen Hochseeschlösser mit hunderten von Bullaugen und Fenstern in langen geraden Reihen übereinander, die gigantischen schiefen Schornsteine, vor denen winzige Menschlein sich wie Mücken auf den Oberdecks ausnehmen, die schlanken Buge mit den weiten Nasenlöchern für die Ankerketten bewundere ich jedes Mal, wenn wir auf dem Weg zum Kurhaus am Schaufenster des Reisebüros vorbeigehen. HAPAG steht mit großen Buchstaben auf dem Aushängeschild, und auf der Karte des Ozeans, der Europa von Amerika trennt, sehe ich an den dünnen schwarzen Linien, wo diese Riesen fahren. Wenn Opas Bruder uns ein Affidavit schickt, werden wir vielleicht auch zu den Passagieren gehören und meine Phantasiebilder werden Wirklichkeit.

Vater öffnet die große Glastür des Reisebüros, als sei es selbstverständlich, dass wir hineingehen.

Innerlich jauchze ich, halte aber meine Worte zurück. Mutter drückt aufgeregt meine Hand.

Hinter der hohen, hölzernen Theke, auf der unter Glas noch weitere Karten mit einem Wirrwarr von Linien liegen, steht ein Herr in einem eleganten karierten Anzug und mit Pomade in den blonden Haaren. Er spricht zu Vater über Schiffe und Geld, über Papiere und Genehmigungen, und Mutter hört zu, um kein Wort zu verpassen.

Von dem Plakat mit dem bärtigen Seemann, der mit beiden Armen den Erdball umspannt, von den kleinen Frachtschiffen, vor allem aber von dem Modell des Ozeandampfers, an dem alles richtig dran ist, sogar das Schwimmbad und die Rettungsboote, vermag ich die Augen kaum abzuwenden.

Nur unter stillem Protest gehe ich wieder mit nach Hause und möchte unbedingt wissen, ob und wann wir fahren werden.

Abwechselnd klopfen die Eltern an Omas Tür und rufen leise oder laut, flehend oder eindringlich »Mutter« und »Mutter, mach auf«. Dann legen sie das Ohr an das glatte weiße Paneel und gebieten mit der Hand Stille.

Panik überkommt mich und weinend schreie ich: »Oma, Oma.« Senta erschrickt und bellt laut und durchdringend. Vater brüllt: »Ruhe«.

Klickend wird das Schloss von innen geöffnet und in der Tür steht Großmutter im langen weißen Nachthemd. Das graue Haar fällt ihr offen auf die Schulter, ihre Augen sind starr, die Lippen des gebisslosen Mundes verstört zusammengekniffen. Mutter sieht sie mit tränenüberströmtem Gesicht an. Vater überhäuft Oma mit Vorwürfen. Sie geht zum hohen Holzbett zurück und, barfuß auf der Kante sitzend, bricht sie in heftiges Schluchzen aus. Feige fliehe ich in den Gang zu Senta. Noch nie habe ich Oma so gesehen.

Klagen und Anschuldigungen schwirren im Zimmer hin und her, ein Gewirr weinerlicher Stimmen: »Ich will nicht nach Übersee …« »Das ist das Beste …« »Nicht so weit weg …« »Du bringst uns alle in Gefahr …« »Nicht zu ihr nach Holland …« »Du musst dich endlich anpassen …« »Egoist …« »Tyrann …«

Die Badezimmertür trennt mich von dem Kreischen und Schimpfen. Mein Spiegelbild öffnet den Mund und fragt: »Wo werden wir hingehen?«

Alles an unserem Gast ist schwarz. Der Name – er heißt Schwarzschild –, das lange Haar, die Augen und die runden Brillenränder. Der schlotternde Wintermantel, den er selbst im Zimmer anbehält, aber auch sein Anzug, die glänzenden großen Schuhe und der Schlapphut. Sein Äußeres flößt mir keine Angst ein. Trotz der schwarzen Worte, die ich nur zum Teil verstehe, ist er gutmütig, sogar freundlich. Eine traurige, zahme Krähe.

Vater könnte vielleicht seine Stelle in einer Fabrik in Chemnitz bekommen, denn er selbst geht fort, weit weg nach Übersee, er sieht schwarze Wolken aufkommen. Bei Tisch bittet er Vater, die Stelle abzulehnen und bald seinem Beispiel zu folgen.

In den Zeitungsstapeln, die neben seinem Stuhl wachsen, liest er täglich stundenlang. Nur das Röcheln der schwarzen Pfeife und das knisternde Umwenden der Blätter unterbricht die Stille im Zimmer bis zu dem Augenblick, in dem er aufspringt und meinen Eltern eine Passage in einer Zeitung zeigt oder vorliest, wie Hitler und Goebbels Gift und Galle über die Juden speien.

Nach seiner Abreise, als das Gästebett und die Zeitungen fortgeräumt sind, bleiben wir niedergeschlagen zurück und Vater nennt ihn Jeremias.

Der nächste Gast ist blond wie Siegfried aus dem Nibelungenlied. Keine Spur von Trübsal. Er sei Parteimitglied, sagt Vater, habe aber nichts gegen Juden.

Dem neuernannten Direktor der Fabrik in Mutters sächsischer Geburtsstadt hören meine Eltern zu wie einem gestrengen Lehrer. Sie nicken eifrig, als er ihnen den Vorschlag macht, Vater in Holland als seinen Stellvertreter anzustellen.

Als sein Mercedes brummend vor unserem Haus anfährt, winken sie ihm vor der Haustür hinterher wie einem abreisenden Freund.

Ich schaue ihm von oben nach und weiß, wohin wir gehen werden.

Sonntag um Sonntag sitzen wir bei alten Onkeln und Tanten am Tisch. Überall dieselben Gespräche, überall Zimtsterne und überall lange Umarmungen, Tränen und gestammelte Abschiedsworte. Großmutter will ihre Brüder und Schwestern noch einmal sehen, und die Orte, die sie aus ihrer Mädchenzeit kennt. Vater, der sonst nicht besonders für die Familie schwärmt, ist jedes Mal blass und traurig. Die alten Leute in den engen Stuben mit dem glattgebohnerten Linoleum und den fleckenlosen Spitzendecken sind auch ein Stück von ihm, nur Mutter sitzt ein wenig verloren daneben.

Der Großonkel in Rastatt hat sein letztes Vieh für einen viel zu niedrigen Preis verkauft, um seinen Sohn Walter auf die Insel Zypern schicken zu können. Stolz, mit tränenrauher Stimme, zeigt er eine Ansichtskarte, auf der die Insel abgebildet ist wie eine Hand, die mit ausgestrecktem Finger nach Osten zeigt, nach Palästina, nach dem Gelobten Land.

Sie steht schon in der Tür, als unser Auto vor dem Haus zum Stehen kommt, und versucht noch rasch die Schürze abzubinden. Wir alle bekommen einen dicken Kuss und ich werde umarmt, bis ich keine Luft mehr kriege. Oma kann kein Wort hervorbringen.

Um meine Großtante hängt der Duft von süßem Gebäck. In der »guten Stube« steht eine große Kaffeekanne, darum herum selbstgebackene Torten und das Festtagsservice.

Als meine beiden Vettern mit ihrer Schwester Selma hereinkommen und uns begrüßen, ist das Zimmer plötzlich voll.

Alle versuchen sich normal zu verhalten, stellen Fragen im bäurischen Dialekt von Freistett, aber immer wieder zerreißen Löcher der Stille das Gespräch. Dann klirren die Tassen und nur das Kauen des krümeligen Gebäcks ist zu hören.

Allmählich löst sich das Unbehagen und meine Vettern wagen, nach unserer Abreise zu fragen. Tante wendet das Gesicht ab, um die Tränen zu verbergen. In der Ferne gellt die Dampfpfeife der kleinen Bummelbahn. Die kleinen Fenster, die auf die staubige Hauptstraße des Dorfes hinausgehen, werden plötzlich verdunkelt durch die schwarze Lokomotive mit den zwei Holzwaggons, die dicht an den Häusern vorbeifährt. Die Tassen tanzen auf den Untertassen. Das Rumpeln und das durchdringende Gellen der Zugpfeife übertönen das Gespräch.

Selma erklärt mir das Dominospiel, aber nach kurzer Zeit ziehe ich die Gesellschaft meiner Vettern vor, die mir die Ziegen und Hühner auf dem Hof zeigen.

Vom Dachboden aus, wo das Heu aufgestapelt ist, höre ich weit unten Mutter ängstlich rufen. Durch den herzförmigen Ausschnitt der Aborttür hinter dem Hühnerstall ruft sie um

Hilfe, denn ein großer Hahn versperrt ihr den Weg zum Haus. Schmunzelnd befreit meine Großtante sie und auf einmal ist die Traurigkeit verflogen.

Auf dem Rücksitz von Vaters dunkelblauem Adler kniend, sehe ich meine Verwandten kleiner, immer kleiner werden, bis sie in einem Schleier von aufgewirbeltem Staub unsichtbar geworden sind.

Die Fahrt zur eisernen Rheinbrücke bei Kehl ist kurz, aber die Angst dauert lang. Vor der Auffahrt stehen sie in ihren grünen Uniformen, mit Stahlhelmen oder steifen grünen Mützen.

Großmutter keucht vor Aufregung und bekommt von Mutter einen Löffel durchdringend stinkender Baldriantropfen.

Der barsche Befehl zum Aussteigen ertönt. Oma darf sitzenbleiben. Auf einem langen Holztisch mit Metallkanten nimmt einer der Beamten alle Fläschchen und Tiegel aus dem ledernen Toilettenkoffer und schraubt die Deckel ab. Er schnüffelt in Vaters Papieren und befiehlt den Eltern, zur Leibesvisitation ins Zollgebäude zu gehen.

Ich warte beim Koffer und stottere vor Angst, als ein Stahlhelm mich fragt, was ich bei mir habe.

Schweigend, mit blassen Gesichtern kehren sie zurück. Im Auto herrscht Totenstille, als wir die Schlagbäume passieren. Erst drüben, wo die französischen Zöllner stehen, höre ich wieder ihren Atem, als hätten sie ihn die ganze Zeit über angehalten. Oma öffnet die Augen und streichelt meine Hand.

Die schnurrbärtigen Grenzer in Dunkelblau mit roten Litzen gucken flüchtig in die Pässe. Einer überschüttet Mutter mit einem prasselnden Wortschwall, bis ihr aufgeht, dass er den Inhalt des Kofferraums kontrollieren will. Als er Großmutter auf dem Rücksitz sieht, winkt er belustigt ab: »Lasst nur«, und bedeutet uns, den Weg fortzusetzen.

Beim Schilderhäuschen schwenkt ein alter Mann seinen Regenschirm wie einen Scheibenwischer hin und her. Grinsend begrüßt er uns und zieht mit Schwung den schwarzen Filzhut vor seiner Schwester. Mit einem feuchten, vom Zigarrenrauch vergilbten Schnurrbart küsst Onkel Edward uns auf beide Wangen und hält Großmutter noch länger fest als uns. Mit ihm fährt sie vor uns her nach Straßburg hinein. Fachwerkhäuser und Kathedralen, geräumige Plätze und bewachsene Ufer ziehen wie im Traum an mir vorüber. Vor einem Restaurant, das Crocodile heißt, halten die Autos an. Ein Franzose mit einem großen dunklen Barett, ein Vetter, den ich nicht verstehen kann, wartet dort auf uns.

Im Gänsemarsch gehen wir durch große dunkle Säle, auf dicken Teppichen an vornehm speisenden Gästen vorbei, die leise redend oder in andächtiger Stille vor ihren Tellern und Gläsern sitzen. Ein steinernes grünes Krokodil spuckt plätschernd Wasser in einen Brunnen. Der Geschäftsführer verbeugt sich wie ein Klappmesser vor meinem weißhaarigen Onkel und führt uns zu einer abgeschirmten Ecke in einem von kleinen, weißgrünen Scheiben erhellten Saal. Das reihenweise aufliegende Silberbesteck und die Weingläser neben jedem Teller außer dem meinen verheißen eine lange, langweilige Sitzung.

Nachdem der Kellner die Gläser gefüllt hat, hebt Onkel Edward feierlich das seine und spricht mit feuchten Augen von Freiheit und Wiedersehen, von seinen Schwestern und Brüdern, von Verdun und »les Boches«, die Frankreich schon Mores lehren wird.

Vetter Rolf ist sparsam mit Worten. Erst nach der langen Mahlzeit, als Zigarrenrauch und Schlaf mir in den Augen brennen, höre ich von weitem, wie Vater ihn bittet, etwas für uns nach Holland zu bringen.

Sehr bald nach diesen Worten, am späten Nachmittag, kehren wir zurück in das Land, das uns hasst.

Senta ist tot, Senta ist tot, Senta ist tot. Im Takt meines Herzklopfens weine ich die Worte in mein Kissen. Ich bin untröstlich, obwohl mir die Eltern im neuen Land einen neuen Hund versprochen haben. Senta war krank, Senta war krank, Senta war …

Mit ihren lieben großen Hundeaugen hat sie mich heute morgen noch angesehen, die Ohren wachsam aufgestellt, den Schwanz wie ein Pendel schwenkend.

»Sie kann nicht mit.« »Sie ist krank.« »Man lässt sie nicht ins Land hinein …« Nichts davon will ich heute hören, nichts.

Ich begrabe meinen Kummer in ihrem schwarzen Fell.

Schweifwedelnd geht sie mit Vater, krank aber froh.

Ohne sie kommt er zurück. Sogar ohne Halsband!

Ich stehle ihr ovales Porträt aus dem Fotoalbum und verstecke es als meinen kostbarsten Schatz.

Drei baumlange Männer trampeln über den Dielenboden unserer Wohnung. Die Teppiche haben sie aufgerollt. Tische, Stühle und Polstersessel stehen nebeneinander und aufeinander an den Wänden. In schmuddelig-braunen Arbeitsschürzen, die Ärmel hochgekrempelt, packen die Männer in fliegender Eile Geschirr, Bücher und alles, was herumliegt oder herumsteht in Zeitungspapier. Mit großen, von Druckerschwärze und Staub fleckigen Händen legen sie jedes Stück sanft und doch fest in Umzugskisten aus rohem Holz. In unverständlichem Holländisch rufen sie in dem laut widerhallenden Zimmer einander etwas zu, machen Späße und lachen schallend. Neugierig betrachte ich die flinken Finger und die muskulösen, geäderten Arme, auf denen die blauen Tätowierungen von Frauen und Herzen mich abstoßen und zugleich fesseln.

Mutter will helfen, doch die Stücke, die sie heranträgt, werden ihr aus den Händen gerissen und verschwinden, in Zeitungen gewickelt, unerkennbar zwischen dem anderen Hausrat.

Sie ermahnt mich, nicht im Weg zu stehen und die Männer nicht von der Arbeit abzuhalten, aber einer sagt gutmütig im drolligen Deutsch meiner holländischen Tante, dass ich sie nicht störe.

Gereizt stampft Vater durch das Haus, gibt Anweisungen, die von den Umzugsleuten selten befolgt werden, da sie nicht verstehen können oder wollen, was er sagt.

Mutter und mir gegenüber wird er ausfällig, aber nie so laut, dass die Männer es hören. Ängstlich besorgt vor Kratzern und Flecken auf den Möbeln und dem Flügel, seinem besonderen Hätschelkind. Mit Schweißperlen auf den roten Gesichtern, die

Gurte wie Taue um Nacken und Schultern gespannt, Anweisungen zischend, keuchend und stöhnend schleppen die Riesen das schwere Ungetüm über Korridore und Treppen zum Möbelwagen auf dem Gehsteig. Oben meine Eltern, blass und ruhig.

Unten, neben den mit Jute überzogen Ladeklappen, steht in all den Stunden ein Deutscher mit grünem Tirolerhut und Feder, eine schwarzlederne Aktentasche vor den Füßen, eine Stange Kreide in der Hand. Auf jedes verladene Stück macht er ein Zeichen und schreibt es auf in seinem Buch.

Zu den Eltern und zu den Männern sagt er kein Wort und runzelt nur die Brauen, wenn diese ihre Späße treiben.

Argwöhnisch kontrolliert er das Verriegeln der Türen und versiegelt die Schlösser mit Blei.

Kahl und leer ist die Wohnung. Die weiße Tür, hinter der Senta das Haus bewacht hat, fällt hinter uns ins Schloss. Das Klicken hallt scharf durch das Treppenhaus. Keiner hört es, niemand kommt heraus, um uns nachzuwinken.

Mein Zuhause fort, mein Zimmer fort, mein Hund fort, mein Spielzeug fort, fort, fort, alles fort. Kein Harro mehr, keine Schule mehr, sogar mein Bär ist fort. Alles, was mir geblieben ist, liegt in einem Koffer neben mir auf dem Rücksitz, wo eigentlich Oma hätte sitzen sollen.

Sie ist mit der Bahn vorausgefahren, geradewegs nach Rotterdam. In dem Abteil, in dem sie saß, als führe sie zur Schlachtbank, jammernd, dass sie die Reise nicht überleben werde, verschwand sie aus meinen Augen.

Dörfer und Städte gleiten vorbei. Ein Kilometerstein folgt auf den anderen. Wenn Hunger, Durst oder andere Bedürfnisse meinen Vater zum Halten zwingen, beginnt die Suche nach einem Gasthaus, wo nicht »Juden unerwünscht« auf den Türen steht. Sehr oft setzen wir die Reise fort, ohne einen Zufluchtsort gefunden zu haben, und fahren weiter bis zu einem Platz, wo wir die unterwegs gekauften Lebensmittel auf einer Bank oder im Gras sitzend essen können. Es ist wie ein Picknick, aber lustig ist es nicht.

Durch Wälder und über Hügel brummt Vaters Adler. Eintönig verschlingt er das Band aus Asphalt und Kopfstein, bis die Dunkelheit einbricht.

Wir sind müde, sehr müde, als ein Wegweiser Mönchengladbach anzeigt.

Von Hotel zu Hotel zu Hotel; wie Bettler vor den Türen abgewiesen. Zuletzt eine Pension von Juden für Juden.

Der Schlaf will nicht kommen, ich habe keine Tränen mehr.

Vorhänge flattern leise im Wind. Durch das Fenster scheinen die Sterne der letzten Nacht in meinem Geburtsland.

»Nicht verstehen«

In der Wohnung riecht es noch immer stark nach Harz, Holz und Ölfarbe. Der Kitt der großen Fensterscheiben ist noch weich. Im ganzen Haus verteilt stehen Kisten, voll mit Hausrat, Büchern und Wäsche. Das Büfett, der Esstisch und die Stühle, auch die Lehnstühle und die Bank mit den Kissen aus rotem Plüsch stehen noch nicht auf ihrem endgültigen Platz. Das einzige Möbelstück, das schon einen festen Platz hat, ist der glänzende Ibach-Flügel mit der kleinen zweisitzigen Bank, worauf ich, ein paar Wochen zuvor, noch zusammen mit meiner Mutter versuchte, vierhändig Stücke von Czerny zu spielen.

Mein Vater wandert verschwitzt und mit rotem Gesicht rastlos von einem Zimmer zum anderen und versucht zu überprüfen, ob alles, was die Möbelspediteure in Deutschland eingepackt haben, auch wirklich mitgekommen ist. Meine Mutter packt Teller, Tassen, Schüsseln und Küchengeschirr aus den Kisten, wickelt das Zeitungspapier ab und spült alles sauber mit dem heißen Wasser aus dem Boiler. In den kleinen Küchenschränken ist zu wenig Platz für die Tellerstapel. Wie wackelige Türme stehen sie auf der Anrichte.

Ihr Gesicht ist blass vor Müdigkeit. Der Umzug, die Emigration aus der vertrauten, wenn auch feindlichen Umgebung, die noch ungewohnte Wohnung im Obergeschoss, die neuen nicht zu verstehenden Nachbarn und vielleicht auch meine traurige

Verlorenheit haben sie sehr angegriffen. Ob das bei meinem auch Vater so ist, weiß ich nicht. Seit unserem Umzug aus seiner Geburtsstadt wirkt er angespannt und die Stimmung zuhause ist getrübt.

Meine Großmutter bleibt in ihrem Zimmer und lässt sich nicht sehen. Sie verbringt die meiste Zeit in ihrem alten großen Bett, das unbedingt mit musste nach Rotterdam. Es füllt fast das kleine Vorderzimmer aus, und es ist nur noch Platz für ein Nachtschränkchen, auf dem alle ihre Medizinfläschchen stehen und ihr Zwicker mit dem Gebetbuch in Griffnähe liegen. Häufig ruft sie mich oder meine Eltern, um ihr Wasser oder Kekse zu bringen. Meistens fällt dann für mich auch etwas ab und ich überwinde meinen Widerwillen, das nach Kampfer riechende Zimmer zu betreten. Meine Eltern sind aber froh, dass sie nicht durch das Haus humpelt und unerwünschte Anweisungen gibt.

Eine Woche später, nachdem die Kisten abgeholt wurden und die Möbel einen festen Platz haben, bekommen die Tage für meine Eltern wieder einen Rhythmus, aber noch nicht für mich. Ich streife in der Nachbarschaft umher, die Blijdorp heißt, wobei ich mich aber nicht zu weit von unserer Wohnung entferne. Das Häusermeer um mich herum ist für mich noch ohne Baken. In der Straße um die Ecke gibt es große schlammige Baugruben, bei denen Jungen in meinem Alter Krieg spielen und sich gegenseitig mit Lehmkugel bewerfen. Sie rufen nach mir, aber ich verstehe sie nicht und habe ein bisschen Angst. Auf dem Bürgersteig fahren Kinder Rollschuh. Sie johlen und lachen und ein Mädchen rempelt mich an, während ihr Ball vor meine Füße rollt. Sie lacht, aber was sie dabei sagt, verstehe ich nicht. Überrascht guckt sie mich an und rollt weiter. Sie sagt etwas zu ihrer Freundin und zuckt mit den Schultern. Morgen werde ich neun Jahre alt und ich hoffe, auch solche Rollschuhe zu bekommen, obwohl ich kaum daran zu denken wage. Aber noch viel, viel lieber hätte ich einen Hund.

Vor noch nicht einmal zwei Monaten musste ich mich von meiner Schäferhündin »Senta« verabschieden. »Sie ist sehr krank und wir können sie unmöglich mit nach Holland nehmen, «, versicherte mein Vater, als er und sein Cousin meinem liebsten Spielkameraden das Halsband umlegten und die Leine festmachten. Gehorsam ging sie mit ihnen. Ihre Schnauze war warm und trocken und ihre Augen tränten. Meine tränten noch tagelang danach. Nur das Versprechen, dass ich in dem neuen Land sofort einen Ersatz bekommen würde, konnte mich ein bisschen trösten. Aber jetzt, in diesem Chaos zuhause, traue ich mich nicht, meine Eltern an ihr Versprechen erinnern, auch wenn es mir schwerfällt, meinen Mund zu halten.

Meine Neugier hat mich nicht schlafen lassen. In aller Frühe schleiche ich über die lange Dachbodentreppe nach unten, um nachzusehen, ob vielleicht doch an ein Hündchen für mich gedacht wurde. Ich wandere durch die Zimmer und die Küche, aber ich finde nichts, auch kein anderes Geschenk. Enttäuscht gehe ich wieder zurück in mein Dachzimmer. Wenn nur meine Eltern mich nicht gehört haben.

Meine Mutter weckt mich, zieht die Gardinen auf und setzt sich auf den Bettrand. Sie gibt mir einen Kuss und sieht sofort, dass ich nicht sehr vergnügt aussehe. »Gerdl, du bist heute neun geworden, aber du hast überhaupt noch kein Geburtstagsgesicht«, sagt sie in dem vertrauten Deutsch. »Zieh' dich an. Gleich haben wir eine Überraschung für dich«.

Dass es nichts Besonderes sein kann, habe ich schon während meiner Erkundungstour gemerkt, aber trotzdem versuche ich, meine Enttäuschung und schlechte Laune beim Frühstück zu verbergen.

Vater steht vom Tisch auf und sagt, dass er kurz noch geschäftlich weg muss. Das macht mich nicht fröhlicher und ich frage, ob ich draußen spielen darf. Meine Mutter wendet ein, dass meine Vettern vielleicht kommen werden, um mir zu gratulieren und um Kuchen zu essen, falls ihre traditionellen Eltern ihnen das überhaupt samstags erlauben. Ich rechne nicht damit und spiele lustlos mit meinem Meccanobaukasten.

Nach einer Weile geht die Vordertür mit einem Rumms auf. Vater stapft die Treppe hoch, auf dem noch kein Läufer liegt und die Stufen scheinen zu quietschen, ein Geräusch, das ich nie zuvor gehört habe. Neugierig, was das ist, gehe ich auf den Flur und sehe, dass er gerade ein schwarzglänzendes wuselndes kleines Wesen auf den Boden setzt.

Ich kann nur Ooohs und Aaahs herausbringen. Lachen und Weinen vor Freude ersetzt alle Worte. Ich knie mich auf den Boden und versuche, das Hündchen in die Arme zu nehmen, aber es ist so ungebärdig, dass es mir nicht glückt. Meine Eltern stehen lachend daneben. Meine Freude hat sich auf sie übertragen. Timmy, unser neuer Mitbewohner, glänzend schwarz mit kleinen braunen Flecken, flatternden Ohren und einer kalten feuchten Schnauze, ist unser erster Freund in Holland. Wild wedelt er mit dem Schwanz: Willkommen.

Den Sonntag verbringe ich in einem Glücksrausch. Mit Timmy an der Leine lerne ich jeden Baum in der Nachbarschaft kennen. Kinder aus der Nebenstraße streicheln ihn und sprechen mit mir in der Sprache, die ich nicht verstehe. Mit Gesten zeigen sie ihre Bewunderung. »Mooi« und »lief« – schön, und wie süß – sind die ersten Worte, die ich von ihnen lerne.

Nur eine kleine Wolke trübt das Glück: die Ferien haben längst noch nicht begonnen und Vater will mich morgen zu einer Schule bringen. »Damit du nicht zurückbleibst«. Daran hatte ich überhaupt nicht gedacht.

An seiner Hand überquere ich eine Brücke zum anderen Ufer des Flusses, der vor unserem Haus fließt. Eine gelbe Straßenbahn fährt durch die Straße und klingelt laut. Autos klappern über das dicke Kopfsteinpflaster. Männer auf hohen schwarzen Fahrrädern radeln langsam an uns vorbei. Mit geradem Rücken und wie normale Fußgänger gekleidet, manche sogar mit Hut. Solche Fahrräder und Radfahrer habe ich noch nie gesehen.

Die Straße ist sehr laut und die Häuser aus rotem Stein sind hoch und stattlich. Auf gleicher Höhe mit dem Bürgersteig gibt es Fenster und daneben Steinstufen, die zu einer Eingangstür mit einem blank geputzten kupfernen Namensschild führen.

Wir biegen in die erste Seitenstraße ein. Hier herrscht fast kein Verkehr. Die Häuser sehen beinahe so aus wie die an der Hauptstraße, aber sie wirken kleiner und düsterer. Ein paar Frauen schrubben den Bürgersteig vor ihrem Haus, das Seifenwasser spritzt herum. Vater spricht eine von ihnen an und fragt: »Schule?«. Die Frau zeigt zur gegenüberliegenden Seite weiter oben. An der Straßenbiegung taucht ein großes, strenges Gebäude auf mit einer hohen Tür und daneben einer Reihe Fenster mit kleinen Scheiben. Über der Tür steht mit großen goldfarbenen Buchstaben: »SCHOOL MET DEN BIJBEL«, also eine christliche Grundschule. Eine grauhaarige Dame öffnet und versteht Vaters Frage, ob er den Direktor sprechen kann, nicht. »Oberlehrer«, verdeutlicht er. Sie nickt, geht den Gang hinunter und kommt mit einem langen blassen vogelgesichtigen Mann zurück.

Ohne Einleitung sagt er in beinahe unverständlichem Deutsch, dass er die Sprache nur schlecht versteht. Mein Vater kann ihm aber deutlich machen, dass ich zur Schule muss, in meiner Heimatstadt in der dritten Klasse war, neun Jahre alt bin und Niederländisch lernen muss. Der Schulleiter nickt nicht unfreundlich und gibt mir die Hand. Morgen kann ich schon anfangen, wir werden sehen, ob ich in der Klasse mitkomme.

Am folgenden Tag begleitet meine Mutter mich bis zum Eingang. Der Lehrer sieht mich, nimmt mich mit in seine Klasse und stellt mich vor. Die Jungen sehen mich desinteressiert an, ein paar Mädchen kichern. Eine hölzerne Schulbank ganz vorne, wird mein Platz. Anders als früher ist der Sitz an der Schreibplatte befestigt. Darunter sind Fächer für die Tasche und Bücher. Die Platte ist voller Kratzer und Tintenflecken und es steckt ein Tintenfässchen unter einem Schieber. Daneben liegen bei den anderen Kindern ein Bleistift, ein Radiergummi und ein Läppchen. Ich bekomme das auch und wundere mich über die

Feder im Federhalter. Mit seiner scharfen Spitze sieht er aus wie eine gefährliche Waffe. In Deutschland hatte ich auch einen Federhalter, aber der war ganz stumpf mit einer kleinen Kugel an der Spitze.

Der Lehrer nimmt hinter seinem Pult Platz, befielt Ruhe, gibt ein Zeichen, dass wir aufstehen sollen und beginnt plötzlich zu singen. Die Klasse fällt ein und folgt ihm, laut und falsch. Ich verstehe kaum ein Wort. Nur die Worte »Jesus, der heilige Herr und Christus« kommen mir vage bekannt vor. Wir setzen uns, und die erste Unterrichtsstunde beginnt.

Während des Bibel- und Sprachunterrichts starre ich wie ein Tauber vor mich hin. Unverständliche Wörter schwirren um mich herum. Der Lehrer richtet ein paar Mal seine Aufmerksamkeit auf mich und übersetzt einen Satz in schiefes Deutsch, aus dem ich auch nicht schlau werde. Ich fühle mich unglücklich und denke, dass mich wohl jeder für dumm halten wird.

Erleichtert beuge ich mich über die Rechenaufgaben, die an der Tafel stehen. Endlich einmal etwas, das mir bekannt vorkommt. Im Handumdrehen habe ich sie gelöst. Das Vogelgesicht nickt wohlwollend und sagt: »Gut, gut, schön«. Aber das reicht nicht aus, mich zu beruhigen.

Mittags gehe ich nach Hause und sitze schweigend am Tisch. Meine Eltern möchten alles über meinen ersten Schulvormittag hören, aber viel gibt es da nicht zu erzählen, außer den paar Worten, die ich aufgefangen habe: »Jesus, heilige den Herrn und Gott«. Dass das Lösen der Rechenaufgaben mir leichtfiel, empfinde ich nicht als Leistung, die des Erzählens wert ist.

Der Nachmittag verläuft fast genauso wie der Morgen und abends bin ich noch stiller. Der erste Tag in einer niederländischen Klasse gefiel mir gar nicht und hat mich mutlos gemacht.

Das Telefongespräch, das Vater mit seinem Bruder führt, klärt vieles. »Er muss in eine öffentliche Schule und auf keinen Fall in eine streng christliche«, sagte mein Onkel und Vater wiederholt lachend dessen ironische Worte: »Er geht doch auch nicht in eine Yeshiva, wo sie nur den Talmud und die Thora lernen?«

Kurz nach dieser ersten Schulerfahrung gehe ich wieder neben meinem Vater zu einer anderen Schule in einer Seitenstraße eines schönen Ringwalls, nicht weit von unserer Wohnung. Hinter einer grünen Eisentür in einer Mauer befindet sich ein kleiner Gang, der auf einen Spielplatz führt. Dort steht ein großes, ziemlich bedrohlich aussehendes Schulgebäude. Ausgetretene Steintreppen führen zu langen Gängen mit Haken, an denen unzählige Jacken hängen. An beiden Seiten gibt es geschlossene Türen zu den Klassenzimmern. Aus manchen Klassen kommt Kindergesang, aus anderen höre ich die Stimme des Lehrers oder der Lehrerin.

Frau Stoutjesdijk begrüßt uns in ihrem Zimmer. Sie sieht genau so aus, wie ich mir eine Lehrerin vorstelle: Haarknoten, Brille, spitze Nase und ein schlichtes Kleid. Sie stellt sich lächelnd und in gut verständlichem Deutsch vor. Endlich jemand, der uns versteht. Hinter ihrem Schreibtisch notiert sie alles mit lila Tinte, was mein Vater ihr erzählt und in einer Handschrift, die wie gedruckt aussieht. Bewundernd schaue ich über ihre Schulter, aber dann sehe ich, dass die Buchstaben, die sie schreibt, fast unleserlich sind. Die sahen in meiner Schule früher ganz anders aus. Ich sage etwas dazu und bekomme zu hören, dass sie hier mit Lateinischer Schrift schreiben. »Die Buchstaben der Sütterlinschrift unterscheiden sich ein bisschen von den unseren. Aber daran gewöhnst du dich schnell«, sagt sie mit einem beruhigenden Lächeln. »Frau Engel bringt dir das in ein paar Tagen bei. Wir gehen jetzt gleich zu ihr«. Mein Herz klopft bis zum Hals: ich verstehe kaum ein Wort und nun stellt sich auch noch raus, dass ich nicht einmal schreiben kann. Alle werden mich auslachen oder noch viel Schlimmeres. Mit bleischweren Schuhen folge ich Frau Stoutjesdijk und vergesse vor Aufregung, mich von meinem Vater zu verabschieden.

Ich bekomme einen Platz, an dem ich mich einigermaßen sicher fühle, dicht bei der Lehrerin. Mein Nachbar lacht mich mit einem breiten Grinsen an. Er hat große Segelohren und eine rote Nase, und seine Hände sind viel größer als meine. Er nickt mir zu, als ob er die Worte von Frau Engel unterstreicht, aber noch nichts sagen kann, was ich verstehen würde.

In der ersten Stunde komme ich mir noch immer sehr dumm vor, aber jedes Mal, wenn ich verzweifelt vor mich hinsehe, wiederholt die Lehrerin ein paar Worte auf Deutsch. So geht es Tag für Tag. Doch bin ich hier längst nicht so unglücklich wie in der »Schule mit der Bibel«. Manche Kinder, vor allem Mädchen, fragen in der Pause, ob ich schon ein wenig Niederländisch verstehe und dann antworte ich meistens: »Ein ganz klein bisschen«, wobei ich das mit einer winzigen Lücke zwischen Daumen und Zeigefinger illustriere. Das löst Gelächter aus und dann zeigen sie auf Gegenstände um uns herum, wobei sie das zugehörige Wort langsam und deutlich aussprechen. Meine Lehrerin macht das auch so. Am Ende des Unterrichts liest sie aus einem Buch vor. Das handelt von Daantje, der einen Bart hat, aber um was es eigentlich in der Geschichte geht, ist mir noch nicht klar.

Fast alle Mädchen haben Seidenschleifen im Haar, die sie sich, um sich zu necken, gegenseitig herausziehen. Ihre Blusen und Röcke gleichen einander, sind aber keine Uniformen. Viele haben farbige Schürzen umgebunden. Die Jungen tragen, genau wie ich, ein Hemd und eine kurze Hose aus festem Stoff. Die Lederhose, die ich früher, nach viel Gequengel abgebettelt habe, traue ich mich hier nicht anzuziehen. Meine niederländische Tante hat diese »Moffentracht« streng verurteilt.

Langsam fange ich an, die Bedeutung einiger Worte zu verstehen, aber sie selbst zu gebrauchen, gelingt mir noch selten. Die Angst, Dummheiten zu sagen und ausgelacht zu werden schnürt mir die Kehle zu. Jedes Mal, wenn ich die Rechenaufgaben von der Tafel ins Heft übertrage, kleckse ich schrecklich, weil die spitze Feder durch die Seiten meines Heftes sticht und alles mit Tinte vollgespritzt wird und ich mich nicht traue, das Ergebnis zu zeigen. Das Schreibenlernen der lateinischen Buchstaben ist noch schwieriger. Meine Finger sind blau, das Blatt schmutzig und die Buchstaben auf dem Papier unleserlich. Als Frau Engel sieht, wie ich mit Tränen der Wut über meinem Gepfusche gebeugt sitze, kommt sie mir helfen und prophezeit, dass ich binnen kurzem genauso gut schreiben kann wie jeder andere.

Es ist Sommer und die Ferien kommen in Sicht. Morgens gehe ich jetzt ohne Widerwillen zur Schule, auch wenn unterwegs immer noch die Angst hochkommt, lächerliche Fehler zu machen.

Heute ist es warm. Die Menschen auf der Straße sind sommerlich angezogen, auch ich darf meine dünne Hose und meine neuen Sandalen anziehen. Auf dem Walenburgerweg treffe ich Klassenkameraden, die mit einem Zweieinhalb-Cent-Stück vor dem Kellerfenster des Heißwasserverkäufers stehen, der den Hausfrauen Eimer heißen Wassers verkauft, Schülern aber Lakritze, Toffies und Knallfrösche. Schmatzend und mit vollem Mund laufen wir zusammen zur Schule und sie geben mir großzügig von ihrem Lakritz ab, bis unsere Münder schwarz sind.

Im Klassenraum ist es stickig. Die Pflanzen auf den Fensterbänken hängen schlaff herunter und viele Kinder fragen, ob sie mal auf dem Gang Wasser trinken dürfen. Ich habe auch Durst, aber weiß nicht, wie ich meinen Wunsch äußern kann. In der dritten Stunde bekomme ich Bauchschmerzen. Ich melde mich, aber die Lehrerin sieht es nicht. Wie kann ich fragen, ob ich zur Toilette darf? Zu rufen traue ich mich nicht, auch weil ich nicht weiß, wie und hoffe nur noch auf die Pausenglocke. Die Bauchschmerzen werden schlimmer und schlimmer, ich schnappe nach Luft und merke zu meinem Entsetzen, dass ich es nicht länger aufhalten kann. Ich kneife meine Pobacken zusammen, aber fühle etwas Warmes herausrutschen. Voller Panik renne ich mit der Hand auf meinem Hinterteil aus der Klasse und rase zum WC. Ich fühle mich krank und elend. Jammernd und schluchzend sitze ich da. Meine Sachen sind schmutzig und meine Sandalen verdorben und die Schande, die Schande. Glücklicherweise kann man die Tür abschließen. Ich komme hier nie mehr raus, nie mehr. Frau Engel steht vor der Tür und fragt besorgt, wie es mir geht. Zu meiner großen

Erleichterung sagt sie, dass sie meine Mutter angerufen hat. Niemand sonst darf mir helfen und für niemand sonst mache ich das Häkchen von der Tür auf, auch wenn ich hier die ganze Nacht sitzen bleiben muss.

Trotz aller Ermahnungen und Strafandrohungen zuhause gehe ich nicht mehr zur Schule. Dem Spott oder mitleidigen Gelächter, die auf mich warten, bin ich nicht gewachsen. In einigen Tagen beginnen die Sommerferien und meine Mutter prophezeit, dass jeder nach diesem Meer von Freizeit das kleine Unglück schon längst vergessen haben wird, aber ich habe da so meine Zweifel.

Noch vor dem offiziellen Ende des Schuljahres kommt Frau Engel zu Besuch. Sie sieht sich etwas überrascht um wegen der bombastischen Inneneinrichtung, die mein Großvater vor langer Zeit auf einer Ausstellung gekauft hat und die seit seinem Tod unsere Zimmer übervoll macht. Sie nimmt mir meine Angst, dass das beschämende Ereignis mich zum Aussätzigen abgestempelt hat, und sagt, »Du tust allen in der Klasse in der Seele leid, sie verstehen, dass du nichts sagen konntest, weil du nicht wusstest, wie«. In mühsamem Deutsch erklärt sie meiner Mutter, dass sie mir in den Ferien helfen will mit Schreiben, Lesen und Sprechen. Und ob ich zwei- oder dreimal in der Woche zu ihr nach Hause kommen darf? Sie wohnt auch in Blijdorp, und sie möchte bestimmt nichts dafür haben. Mutter ist gerührt von so viel Freundlichkeit und hat sie sofort in ihr Herz geschlossen. »Dass es so was in der Welt noch gibt«, sagt sie zu mir mit Tränen in den Augen, nachdem meine Lehrerin gegangen ist.

Frau Engel und ihr Ehemann, der Lehrer in einer anderen Schule ist, wohnen in einer hübschen und sonnigen Wohnung in der Nähe des Statensingel. Das Wohnzimmer sieht freundlich aus. Die Möbel sind aus hellem Eichenholz und auf dem Boden liegt ein weißer Wollteppich. An der Wand hängen Motive mit weißen Flächen und schwarzen geraden Streifen oder farbigen Rechtecken und auch ein Bild mit einer großen gelben Sonnenblume. Niemals zuvor habe ich so fröhliche Dinge an einer Wand gesehen. Sie geben ein Gefühl von Sicherheit und Ruhe.

Meine Mutter sitzt ein wenig unbehaglich mit einer Tasse Tee in der Hand. Ich bekomme Limonade. Aus einer Keksdose, auf der ein Gemälde abgebildet ist, bekommen wir einen Keks. Das Gespräch dreht sich um mich und die Lehrerin fragt, wie es mir in der Klasse gefällt. Ich weiß es noch nicht, es ist so viel geschehen, dass ich es nicht in Worte kleiden kann. Das kleine Malheur kurz vor den Ferien hat alles andere überlagert und erst nachdem Frau Engel mir nochmals versicherte, dass die Kinder viel Verständnis gezeigt haben, traue ich mich über meine Unbeholfenheit beim Schreiben und Lesen zu klagen.

Der Weg zur Wohnung am Statensingel fällt mir jeden Tag leichter. Er führt zur Freiheit. Geduldig lehrt mich meine Lehrerin mit der spitzen Schreibfeder zu schreiben. Dünn hochziehen, dicker heruntergehen. Nach ein paar Wochen schreibe ich ohne Einstiche im Papier, ohne Spritzer und Flecken Wörter und Sätze, die sie mir vorliest oder vorschreibt. Die Wörter genieße ich, denn sie gehören mir. Ich koste sie und fühle mein Zäpfchen bei jedem »g«. Klänge, die kurz zuvor nicht mehr als Geräusche waren, bekommen eine Bedeutung und ich fange an, die Geräusche aus dem Mund meiner Lehrerin und sogar die ihres Mannes, die allerdings dunkler sind, zu verstehen. Die Bewegungen ihrer Lippen, ihrer Zähne und ihrer Zunge versuche ich nachzumachen und wir lachen über unsere Grimassen.

Die rollschuhfahrenden Mädchen in der Schepenstraat kichern miteinander, und ich fange Fetzen ihres Gespräches auf. Stolz gebrauche ich meine soeben erworbenen Kenntnisse und antworte in meiner noch unbeholfenen Sprache. Überrascht lachend stellen sie sich zu mir und sagen Wörter, um mein Wissen zu testen. Andere Kinder drängeln sich neugierig um uns herum und mischen sich ein. Am nächsten Tag errötet Frau Engel als ich die Wörter wiederhole, die ich auf der Straße gelernt habe. Die Übersetzung behält sie für sich.

Er hat einen dicken Schnurrbart und eine Bassstimme. Sein Haar wird schon grau und er ist sehr groß. Am ersten Morgen nach den Ferien steht er vor unserer vierten Klasse. Es herrscht erwartungsvolle Stille. Herr Muller stellt sich vor und bittet uns, unsere Namen und Vornamen zu nennen. Der Reihe nach. Und laut und deutlich bitte. Arie flüstert in mein Ohr: »Sicher ein bisschen taub«. Der Lehrer hört es und lässt ihn zu sich kommen. »Bist du immer so frech oder willst du nur Eindruck machen«? Arie bekommt einen roten Kopf und stammelt eine Entschuldigung. Herr Muller sagt mit einem bedrohlichen kleinen Lachen, dass er das Gras wachsen hört, und schickt meinen Sitznachbarn zu unserer Bank zurück. Gekicher wogt durch den Raum, aber mich beunruhigt der Scherz. Wird der Neue wohl nett sein, wenn ich etwas falsch mache? Wird er mich vor allen bloßstellen, wenn ich Fehler mache oder schlecht schreibe?

Als erstes führt er etwas ein, das mich erschaudern läßt: Disziplin. Ein Wort, das auch Herr Oberlehrer Kreis gerne in den Mund nahm. Aber es ist nicht so schlimm wie befürchtet: nur »Arme kreuzen und Finger hoch, wenn man etwas zu sagen oder zu fragen hat«, aber weiter gibt es keine Befehle wie »strammstehen und kein Wort«. Er geht auf ein neues Mädchen zu. Ich habe sie in der Dritten noch nicht gesehen. Sie hat dicke braune Zöpfe und sieht mit ihren dunklen Augen verlegen und ängstlich um sich. »Das ist Helen Herz«, sagt er zur Klasse. »Sie kommt wie Gerhard aus Deutschland und spricht noch nicht so gut holländisch. Ihr müsst ihr tüchtig helfen, gemeinsam machen wir eine echte Rotterdamerin aus ihr«. Und auf Deutsch fragt er sie, wie weit sie mit dem Lehrstoff ist. Zu unser aller Überraschung antwortet sie in gebrochenem Niederländisch. Ich bin neidisch, aber auch froh, dass der Lehrer kein Buhmann ist, vor dem ich mich fürchten muss.

Arie stößt mich an und grinst gutmütig: »Sie spricht schon beinahe so gut wie du«. Er meint es gut und nicht ironisch. Bei allem, was er sagt, werden seine großen Segelohren rot. Er erinnert mich an meinen Freund Walter, den Rabbinersohn aus meiner Klasse in Deutschland, aber Arie ist spontaner und nie verlegen, allerdings wird er häufig rot. Wenn er bestürzt auf das Ergebnis auf dem karierten Papier beim Dividieren oder auf die Bruchzahlen starrt, helfe ich ihm und sage ihm vor, aber ab und zu werde ich dabei erwischt und das bringt mir einen Tadel ein.

Arie ist der Sohn eines Schlachters, der nahe bei uns sein Geschäft hat. Meine Mutter ist da Kundin und nach der Schule darf er im Geschäft helfen. Er hat schon echte Schlachterhände. Das Schreiben mit dem dünnen Federhalter ist für ihn fast genauso ein Kunststück wie für mich. Nach der Schule gehen wir zusammen nach Hause. Treu wartet er an der Tür auf mich, und unterwegs erzählt er von allem möglichen, seinem Fußball, von den Kabbeleien mit seiner älteren Schwester, von seinem strengen Vater und vielem mehr. So langsam verstehe ich beinahe jedes Wort und ich kann sogar auch etwas über mich selbst loswerden. Arie lauscht andächtig. Die Welt eines deutsch-jüdischen Jungen ist ihm fremd und ich tue mein Bestes, seine Fragen richtig zu beantworten. Wir werden Freunde und tauschen Murmeln und Spielzeug.

Monatelang nehmen wir denselben Weg von der Schule nach Hause. Bei dem Heißwasserverkäufer holen wir unsere Toffies und unsere Bonbons, und mein Niederländisch wird besser und besser. Frau Engel besuche ich nur noch selten. Ich bin nun ein echter Rotterdamer Schuljunge und komme in der Klasse gut mit. Zuhause sprechen meine Eltern immer deutsch. Ich spiele manchmal den Lehrer und versuche, ihnen holländisch beizubringen, aber sie sind unbelehrbar. Auch bei meiner Großmutter treffe ich auf taube Ohren. Ich weiß, dass sie sowieso nicht gut hört, aber sie will auch nicht und findet, dass ein alter Mensch nicht mehr mit fremden Worten geplagt werden muss. Das Deutsch im Haus beginnt mich zu ärgern und ich schäme mich ein bisschen für das Gestammel meiner Mutter, wenn wir einkaufen gehen. Wenn das Mädchen in der Schlachterei über die »Gehakballétjes« meiner Mutter lacht, würde ich mich am liebsten unsichtbar machen.

Arie und ich verändern nach der Schule unsere Route nach Hause. Die Baugruben und die Wohnungen, die in der Schepenstraat entstehen, sind große Anziehungspunkte. Wie die donnernden Rammen die langen Baumstämme in die matschige Erde treiben, finden wir so interessant, dass wir zum Missfallen unserer Eltern oft zu spät nach Hause kommen. Ein Junge aus der obersten Klasse, der mir auf dem Spielplatz schon oft ein Bein gestellt hat, fährt uns hinterher. Als er uns eingeholt hat, stellt er sein Fahrrad gegen einen Baum, dreht sich um und schnauzt uns an, dass wir in dieser Straße nichts zu suchen haben. Ich frage: »Warum nicht?« Er schreit, dass Scheißjuden hier nichts zu suchen haben. Ich erschrecke so sehr, dass ich nicht mal weinen kann, und nehme Reißaus. Als ich hinter mir Geschrei höre und mich umdrehe, hat sich Arie auf den älteren Jungen gestürzt und schlägt ihn ins Gesicht. Eine Brille fällt auf den Boden und zerbricht. Mein Verfolger hebt sie heulend auf, nimmt sein Fahrrad und flüchtet. Mit rot angelaufenem Gesicht kommt Arie auf mich zu, ein breites Grinsen um seinen Mund: »Das soll er noch mal versuchen, der Scheißkerl«. Gemeinsam gehen wir nach Hause. Ich fühle mich sicher in den Niederlanden.

In dem Musikzimmer – zuhause auch »Salon« genannt – sitzt Onkel Wim jede Woche am Flügel. Er begleitet meinen Vater, wenn er Lieder von Schubert, Hugo Wolf oder Brahms singt. Seit wir aus Deutschland weg sind, versucht meine Mutter wieder Geige zu spielen. Mit den Sonaten, die der neue holländische Freund mit ihr spielt, klappt es aber nicht so richtig, und das Instrument wird schon bald endgültig in den Kasten gelegt.

Allmählich erweitert sich der Kreis von Sängern und Musikern. Eine Alt-Stimme kommt hinzu, die Arien aus Oratorien singt und ein Bariton, der um die Ecke wohnt, bittet ebenfalls darum, mitmachen zu dürfen. Auch er mag Oratorien sehr, die aber von meinem Vater kritisch gesehen werden, vor allem meine fromme Großmutter, die jeden Morgen und jeden Mittag ihre hebräischen Gebete ertönen lässt, murrt darüber.

Die Musik, aber auch der leckere Käsekuchen und die Napfkuchen, die meine Mutter für die Festabende backt, ziehen viele niederländische Gäste in unsere Wohnung. Ich kann in meiner gerade erworbenen neuen Muttersprache frei sprechen. Meine Eltern stottern und stümpern herum und verstehen mich nur halb, aber Onkel Wim hört mit Interesse meine Geschichten aus der Schule. Nur mit meiner Aussprache ist er nicht zufrieden. Er ermuntert mich, aber gibt mir und meinen Eltern dabei zu verstehen, dass ich nach einem halben Jahr Schule das melodische »Rotterdam'sche« etwas zu gut beherrsche. »Du sprichst es unverfälscht«, lacht er mir zu.

Ich werde ein guter Schüler, finde Freunde, aber bleibe Arie treu. Jedes Halbjahr freuen sich meine Eltern über das gute Zeugnis, das ich nach Hause bringe. Unter dem mit lila Tinte ausgefüllten Dokument mit der schwungvollen Unterschrift von Frau Stoutjesdijk steht die lobende Bemerkung »gut so«.

Drei friedliche Jahre verbringen wir am Schieweg. Nach der Schule und wenn ich genug auf dem Gehweg gespielt habe, beobachte ich vom Balkon vor Großmutters Zimmer das spannende Leben auf der Straße. Männer mit ledernen Bruststücken, an denen Zugseile befestigt sind, ziehen keuchend am Ufer die Rheinkähne weiter, deren Motoren abgestellt sind. Ich muss dabei an das »Lied der Wolgaschiffer« denken. Große Zeeuwse Pferde ziehen die Wagen, die vollgeladen mit Bierfässern, Kohlensäcken oder Holz über das bucklige Kopfsteinpflaster fahren. Funken springen von den eisernen Radbeschlägen und die Pferdehufe erzeugen ein Feuerwerk auf den Steinen. Vor dem Karren eines Milchmanns ist ein schwarzer Hund eingespannt, oder ein Bäckerjunge auf einem Fahrrad mit einem großen Brotkorb vor dem Lenker laviert behände zwischen Menschen und Verkehr hindurch und pfeift und singt dabei. Die Autos fahren mit knatterndem Auspuff über das Pflaster.

Wie anders ist doch das Leben hier als in meiner Geburtsstadt.

Am 2. April 1940 wird mein Vater achtunddreißig Jahre alt. Für das Fest hat meine Mutter prächtige Torten gebacken und

Freunde eingeladen. Einige von ihnen waren schon bei den Musikabenden, aber die meisten kenne ich von den Abendessen an unserem vergrößerten Esstisch. Sie wohnen im zugigen, baufälligen Holland-Amerika-Hotel und sind auf ihrer Flucht aus Deutschland mit der St. Louis hier »gestrandet«. Die kubanischen Behörden haben die Passagiere mit ihren für teures Geld gekauften Visa nicht an Land gelassen. Es folgte eine wochenlange Irrfahrt, kein sicheres Land wollte die Flüchtlinge aufnehmen. Nach fast zwei Monaten landeten die Passagiere mittellos wieder an der europäischen Küste und konnten in den Niederlanden, Belgien oder Frankreich ein unzulängliches Obdach erhalten. Bei uns besprechen sie nun bei Kaffee und Napfkuchen aufgeregt und ängstlich den Krieg und die drohende Gefahr. Deutsch, Wienerisch und Jiddisch summen durch die Räume. Auch wenn ich alles verstehe, begreife ich kaum, was gesagt wird. Niederländisch traue ich mich nicht zu sprechen, weil ich weiß, dass beinahe niemand das versteht, außer den Musikfreunden. Mein Vater sitzt etwas verloren zwischen den Gästen und hat kein Geburtstagsgesicht. Der Deckel des Flügels bleibt geschlossen. Meine Mutter und meine Tante gehen mit Kaffee und Kuchen herum, aber die Stimmung bleibt gedrückt.

Das Knallen von Abwehrgeschützen und die grauen Wolken über dem Waalhaven bereiten am 10. Mai 1940 meiner sorglosen Schuljungenzeit ein Ende. Das Geschrei auf der Straße, die grauen Fallschirme, die schießenden Soldaten und die heisere Stimme des Nachrichtensprechers im Radio bedeuten das Ende meiner drei Jahre dauernden idyllischen Welt.

Wenn die Mitbewohner einen Satz aus dem Lautsprecher nicht verstehen, muss ich dolmetschen. Die unfassbare Nachricht, dass deutsche Juden nicht mehr auf die Straße dürfen, erscheint so unwahrscheinlich, dass meine Übersetzerqualitäten in Zweifel gezogen werden. Aber Hans Fleischmann bestätigt die Unheilsbotschaft.

Er kam unmittelbar nach den ersten Berichten über die Invasion zu uns. Seit seiner Flucht aus Wien 1938 wohnt er in einem kleinen Zimmerchen an der Kruiskade und besitzt nicht mehr als zwei Koffer mit guten Anzügen und handgenähten Schuhen. In Wien war er ein gefeierter Schauspieler. Während des ersten Weltkrieges hat er als Leutnant sein Land verteidigt. Nach den Sondermeldungen des Rundfunks war ihm sofort klar, dass wir uns alle in großer Gefahr befinden, und er nutzte jeden Augenblick, um uns Hilfe anzubieten. Dadurch entstand eine starke Verbindung und mit seinen wöchentlichen Besuchen wurde er zu so etwas wie einem Familienmitglied. Ich nenne ihn Onkel und hänge mehr an ihm als an meinen richtigen Verwandten.

Mit meinem Vater überlegt er, ob wir nach England flüchten sollen und was dann mitgenommen werden muss. Diese Diskussionen, in die sich alle einmischen, werden regelmäßig durch die aufgeregte Stimme des Rundfunksprechers unterbrochen. Das gemütliche Wienerisch von Herrn Fleischmann wirkt beruhigend, auch wenn die Fragen, um die es geht, alarmierend sind. Mutters Schwester, die ein Jahr später als wir emigriert ist, schreit mit ihrer schrillen Berliner Stimme, dass wir eine Flucht nicht überleben werden, aber Onkel Hans meint, dass hier unsere Chancen noch viel geringer sind.

Der unbegreifliche Befehl, das Haus nicht zu verlassen, fühlt sich an wie Hausarrest. Unruhig warten wir auf die Berichte und mit steigender Angst hören wir von den Gefechten am Grebbeberg und in anderen Teilen des Landes. Die Wasserlinie, unseren holländischen Freunden und Bekannten zufolge der perfekte Verteidigungsgürtel, scheint aus Zuckerguss zu bestehen.

Vier Tage später stürzt die Welt ein. Die Bomben, die das Herz von Rotterdam treffen, verschonen auch unsere Wohnung nicht. Durcheinander gewirbelte Möbel, Risse im Fußboden und in den Mauern, überall Schutt, zerbrochenes Glas und geborstene Leitungen. Niemand kann uns jetzt noch zwingen, drinnen zu bleiben. Für die Flucht nach England heißt es »jetzt oder nie«. Hermann Feiner, ein Freund, der während des Bombardements alles verloren hat, schließt sich uns an. In dem dunkelgrünen Chevrolet, den mein Vater mit zitternden Händen aus der unversehrten Garage holt, fahren wir weinend vor Anspannung zu sechst durch die brennende Hölle der Innenstadt. Rotterdam hat keinen Ausgang mehr. Bei der Maasbrücke kämpfen noch Marinesoldaten. Die Wege in den Süden sind gesperrt, und der Weg nach Den Haag ist geschlossen, weil die Brücke nicht mehr heruntergelassen werden kann. Ein Marineoffizier steckt seinen Kopf durch das geöffnete Wagenfenster, sieht die Tränen meiner Mutter und hört ihr gebrochenes Niederländisch. Sofort begreift er, welche Menschen er vor sich hat. Seine Worte des Bedauerns klingen aufrichtig.

Zuhause wird nun täglich nur noch über mögliche Rettungspläne fantasiert, obwohl ein Entrinnen aus der Mausefalle, in der wir uns befinden, unmöglich ist. Das waldreiche Veluwe sieht in meinem Schulatlas so aus, als könne es Unterschlupfmöglichkeiten bieten. Meine Eltern und unsere Mitbewohner hoffen, dass wir uns dort besser als anderswo im Land vor den Deutschen verbergen können. Die Wahl fällt auf einen roten Punkt auf der Karte inmitten von viel Grün, auf Apeldoorn, was niemand kennt.

In Apeldoorn erscheinen die Tage fast wieder normal. Vater gibt der rosigen Tochter einer freundlichen betagten Nachbarin Gesangsunterricht. Feiner arbeitet weiter an seinem halb fertig geschriebenen Theaterstück, und Fleischmann hilft dabei, die Operette des Ortes mit aufzubauen, Mutter backt wieder Käsekuchen und ich gehe in die Klasse, die sich für die Zulassungsprüfung vorbereitet.

So wie alle Kinder in der Klasse arbeite ich in dem alten Klassenzimmer des Realgymnasiums unter den strengen Augen des Direktors Logeman an den vorgegebenen Aufgaben. Die Vorbereitung auf die Prüfung fällt mir leicht, und ich bekomme etwas Abstand von der angespannten Atmosphäre, in der unsere Familie lebt. Die Berichte über Razzien in Amsterdam und Festnahmen in Apeldoorn, die heiseren Ansprachen von Göbbels, die aus dem Lautsprecher des Radiogerätes scheppern und die erregten Gespräche bei Tisch sind wie ein Albtraum. Die Stunden in der Schule sind in dieser Zeit Oasen.

In dem kleinen Saal hinter dem Synagogengebäude versuche ich dreimal in der Woche hebräische Sätze in meinen Kopf zu bekommen. Der Rabbiner stampft ungeduldig auf den Boden, wenn ich den Text nicht zu seiner Zufriedenheit aufsage. Die »pars Richter«, ich bei meiner Bar Mizwar aus der Torarolle vorlesen muss, fällt mir besonders schwer. Den Inhalt begreife ich nicht und plappere die Worte nur nach, was meinen Lehrmeister wütend macht.

Obwohl man den Gesichtern in der Synagoge die Sorgen über eine unsichere Zukunft ansieht, herrscht, nachdem ich meine Vorleseaufgabe vollbracht habe, Freude. Nach seiner Ansprache über die Kraft der uralten Tradition, über die Flamme der Hoffnung, über das Wort und das göttliche Gesetz, die uns zum Volk machen, legt der Rabbiner seine Hände auf meinen bedeckten Kopf und spricht den Segen aus. Ich sehe Tränen in den Augen der Männer um mich herum. Meine Mutter steht in der ersten Reihe der Frauenabteilung. Sie lächelt mir zu und knetet ihr Taschentuch. Auch mein Vater und unsere Hausfreunde sprechen Segenswünsche aus und alle Männer mit ihren langen Gebetsmänteln um die Schultern schütteln mir die Hand. Nach mir sind sie an der Reihe, um Abschnitte aus der Torarolle vorzulesen und mit den Fransen ihres Tallit die Tora zu berühren und zu küssen.

Das Schmücken und Krönen der Rolle, das Aufbewahren in dem Schrein hinter dem Samtvorhang, die Dankessprüche und Gesänge, die stehend angestimmt werden, bedeuten das Ende des Gottesdienstes. Nun bin ich aufgenommen in die Jüdische Gemeinschaft. Obwohl ich die Symbolik von allem noch nicht begreife und nur wenige hebräische Worte verstehe, macht dieses Ereignis einen tiefen Eindruck auf mich.

Zuhause wird gefeiert. Es scheint, als ob die zahlreichen Gäste und die Hausgemeinschaft die Welt ausgeschlossen haben. Sobald jemand Worte wie Razzia, Festnahme, Transport oder Lager fallen lässt, wird das Gespräch abgebrochen. Die Frauen tragen volle Tabletts mit Kaffee und Kuchen herum und ich bekomme viele Geschenke. Bücher über Geschichte, Natur- und Sternkunde, Till Eulenspiegel, Palästina und Atlantis, eine kleine Enzyklopädie und noch vieles mehr bilden den Beginn einer eigenen Bibliothek. Stolz lege ich eine bestickte Kippa und einen kleinen Gebetsschal neben den Stapel.

Karl G., ein Kollege meines Vaters und Schulfreund meiner Mutter, gibt mir eine längliche Schachtel. Ich öffne sie und stottere vor Freude. Eine prächtige rechteckige Armbanduhr liegt in einem Bett aus beigefarbener Seide. Meine erste echte Armbanduhr, so wie erwachsene Männer sie tragen.

Von Onkel Max, Massimo wie wir ihn zuhause nennen, der mir während unserer Waldspaziergänge rund um Apeldoorn über Natur und den Kosmos, über Einstein und Niels Bohr, über seine Zahnarztpraxis in Hamburg und seine alten Philosophieprofessoren in Marburg erzählt, bekomme ich eine glänzende Brieftasche aus wunderschön bearbeitetem venezianischem Leder, und ich vermute, dass sie einer von wenigen Gegenständen ist, die er auf seiner Flucht aus Deutschland mitnehmen konnte. Ich kann mir nicht vorstellen, dass ich mich jemals traue, sie zu benutzen.

Nun, ungefähr fünfzig Jahre später, liegt die Reliquie in meiner Schreibtischschublade. An der Außenseite sieht sie noch ziemlich neu aus, aber das gelbseidene Futter ist zerschlissen wie die Fahne eines mittelalterlichen Ritters.

Ein ehrlicher Nachbar hat sie mir im Sommer 1945 zurückgegeben. Massimo lebte nicht mehr.

Die Armbanduhr wurde mir am 3. Oktober 1942 in der Verwaltungsbaracke des Lagers Westerbork von NSB-Beamten abgenommen. Wir standen in langen Reihen vor den Tischen, hinter denen sie in dunkelgrauen Anzügen saßen und Listen der Beute aufstellten. Ihr Haar war kurz geschnitten wie das der SS-Bewacher und des eleganten Kommandanten Gemmeker, der in Uniform und glänzenden Stiefeln hinter den Beamten hin und her lief und darauf achtete, dass alle konfiszierten Wertsachen und das Geld in den dafür bestimmten Pappkartons landete. Das Filzen überließ er seinen Untergebenen.

Die Reihen der soeben angekommenen Gefangenen mit vor Müdigkeit grauen Gesichtern, in zerknitterter und feuchter Kleidung, glichen Reihen von Bettlern vor einer Suppenküche. Wenn jemand etwas von Wert zurückhalten wollte, wurde er angeblafft oder bedroht, bis er vor Schreck in sich zusammensackte. Einer wurde auch ohnmächtig.

Ich wusste nicht, was uns erwartete, aber vielleicht wollte ich das auch nicht. Mit 14 Jahren kann man sich nicht vorstellen, was Menschen einander antun können. Das Durchgangslager Westerbork war wie ein überhitzter Schnellkochtopf. Die, die ihn auf das Feuer setzten, wussten das und nutzten es aus.

Die SS-Leitung hat einen Teil der aus Deutschland geflüchteten Juden in der Verwaltung und anderen Führungsfunktionen eingesetzt. Sicher nicht nur aus Gründen der Verständigung. Eine schon über tausende Jahre alte teuflische Strategie: divide et impera, teile und herrsche. In fast allen Konzentrationslagern haben sie diese Methode mit durchschlagendem Erfolg angewandt. Das Verhältnis zwischen niederländischen und den aus Deutschland stammenden Juden wurde in Westerbork dadurch ernstlich untergraben, obwohl das in einigen Publikationen der Nachkriegszeit übertrieben wurde.

Ich sprach in diesen Jahren schon niederländisch wie ein geborener Niederländer. Aber mit den Flüchtlingen aus Deutschland und insbesondere mit meinen Eltern war ich gezwungen, das beinahe verlernte Deutsch zu verwenden. In den Ohren meiner niederländischen Mitgefangenen muss sich das schrecklich angehört haben. Ich gehörte plötzlich zu den »Jeckes«, den deutschen Juden. Aber wenn ich mit meiner neuen Muttersprache in dieser Gruppe sprach, bekam ich zu hören: »Gib nicht so an« und »Mach dich nicht wichtig«, was für mich sehr verwirrend war.

In den ersten Monaten meiner Internierung musste ich mich erst einmal an die nächtlichen Geräusche gewöhnen. Wenn ich in dem Orchester von schnarchenden, hustenden, röchelnden und fluchenden Männern aus dem Schlaf hochschreckte, war es meist wegen eines Aufschreis von jemandem, der von einem Albtraum gepeinigt wurde. Die düsteren Sinfonien raubten mir den Schlaf, aber die tiefe Müdigkeit von der harten Arbeit tagsüber in der Metallwerkstatt ließ mich danach wieder in ein bodenloses Loch fallen. Mit vierhundert schlafenden Männern in einem Saal konnte man nicht von ununterbrochener Nachtruhe reden. Der Frauensaal im anderen Flügel der Baracke war ebenso überfüllt und vermutlich genau so laut.

Ein anderes Nachtgeräusch, das ich nicht direkt einordnen konnte, aber dann pubertär neugierig und erregt lauschte, war das vorsichtige Schleichen von Männern und Frauen in Nachthemden durch den dunklen Saal. Aus einigen Etagenbetten, die rhythmisch knarrten, kamen gedämpftes Keuchen, Schluchzen und unterdrückte Schreie. Wenn eines dieser klapperigen Gestelle zusammenbrach, folgten Flüche und Gekreische und das wütende Gebrüll des leidtragenden oberen oder unteren Nachbarn und machte viele im Saal wach. Aus allen Richtungen erscholl dann wütendes Rufen um Ruhe, gemischt mit schlüpfrigen und gehässigen Bemerkungen.

Manche Begriffe, die im Lager entstanden waren, bekamen erst nach einigen Monaten eine Bedeutung für mich. Eines der angst- oder hoffnungsvoll verbreiteten Gerüchte, das sich von Mund zu Mund oder von Baracke zu Baracke verbreitete, hieß »JPA«: Jüdische Presse Agentur.

Was als unwahrscheinlich galt, wurde als »Bonke« abgetan. Nach und nach lernte ich den Lagerjargon und damit das absurde Leben in einer Gesellschaft kennen, die durch Angst, Resignation, Trauer und ein wenig Solidarität zusammengehalten wurde.

Fast jeden Tag tauchten kleine oder große Rätsel auf: lange Reihen von Wartenden vor der Tür einer der kleinen Baracken, wo ein Wunderrebbe mit einem langen Bart und einer runden Brille Sprechstunde abhält und den Menschen gegen eine Vergütung verspricht, sie auf seine Liste mit einer »Sperre« zu setzen, die eine Rückstellung vor dem gefürchteten Transport nach Osten sicherstellen soll. Meine Eltern stehen auch in der Reihe und hoffen auf ein Wunder. Als ich mich nach dem Wie und Was erkundige, bekomme ich nur eine vage Antwort. Jeder in der Reihe klammert sich an den Informationsfetzen, der ihnen über die JPA zu Ohren gekommen ist.

Abends sitzen wir am Tisch in der großen lauten Baracke beisammen. Es herrscht eine hoffnungsvolle und aufgeregte Stimmung. Die Fragen der Mithäftlinge, die sich um den Tisch drängen sind neugierig und missgünstig. Meine Mutter wagt es, eine unsichere Bemerkung über beunruhigende Ahnungen zu machen, aber mein Vater tut sie als Schwarzseherei ab. Sonntagabend kommt Heinz Gabel vorbei, unser Hausfreund aus Rotterdam, der uns in den ersten Monaten nach unserer Ankunft im Lager unter Gefahr für sein eigenes Leben vor der sofortigen Deportation beschützte. Seine Stimme ist heiser. Gehetzt flüstert er meinen Eltern zu, dass sie sich augenblicklich von der Liste streichen lassen müssen. »Das ist Betrug, das sind gezinkte Karten, lebensgefährlich! Die Weinreb-Liste ist *geplatzt*.«

Am Dienstagmorgen sitzen alle, die den Worten des Wundertäters geglaubt haben, in den roten Viehwagen auf dem Weg in den Osten. Wir bleiben verwirrt zurück.

Ein weiterer Begriff im Lagerjargon hatte lange Zeit keine Bedeutung für mich, bis der geheimnisvollen Schleier darum zerriss. Ich wusste zwar, was mit Vitaminen gemeint war, obwohl ich damals noch keine Ahnung von Chemie und Biologie hatte. Aber den Ausdruck »Vitamin B« konnte ich nicht einordnen.

Die Quarantäne, mit der im Herbst 1943 Bazillen- oder Virusträger von Diphtherie und Kinderlähmung abgesondert wurden, konnte nicht verhindern, dass Berichte, sowohl zuverlässige als auch unzuverlässige, in die Krankensäle hineinsickerten.

Ich liege auch in der Isolationsbaracke und erhole mich langsam von den Erstickungsanfällen.

Im Bett an meinem Fußende liegt ein Mann mit Polio, der trotz seiner Krankheit versucht, Ärzte und Krankenschwestern über alles, was außerhalb der Barackenwände passiert, auszuhorchen. Er ist Rechtsanwalt und deshalb in meinen Augen ein kluger Mann. Ich verstehe von ihren Gesprächen nicht alles, aber meistens ist er bereit, mit lauter Stimme die Information mit den Patienten im Saal zu teilen.

Ich bin noch müde vom Schreiben eines langen Briefes an meine Mutter, die ein paar Tage zuvor, am 26. September, Geburtstag hatte, mich jedoch wegen der Ansteckungsgefahr nicht besuchen durfte. An meinem Fußende sind die Ärzte in ein lebhaftes Geflüster mit meinem Nachbarn verwickelt. Ich dös noch ein wenig, die anderen Männer lesen, husten oder schnarchen. Plötzlich ruft der Rechtsanwalt laut und voller Begeisterung aus: »Es gibt noch Gerechtigkeit, Gerechtigkeit. Gerade sind die *Balebatim*, die Spitze des Judenrats mit dem Transport aus Amsterdam hier angekommen! Alle außer Cohen. Jetzt können sie selbst einmal sehen, wobei sie mitgeholfen haben.« Keuchend vor Erregung schweigt er plötzlich und murmelt vor sich hin. Dass die Hauptverantwortlichen des Judenrats nun auch hier sind, sagt mir nicht so viel. Ich weiß nur, dass ihre Namen von vielen Mitgefangenen mit Groll ausgesprochen werden.

Die Mittagsvisite ein paar Tage später verläuft weniger ruhig. Hier wird nicht mehr geflüstert. Soweit sie das können, sitzen alle Patienten aufrecht in ihrem Bett und beteiligen sich mit Fragen und Rufen zu dem JPA-Bericht. »Vitamin B! Korruption! Kapitalisten! Verräter!« Die Ärzte mahnen zur Ruhe, aber die Erregung hält an, obwohl die Stimmen gedämpfter werden. Es fällt der Name Schlesinger, der unbeliebte, deutsch herumschnauzende jüdische Kapo, der in glänzenden Stiefeln, Reithosen und Lederjacke wie ein Offizier durch das Lager stolziert. Er soll sich mit Diamanten haben bestechen lassen, um die hohen Herren vor der Deportation zu retten, er habe ihnen im letzten Moment zu einer »Sperre« verholfen und sich bei Obersturmführer Gemmeker für sie eingesetzt. »Es könnte auch *Bonke* sein«, wagt jemand zu bemerken, aber seine Bemerkung wird als naiv abgetan.

In Westerbork habe ich gelernt, Signale, die das Leben in Chaos und Unsicherheit erleichtern können, zu verstehen und zu begreifen, aber in Theresienstadt ist das viel schwieriger. Uns, den »Juden aus Holland«, wird mit Misstrauen begegnet. Mit unserer Ankunft wird der winzige Lebensraum der tschechischen Juden noch kleiner. Ihre Sprache ist für uns unverständlich, und das kontaminierte Deutsch, das häufig mit einem schweren Akzent gesprochen wird, macht das Verstehen selbst für mich mühsam und erst recht für viele Niederländer.

In mir hat eine Veränderung stattgefunden: die meisten Befehle verstehe ich, führe sie jedoch nur noch mechanisch aus. Durch den Hunger geschwächt und in ständiger Angst, dazu die Sorgen um meine Mutter, die mit einem gebrochenen Bein, unerreichbar, in einem Frauensaal liegt, die Einsamkeit und das Gefühl, allein mit den Gefahren einer weiteren Deportation nach Auschwitz konfrontiert zu sein, haben mich zu einem Roboter gemacht. Monatelang stehe ich in der zugigen »Reithalle« an einer Drechselbank, um tausende von Holzsohlen für »Pantinen«, die hölzernen Schuhwerke der Gefangenen, herzustellen. Betäubt lasse ich Schläge und Schimpfworte der Aufseher über mich ergehen, betäubt stehe ich in den langen Reihen vor der Suppenausgabe und abends falle ich in einen bewusstlosen Schlaf. Meinen Vater sehe ich selten, aber auch er ist am Ende seiner Kräfte.

Das erstickende, pechschwarze Innere eines Viehwaggons, in dem achtzig Menschen tagelang aufeinandergepresst und praktisch ohne Nahrung, Wasser und Toiletteneimern zu den Endzielen Auschwitz, Sobibor und anderen Lagern transportiert werden, ist nur von wenigen Überlebenden beschrieben worden. Ich kann das nicht und werde es auch niemals können.

Mitte Mai 1944 stand ich mit meinen Eltern und mehr als siebzig »Reisegefährten« in solch einem fahrenden oder stillstehenden Menschenstall und wurde drei Tage später auf der »Rampe«, dem Umschlagsplatz von Birkenau, hinausgeprügelt. Es war Nacht und der Transport wurde ohne Selektion zu einem schlammigen Platz vor einer Baracke gebracht, wo wir, die die Reise überlebt hatten, erschöpft zusammenbrachen. Das alles sah ich mit den Augen eines Schlafwandlers, der einen Alptraum durchlebt. Manchmal tauchen wieder Erinnerungsfetzen daran auf, die sich wie Funken durch den Schutzschirm vor meinem Gedächtnis brennen. Und so erduldete ich alles, was in den Monaten, die darauf folgten, über uns hereinbrach, wie ein Schlafwandler. Meine Augen registrierten zwar, was mit mir und um mich herum geschah und mein Körper reagierte wie der eines Tieres in Not, aber ein Begreifen war unmöglich. Dazu reichte mein Auffassungsvermögen nicht aus.

Im Babel des Schreckens war das Gebell von Befehlen und das Gebrüll von Flüchen die tägliche Melodie. Seufzer und klagende Schmerzschreie, Trauer und Erschöpfung bildeten den Unterton. Ab und zu konnte ein geflüstertes Gespräch einem das Gefühl geben, noch ein Mensch zu sein. Das beinahe unverständliche Russisch, Polnisch, Tschechisch und Jiddisch um mich herum verstärkte noch das Gefühl der Verlassenheit, wobei das Deutsch der Bewacher, der Kapos und Vorarbeiter wie Peitschenhiebe meine Existenz bestimmte.

Zwei niederländische Jungen, die ich noch aus Westerbork kannte, waren in derselben Arbeitsschicht wie ich. Zusammen mit einer Anzahl von Tschechen mussten wir den »Rollwagen«, einen schweren Bauernkarren durch Birkenau schieben oder ziehen. Er war mit Holz, Steinen, Teerpappe oder Leichen von Mitgefangenen beladen. Kurz vor der Vernichtung des Familienlagers B II B am 10. und 11. Juli 1944, als siebentausend Überlebende ins Gas geschickt wurden, wurden wir von Mengele ausgesucht, im Männerlager B II D zu arbeiten. Neunundachtzig Jungen zwischen fünfzehn und siebzehn Jahren. Nur die niederländischen Sätze, die ich mit Jan Seelman, meinem Nachbarn, während des Ziehens wechseln konnte, waren kleine Zeichen für mich, dass es eine Welt außerhalb des Stacheldrahtes und der Wachtürme gab, was durch einen seltsamen Vorfall bestätigt wurde.

Gehetzt laden wir eine große Menge Rollen von Teerpappe, mit der die Dächer der Baracken abgedeckt wurden, auf die Karre. Sie sind bleischwer und eine Rolle gleitet mir aus den Händen. Der Vorarbeiter tritt mich und flucht. Jan hilft beim Aufheben. Zwei Jungen haben Seile um ihre Brust und ziehen an den Deichseln, vier Kameraden schieben an jeder Seite und mein holländischer Kumpane und ich machen das an der Rückseite.

Wir quälen uns über den steinigen Weg zwischen dem C und D-Lager Richtung Frauenlager. Bei der Rampe überqueren wir die Schienen. Auf dem Bahnsteig des Todes stehen fast jeden Tag lange Reihen von Neuankömmlingen aus Ungarn und ich möchte ihnen eine Warnung zurufen, aber die glänzenden Läufe der Maschinengewehre der SS-Leute in den Wachtürmen halten mich davor zurück. Über dem Eingang des Lagers, in dem nur Frauen eingesperrt sind, steht die gleiche Aufschrift wie bei uns: Arbeit Macht Frei.

Der Vorarbeiter treibt uns schreiend an, um Eindruck auf die Bewacher an den Toren zu machen: »Schneller, schneller, ihr faulen Hunde!« Der jüdische Kapo Stein, der Einzige, der wenig schlägt und menschlich erscheint, läuft voran und läßt uns an einer Baracke, wo Dachdecker arbeiten, anhalten. Wir entladen ein paar Rollen vom Wagen. Als Stein in unsere Nähe kommt, bitte ich ihn, zu einer Gruppe von Frauen mit Kopftüchern und in Lagerkleidung gehen zu dürfen, um mich nach meiner Mutter zu erkundigen, die Anfang Juli für einen Arbeitstransport selektiert wurde und Gerüchten zufolge vorher erst in das Frauenlager eingewiesen wurden. Stein weigert sich, weil in der Nähe ein Bewacher mit einem Wolfshund an der Leine steht. Neben ihm steht eine »Graue Maus«, eine Wärterin in grauer Uniform, die um ihre dicke Taille einen Koppel trägt an dem ein Pistolenholster hängt. In ihrer Hand sehe ich einen dünnen Bambusstock.

Ich stehe neben Jan und überlege mit ihm, wie ich an Informationen über meine Mutter kommen könnte. Die Wärterin kommt ein paar Schritte näher und ich befürchte, dass sie es auf uns abgesehen hat. Mit einem unverfälschten Haagser Akzent ruft sie: »Seid ihr Holländer?« Wir bejahen das erschreckt und erleichtert. Auf ihrem Gesicht erscheint ein Lächeln: »Ich komme aus Den Haag. Ich habe in der Nähe der Laan von Meerdervoort gewohnt. Mein Vater war Fechtmeister der Niederlande. Wo kommt ihr her?« Jan, viel gewandter als ich, antwortet sofort, dass er dort auch gewohnt hat. Sie wechseln ein paar lokale Erinnerungen aus. »Wo kommst du her?« Ich sage es und mir wird im gleichen Moment bewusst, dass ich früher einmal in der Außenwelt gelebt habe.

Der Hund des SS-lers beginnt zu bellen und zeigt knurrend seine Zähne. Für sie ist das ein Zeichen, um das Gespräch abzubrechen. Sie geht zu ihrem Kollegen zurück und der brüllt dem Kapo zu, dass wir weiter gehen sollen.

Wenige Tage vor der Kapitulation Deutschlands befreiten russische Truppen das KZ Schotterwerk bei Groß Rosen. Wochenlang lag ich bewusstlos in dem Lazarett, das in aller Eile für die wenigen, die überlebt hatten, eingerichtet wurde. Nach drei Wochen kam ich langsam wieder ins Leben zurück. Die deutsche Krankenschwester, die mich pflegte und mich vorsichtig fütterte, sagte fast nichts, aber die Tränen in ihren Augen sprachen für sich. Es war, als ob sie fühlte, dass wir vor ihrer Sprache Angst hatten. Die russischen Ärzte ignorierten sie und gaben ihre Anweisungen auf kleinen Zetteln weiter. Ihre Traurigkeit war spürbar und ich konnte mein Mitleid nicht unterdrücken, aber ich begriff die Absurdität des Ganzen.

Als ich sie einmal um einen großen Pudding bat, erfüllte sie mir diesen Wunsch und sah besorgt zu, wie ich ihn in einem Zug auslöffelte. Zum ersten Mal sah ich ein Lächeln auf ihrem Gesicht und ich erwiderte es. Leise sagte sie etwas auf Deutsch, dem Deutsch aus meinen Kinderjahren. Ich antwortete und hatte damit das Schweigen gebrochen. Zum ersten Mal hörte ich von dem Leid, auch außerhalb des elektrischen Zauns, sowohl bei den Schuldigen als auch bei den Unschuldigen. Von tiefer Anteilnahme konnte keine Rede sein, dafür war mein eigenes Leid zu groß.

Zwei Jahre später konnte ich, wenn ich das Abitur machen wollte, dem Fach Deutsch auf der weiterführenden Schule nicht entkommen. Die drei modernen Sprachen waren damals noch Pflichtfächer des Unterrichtspaketes. Es kostete einiges an Selbstüberwindung, zum ersten Mal den Klassenraum zu betreten, in dem der Deutschlehrer saß.

Dr. Berkhout erwies sich als ein freundlicher Mann mit leiser Stimme. Er hieß mich willkommen und ich wusste nicht, ob der Direktor des Realgymnasiums ihm etwas über mich erzählt hatte. Über diesen Lehrer hatte ich von glaubwürdigen Menschen gehört, dass er sich im Krieg »richtig« verhalten hatte, aber die Begriffe richtig oder falsch waren 1947 für mich noch nicht klar definiert.

Während des Unterrichts zitierte Dr. Berkhout Heine und Morgenstern und ließ die Schüler Gedichte von ihnen vorlesen. Ich kannte sie von zu Hause und sie riefen schöne Erinnerungen wach. Auch Schiller mochte ich, denn ein Freund aus Birkenau, der das Lager nicht überlebt hatte, konnte Passagen aus seinen Stücken und Gedichten auswendig aufsagen. Die deutsche Sprache begann seine SS-Uniform abzulegen und im letzten Schuljahr bekam sie wieder einen Anstrich von Achtbarkeit. Ich kam in Berührung mit Schriftstellern wie Lessing, Roth, Feuchtwanger, Wassermann und Buber, aber auch mit Böll und Rinser. Allerdings waren meine Bildung und Sprachkompetenz noch zu lückenhaft, um die Größe der Literatur zu begreifen, aber meine Abneigung gegenüber ihrer Sprache verringerte sich. Mir wurde bewusst, dass es nicht die Sprache war, die sich schuldig gemacht hatte.

Nathan der Weise las ich andächtig.

Neunundvierzig Jahre nach meiner Befreiung, im Mai 1994, stehe ich hinter einem Rednerpult mit Mikrofon im Rittersaal des alten Rathauses meiner Geburtsstadt. In der ersten Reihe sitzen meine Frau, der Bürgermeister von Baden-Baden und allerlei Honoratioren. Der Saal ist voll, es gibt nicht genug Stühle. Das Gefühl von Triumph, hier zu stehen als fünfundsechzigjähriger Jude, der als Kind von acht Jahren mit seiner Familie aus diesem Ort flüchten musste, fehlt. Noch immer bin ich in Deutschland nervös, selbst nach dem äußerst herzlichen Empfang auf dem Bahnhof, im Hause eines Politikers und am Eingang des alten Rathauses.

Ich war gebeten worden, eine oder mehrere Erzählungen aus meinem Buch *Ertrinken. Eine Kindheit im Dritten Reich* vorzulesen. Vielleicht hätte der Untertitel »Eine Kindheit in Baden-Baden« heißen müssen, denn dieser Ort war für den kleinen Jungen von damals das Dritte Reich. Die Übersetzung ist ausgezeichnet. Es ist, als ob die Übersetzerin mit meinen Sinnesorganen alles in sich aufgenommen und es danach in schönem Deutsch wiedergegeben hat.

Ich lese und lese, mehr als ich mir vorgenommen hatte. Obwohl ich kein guter Redner bin und mein Deutsch sicher nicht fehlerfrei ist, lauschen die Zuhörer mit gespannter Aufmerksamkeit. Am Ende ist es sehr still, bis jemand sich traut, zu klatschen und die anderen mitzieht. Einige Ältere trocknen mit einem Taschentuch ihre Augen.

Die Fragen sind erst von allgemeiner Art und werden dann, je länger, um so persönlicher, aber nicht indiskret.

Schließlich kommt ein kleiner grauhaariger Mann zum Rednerpult. Er ist ergriffen und kann kaum ein Wort herausbringen. »Entschuldigen Sie, Herr Durlacher, erkennen Sie mich noch?« Ich schüttle meinen Kopf und er spricht etwas lauter weiter: »Ich war ein Klassenkamerad von Ihnen und habe neben Ihrem Freund Walter gesessen!«

Die Erinnerungen gehen mir unter die Haut und ich fühle mich unbehaglich.

Andere ältere Herren stehen auf. »Ich bin ein Jahr nach Ihnen auf die Schule gekommen, aber hatte auch Oberlehrer Kreis.« »Ich bin der Sohn des Apothekers. Ihr Hausarzt wohnte über meinem Vater.« »Ich kannte Ihren Vater gut und kam oft in sein Geschäft.«

Höflich schneide ich weitere Gespräche ab und signiere ein paar Bücher. Jeder, der mir sein Buch zum Signieren vorlegt, will seinen Vornamen und manchmal auch seinen Nachnamen darin geschrieben haben. Einige Namen kommen mir bekannt vor und rufen unangenehme Assoziationen hervor.

Erschöpft, aber doch aufgeregt gehe ich in Richtung des Ausgangs, um mich vom Bürgermeister und den Stadtverordneten und Freunden um ihn herum zu verabschieden. »Ihre Befürchtung, dass Ihr Deutsch nicht gut genug ist, war völlig unbegründet. Sie übersetzen Ihre Bücher sicher selbst? Eigentlich sollten Sie wieder hier wohnen und in Ihrer Muttersprache schreiben!«, sagt einer von ihnen. Ich fühle, wie eine böse Erwiderung in mir hochkommt, beherrsche mich aber und antworte. »Deutsch ist nicht mehr meine Muttersprache. Mit meiner Adoptiv-Muttersprache Niederländisch bin ich sehr glücklich.«

Auf der ausgetretenen Treppe zur Ausgangstür sage ich zu meiner Frau: »Sie haben mir zugehört, aber haben sie mich auch verstanden?«

Gabel

Mit zitternden Fingern versucht er, die steifen Vorderhälften des Frackhemdes zuzuknöpfen. Schweißtröpfchen laufen über seine gerötete Stirn. Das Summen der Tonleitern hört plötzlich auf, und Vater ruft den Namen meiner Mutter, befehlend, aber mit einem Unterton der Hilfsbedürftigkeit. Sie erscheint auf der Schwelle des Schlafzimmers. Der Reißverschluss ihres schwarzen Abendkleids aus Crêpe de Chine, das sie lange vor unserer Flucht in die Niederlande in Baden-Baden unter seinen und meinen kritischen Blicken gekauft hat, ist noch offen. Geschickt knöpft sie ihm das Frackhemd zu, nur das Kragenknöpfchen leistet Widerstand.

Vater murmelt aufgeregt, mit einem so engen Kragen könne er nicht singen. Nervös zerrt er daran herum. Die steife Kragenleiste springt wie eine Feder auf. Seine Aufregung steigt. »Meine Stimme ist weg; ich bringe keinen Ton heraus; ich kann nicht auftreten; ruf an, dass ich nicht komme; ich fühle mich nicht wohl; ich glaube, ich habe Fieber.« Mutter versucht ihn zu beschwichtigen. Feiner, der routinierte Theatermann, lacht spöttisch und nennt ihn einen Angeber, aber Fleischmann, ebenfalls Schauspieler, bietet einen Flachmann mit Cognac an. »Nichts als Lampenfieber, Arthur. Du hast schon so lange nicht mehr auf der Bühne gestanden. Du wirst sehen, es verschwindet, sobald wir unterwegs sind. Nimm ein paar Schlucke. Du wirst singen wie Gigli.« Vater widerspricht brummend, wird aber doch etwas ruhiger. Als Mutter den widerspenstigen Kragen schließt und die weiße Fliege bindet, lässt er es ohne Murren zu.

Alle sieben stehen wir in der atmenden Stille und warten auf das Klingeln der Türglocke. Ich habe das Hanfseil, mit dem man das Schloss an der Haustür aufziehen kann, schon in der Hand. Der Taxifahrer ist zwar spät, aber wenn er kommt, stehen wir bereit. Das Taxameter tickt unterdessen weiter, und die Fahrpreise sind sowieso hoch genug, meint Vater.

In dunklen Überziehern, den Hut auf dem Kopf, stehen die Männer an dem Treppengeländer. Weißseidene Schals um den Hals geschlungen, den Kehlkopf vor der kühlen Nachtluft zu schützen, und um den schon ein wenig abgewetzten Paletots, wie der aus Wien gebürtige Hans Fleischmann die langen Mäntel nennt, mehr Eleganz zu verleihen.

Der kleine untersetzte Feiner schnaubt verärgert und trommelt auf dem Geländer. Fleischmann sieht ihn mit hochgezogenen Brauen und ironischem Grinsen an und zwinkert Fifi zu, die mit Vater und den anderen Sängern und Musikern wochenlang in unserem Musikzimmer geprobt hat. Seit Monaten verehre ich sie insgeheim und bin eifersüchtig auf die vielen Männer, die sie auf Händen tragen. Mit ihrem langen schwarzen Haar, den roten Lippen, dem aufreizenden Lächeln und der gertenschlanken Figur ist sie für mich, ein zehnjähriges Dickerchen, *die Frau.*

Hans Fleischmann, der schon länger mit ihr befreundet ist, hat sie zu einer Abendprobe mitgebracht. Sie schien nur für ihn Augen zu haben, war aber auch sehr freundlich zu den anderen Männern. Manchmal sah Mutter sie prüfend von der Seite an, als überlegte sie, ob sie sie ebenfalls nett fände. Fifis Vater, der Kinomagnat von Rotterdam, hat das Arenatheater für das Benefizkonzert zur Verfügung gestellt.

Nach mühseligen Verhandlungen mit den Behörden hatten hundertneunzig jüdische Flüchtlinge aus Deutschland, die sechs Wochen lang an Bord des Passagierdampfers St. Louis auf dem Ozean herumgeirrt waren, Asyl in den Niederlanden erhalten.

Sie waren in einem feuchten und zugigen Schlachthof in Heyplaat untergebracht worden, und später, nach heftigem Protest der Ärzte, im baufälligen Holland-Amerika-Hotel am Rotterdamer Hafen. Fifi hatte die erbärmliche Behausung und den elenden Zustand der Menschen mit eigenen Augen gesehen. Gemeinsam mit einigen Varietékünstlern gab sie eine Kabarettvorstellung, um die Flüchtlinge aufzumuntern. Der Erfolg war genauso mager wie die Gesichter und Körper der mittellosen Emigranten. Hier war Geld vonnöten, Essen, Kleidung; Familien, die ihnen ihr Haus öffneten, ihnen Wärme und Behaglichkeit boten und sie von dem Gefühl befreiten, Aussätzige der Gesellschaft zu sein.

Die Platte unseres Esszimmertisches ist in jenem Sommer und Herbst ständig ausgezogen. Unbekannte Münder kauen und reden unter dem Schein der mit Seide bezogenen Hängelampe, die wie ein riesiger Regenschirm über den dampfenden Schüsseln und aufgefüllten Tellern schwebt. Allmählich werden uns die Züge der Gäste vertrauter, und ihre Nachnamen werden durch die Vornamen ersetzt.

Heinz Gabel, ein junger Jurist aus Berlin, mit freundlichen blauen Augen und so hellem, blondem Haar, als hätte es die Sommersonne im »Arbeitsdienst« gebleicht, Beate, seine schöne, ebenfalls blonde Frau und ihr einjähriges Söhnchen Gerhard werden Teil unserer Familie. Meine Eltern bekommen im Umgang mit ihnen etwas Fürsorgliches. Beate hilft oft in der Küche beim Zubereiten der Mahlzeiten, während Mutter das Kind mit Gemüse- oder Früchtebrei zu füttern versucht, ohne ihr Kleid oder das Tischtuch zu bekleckern. Vater hört den Geschichten von Heinz mit einer Begier zu, die neu für mich ist. Ihre Flucht aus Deutschland, die Verzweiflung auf dem Ozean, die Furcht vor der Gestapo und den Konzentrationslagern, künden von einer bedrohlicheren Gefahr als der, die uns vor zwei Jahren zur Emigration gezwungen hat.

Dr. Petzold, auch er Jurist und Altersgenosse meines Vaters, sitzt jeden Freitagabend mit seiner Frau am Tisch und erzählt, wie sein Vater, Wochen nach der Kristallnacht, aus Buchenwald zurückgekehrt war. Kaum wiederzuerkennen, mit geschwollenem Gesicht und abgemagertem Körper, stand er vor der Haustür. Wie alle neunhundert Passagiere des Geisterschiffs hat auch Dr. Petzold Haus, Praxis und alles, was ihm nach der Plünderung durch die Braunhemden an Wertvollem geblieben war, für einen Apfel und ein Ei verschleudern müssen. Was übrigblieb vom Erlös, nachdem die kubanischen Visa und die Karten für die einfache Fahrt nach Havanna bezahlt waren, verschwand in den Taschen von Nazis. Dem kubanischen Präsidenten Laredo Bru und seinen korrupten Handlangern brachten die Stempel in den durch das fette J entstellten deutschen Pässen nicht viel mehr ein als eine Extraration Zigarren und Whisky oder eine Vergnügungsfahrt zu den Spielkasinos in Miami. Dort wartete schon der Grenzschutz und versperrte den verzweifelten Flüchtlingen mit ihren wertlosen Visa den Zugang zum amerikanischen Boden.

So bringen die Gäste Abend für Abend den stechenden Atem der Wirklichkeit mit, dessen Gift in unserer komfortablen Wohnung gewaltig unterschätzt wird, denn die bitteren Erinnerungen an unsere eigene Flucht aus Deutschland waren rasch verblasst.

Nicht einmal der Einfall in Polen am 1. September 1939 wurde zu Hause wirklich ernstgenommen. Auf die Kriegserklärungen von England, Frankreich und den anderen Ländern reagierte Vater sorglos: »Jetzt hat Hitler den Bogen überspannt. Jetzt kann es nicht mehr lange dauern.« Die hoffnungsfrohen Erwartungen schwinden mit den rauen deutschen Stimmen des »Nachrichtendienstes« aus dem Radio und den erschütternden Geschichten unserer Gäste daheim. Vaters Stimmung verdüstert sich zusehends, er wird noch strenger mit mir. Sogar den Hund behandelt er schroff.

An den Freitagabenden, die seit dem Tod meiner Großmutter selten mit Gebeten gefeiert werden, aber immer noch mit der traditionellen Festlichkeit von weißem Damast, schönem Porzellan, Hühnersuppe und geflochtenem Brot, nimmt der Gedanke eines Benefizkonzertes für die gestrandeten Schicksalsgenossen feste Gestalt an. Wer darauf gekommen ist und wer den Plan der Kampagne entwickelt hat, wusste ich nie. Meine Kinderohren haben nur Gesprächsfetzen aufgefangen.

Die Abende nach den Mahlzeiten werden mit Vorsingen und Proben verbracht. Anfangs begleitete mein Vater sich selbst und die anderen Sänger und Solisten am Flügel, aber er überträgt die Aufgabe bald Hans Lichtenstein, einem Klassenkameraden meiner Mutter aus ihrer Schulzeit in Chemnitz. Nach der Flucht aus Deutschland, wo Lichtenstein große Orchester dirigiert hatte, übernahm er in den Niederlanden die musikalische Leitung des Fritz Hirsch-Operettentheaters. Sein herrliches Klavierspiel erweckt in mir brennenden Neid und maßlose Bewunderung, erstickt aber auch die Hoffnung, jemals selbst den Tasten solche Schönheit entlocken zu können.

An vielen Abenden füllt sich unser Musikzimmer mit Liedern und Opernfragmenten, aber auch mit Rauch und dem Duft von Kaffee und süßem Gebäck. Ausführende und Zuhörer kommen pünktlich vor oder nach der Mahlzeit, nur Fifi, Fleischmann und Feiner proben hin und wieder außer Haus mit anderen, die auch einen Beitrag zur Vorstellung liefern wollen. Allmählich hellen sich die Gesichter unserer Gäste von der St. Louis auf. Die Musik, die Geselligkeit und vor allem die Zuneigung, die man ihnen entgegenbringt, vertreiben die Sorgen für ein paar Stunden.

Die Disziplin bei den Proben wird zusehends strenger, und für langes Plaudern nach der Ankunft der Gäste ist keine Zeit mehr. Niemand beachtet mich. Lieder, Arien und Duette, die ich stückchenweise in endlosen Wiederholungen gehört habe, nehmen eine erkennbare Gestalt an. Von meinem Platz in der Küche aus, wo Mia, Mutters Haushaltshilfe, mir Leckerbissen zusteckt, die eigentlich für die Gäste bestimmt sind, lausche ich den Klängen aus dem Musikzimmer und weiß, ohne zu wissen warum, dass es gut ist und dass ich der Aufführung demnächst beiwohnen darf.

Im dunklen Kinosaal sitze ich gespannt neben meiner Mutter. Im Plüschsessel des Parterres komme ich mir winzig vor. Vor mir thront eine mollige Dame mit einem großen Hut, den sie zu meinem Verdruss auf dem Kopf behält. Ihr Begleiter mit dem pomadisierten Haar versperrt mir die Aussicht auf der anderen Seite. Die sich vermischenden Gerüche von Brillantine und Parfüm prickeln mir in der Nase.

Die weiße Filmleinwand fehlt. Auf der Bühne steht ein großer Flügel im grellen Licht der Scheinwerfer. Ein Lichtkreis hält einen Mann im Frack gefangen. Er spricht lang und undeutlich. Ich höre, dass er die St. Louis erwähnt, Namen der Menschen im Holland-Amerika-Hotel und die Namen der Künstler, darunter den meines Vaters. Mutter kneift mir aufgeregt in die Hand.

Die Gabels und andere Freunde sitzen im Saal, aber ich kann sie in der Dunkelheit nicht entdecken, auch nicht, wenn ich aufstehe. Sie haben alle, wie auch wir, Freikarten. Die Hunderte anderer Besucher, in festlicher Kleidung, die Damen mit Schmuck behängt und mit Hüten, die die Sicht versperren, haben teure Eintrittskarten kaufen müssen.

Der Pianist setzt sich auf das gepolsterte Bänkchen vor der Tastatur, ordnet den Schwalbenschwanz hinter sich, schüttelt die Hände aus den Manschetten und spielt einen Walzer von Chopin, den ich, wenn Mutter zu Hause übte, schon viele Male gehört habe. Dann kommt ein Geiger an die Reihe, danach ein Cellist, ein Sopran, zwei Soprane, ein Bass. Alle benutzen die Einbuchtung des Flügels als sichere Rückenstütze. Als mein Vater angekündigt wird, bekomme auch ich Lampenfieber. Seine ersten Töne klingen heiser, und mir wird heiß und kalt. Dann öffnet sich seine Stimme, als fiele eine Last von ihm. *Das Wandern, Das Röslein, Der Lindenbaum, Ungeduld* … ich kenne sie alle. Sogar die düsteren Lieder von Wolf erkenne ich. Tausendmal hat er sie zu Hause gesungen, und nie habe ich sie als schön empfunden. Aber hier, in diesem Saal mit Hunderten von begeisterten Zuhörern, ändert sich mein Urteil wie durch Zauberschlag, und ich bin stolz darauf, dass mein Vater so etwas kann.

Der Stimmensturm aufgeregter, oft dankbarer, manchmal auch kritischer Konzertbesucher legt sich ein paar Tage nach der Aufführung.

In unser Haus kehrt die Ruhe zurück. Der Esstisch schrumpft auf seine normale Größe. Die Freitagabende werden wieder langweilig. Unsere Freunde und Gäste aus den Notunterkünften in Rotterdam sind plötzlich von Polizisten in blauer Uniform abgeführt worden an einen Ort im Norden des Landes, wo sie den Augen der Bürger entzogen sind. Auf einem unwirtlichen Gelände in der Nähe des Dorfes Westerbork steht ein halb abgerissenes Barackenlager, das 1938 und 1939 im Auftrag der niederländischen Regierung als Unterkunft für jüdische Flüchtlinge aus Deutschland errichtet wurde. Morgens finde ich oft auf der Kokosmatte Briefe mit dem Poststempel Hooghalen. Ihr Inhalt verdüstert die Stimmung.

Mein kleiner Namensvetter Gerhard ist gesund, doch seine Eltern sind verzweifelt. »Das Essen ist schlecht in diesem hässlichen Barackenlager auf der öden Drenter Heide. Die Arbeit ist schwer und ungewohnt. Hätte ich doch bloß schreinern oder mauern gelernt!«, klagt Heinz, der immer saubere Fingernägel hatte. »Unsere Schuhe versinken im Schlamm und schimmeln. Dürfen wir so unbescheiden sein und euch vielleicht um Schaftstiefel bitten?« Wir teilen seine Besorgnis über die Nähe zur deutschen Grenze. Nur die materielle Not unserer Freunde können wir etwas lindern. Papierener Trost vermag ihre Angst nicht zu vertreiben.

Der Winter des Jahres 1939 ist gnadenlos. Die Schie vor unserem Haus gefriert bis zum Grund, und meine ersten tollpatschigen Versuche auf friesischen Holzschlittschuhen verpassen mir blaue Flecke. Zusammen mit Mutter besuchen wir Bekannte, um Kleidung für unsere Freunde im kalten Norden zu sammeln. Wir schleppen Pakete mit warmer Unterwäsche und Wintermänteln zum großen Postamt auf dem Coolsingel und hoffen, dass sie unversehrt ankommen. »Winterhilfe«, aber diesmal freiwillig und für Freunde, und nicht, wie früher in Deutschland, zwangsweise und für den Feind.

Die Gerüchte über »Stahlhelme« und gepanzerte Fahrzeuge, über Stukas, »Sturzkampfflugzeuge«, und Panzer, die Polen,

Norwegen und Dänemark überfallen, muten unwirklich an wie ein fernes Gewitter. Holland ist uneinnehmbar, die »Waterlinie«, die Verteidigungslinie der niederländischen Armee, ist unsere Sicherheitsgarantie. Es besteht kein Grund zur Panik, und für das Lager Westerbork gibt es einen Evakuierungsplan, sollte sich im Norden etwas ereignen. Trotz alledem klingt aus den Briefen der Gabels und vieler anderer Freunde die zitternde Stimme der Verzweiflung.

Am 10. Mai 1940 zerreißt ein Blitz alle Illusionen. Aus dem Himmel über Rotterdam schweben graue Pilze herab. An ihrem Stiel hängen Barbaren mit Stahlhelmen. Der Lauf ihrer Maschinengewehre speit tödliche Projektile, die die überrumpelten Zuschauer und unerfahrenen Soldaten treffen. Aus den Bäuchen der Flugzeuge regnet es unablässig Fallschirmspringer. Auf der Straße jenseits der Schie liegen einige von ihnen reglos auf dem Pflaster, bedeckt mit einem Leichentuch aus flatternder Seide.

Manchmal übertönt das Kreischen eines abstürzenden Flugzeugs die belfernden Abwehrgeschütze. Ein Komet mit schwarzem Schwanz bohrt sich in den sumpfigen Polderboden hinter der Rotte, wo das Klubhaus der Pfadfinder steht. Der dröhnende Einschlag erschüttert Fensterscheiben und Fußböden. Rauch verfinstert den Horizont. Der rasende Wunsch, den Feind möge es erwischt haben, verdrängt für einen Augenblick meine Todesangst.

In vier Maitagen lernen wir, was Krieg bedeutet. Wir können Gewehrfeuer von Maschinengewehr- und Granatenfeuer unterscheiden. Wir unterscheiden Heinkel-Bomber und Stukas an ihrem Geräusch und hören, ob sie im Anflug sind oder sich entfernen. Im Haus suchen wir nach schützenden Stellen gegen Bombensplitter und versuchen, in meinem Schulatlas einen Fluchtweg zur Küste zu finden.

Die Straßen sind wie ausgestorben. Die Bürger zähmen ihre Neugierde, und die Soldaten suchen geschützte Stellungen auf. Drohende Stille wird von Scharmützeln unterbrochen, die die Luft zerreißen. Bleich sehen wir einander an. Furcht schnürt uns die Kehle zu.

Der fünfte Tag ist der Tag des Schreckens. Was wir gelernt haben, erweist sich als nutzlos. Das Herz von Rotterdam wird erbarmungslos herausgerissen. Die Stadt, die uns drei Jahre lang Sicherheit und Gastfreundschaft gewährt hat, verwandelt sich in einen brennenden Schutthaufen. Unser Haus tanzt auf den Grundpfählen. Die Mauern reißen. Steine und Glasscherben fliegen umher wie Papierschnitzel in einem Sturm. Bomber brummen über unseren Köpfen und erbrechen ihre tödliche Ladung über der Stadt. Im Chaos des dröhnenden Wütens gehen die Schreie und Klagen der Menschen unter.

Abrupt endet der höllische Lärm. Wehklagen aus der Nähe und Ferne wird hörbar. Der Bombenangriff ist vorüber. Der Krieg hat sich breitgemacht.

Den Poststempel Hooghalen gibt es nicht mehr. Der Bahnsteig des Dorfes ist zu kurz für die lange Reihe der Waggons. Die meisten Häftlinge müssen von den hohen Trittbrettern vor den altmodischen Einzelabteilen den Sprung auf den Boden wagen. Alte Leute zögern ängstlich und warten auf die Hilfe des Ordnungsdienstes jüdische Männer in derben Overalls mit Skimützen und weißen Armbinden, auf denen OD steht. Gendarmen in blauer Uniform schauen ungerührt zu. Ein einziger streckt die Hand aus, um einem Kind oder einer schwangeren Frau zu helfen, doch unter den missbilligenden Blicken der beiden Feldpolizisten bleibt es bei dem einen Versuch.

Rucksäcke, Koffer und aufgerollte Decken liegen durcheinander entlang der Böschung. Die OD-Leute werden sie gleich auf Wagen ins Lager transportieren. Die Aussicht, ihr schweres Gepäck länger als eine Stunde schleppen zu müssen, schreckt viele ab. Die Misstrauischen gehen unter ihrer Last gebückt, lassen aber nach kurzer Zeit den Mut sinken. Ihre Koffer liegen einsam neben den Geleisen.

Wie Schornsteine ragen die Deckenrollen über unseren Köpfen empor. Ich gehe zwischen meinen Eltern. Meine Tante, Fleischmann und Feiner laufen hinter uns. Ich höre, wie Feiner und meine Tante verzweifelt schimpfen. Als ich taumele, nimmt Fleischmann mir die Deckenrolle ab.

Kein Wort kommt über meine Lippen. Ich sehe mich und die Hunderte von anderen wie im Traum dahinstolpern. »Nach Frankreich zogen zwei Grenadier', die waren in Russland gefangen«, summt es mir durch den Kopf. Ich sehe Napoleons erschöpfte Truppen auf ihrem Rückzug durch den Schnee. Der Weg vor mir ist verschwommen. Müdigkeit bringt mich aus dem Gleichgewicht. Die Gedanken wirbeln durcheinander: Rotterdam, ein Ozean aus Feuer und Schutt; Apeldoorn, eine Fata Morgana der Ruhe; die Schule, eine Fluchtburg vor nahendem Unheil; der Alptraum der Verhaftung, die Gitter des Gefängnisses, Gestapo hinter stählernen Schreibtischen in der weißen Villa am Rand von Oosterbeek, mein Vater, der leichenblass und schwitzend ihre barschen Fragen beantwortet, der überfüllte Zug, geschwängert von Angst, voll von summendem Leid.

Der Schlagbaum am Eingang des Lagers weist schräg zum Himmel wie ein Fallmesser, das unser Leben in zwei Teile schneidet. Erschöpft schlurfen wir über den sandigen Weg. Eine Kakophonie von Stimmen rollt uns entgegen. Befehle des Ordnungsdienstes ertrinken im Lärm. Die Gendarmen sind verschwunden, auch die Feldpolizei. Unsere Herde wird in den Kral getrieben. Männer in zerdrückten Anzügen mit unrasiertem Kinn und roten, von Schlafmangel und Tränen geschwollenen Augen suchen nach Frau und Kindern. Frauen in zerknautschten Mänteln, in durchgeschwitzten Kleidern, mit ungekämmten, strähnigen Haaren, schluchzen mit zuckenden Schultern, trösten ihre Kinder, schreien den Ehemann an. Kinder schlafen auf Deckenrollen, tummeln sich zwischen den Erwachsenen auf der Suche nach Eltern oder Verwandten. Babys mit lila angelaufenen Gesichtchen kreischen vor Hunger und Unbehagen.

Ich fürchte, in der Menschenflut zu ertrinken. Das schäbige Gepäck, das man mir zur Bewachung anvertraut hat, hält mich an dem Ort gefangen. Die Eltern suchen Hilfe und Hoffnung.

Doch werden sie mich, werde ich sie wiederfinden in diesem gottverlassenen Chaos? Was soll ich tun, wenn man mich in eine Baracke scheucht, wenn ich aufs WC muss, wenn Essen ausgeteilt wird? Der Appellplatz wird voller, immer voller. Aus allen Teilen des Landes kommen die Menschen. Alle ähneln einander, ähneln uns.

Ich sehe, wie meine Eltern sich einen Weg durch das Menschendickicht bahnen. Unverrichteter Dinge, vor Anstrengung und enttäuschten Erwartungen seufzend, erreichen sie den Quadratmeter, den wir als unser Revier betrachten und übellaunig gegen Eindringlinge verteidigen.

Wenn Transportnummern oder die Anfangsbuchstaben der Nachnamen durch die Lautsprecher schallen, um den Betroffenen eine Baracke zuzuweisen, versuchen kleine Gruppen, stoßend und schiebend, ihren Platz zu verlassen. Auch wir. Bürokratische Vorschriften sollen uns von unseren Hausgenossen trennen, doch wir ignorieren die Befehle.

Vor den doppelten Türen der Holzbaracke stehen Männer in Overalls hinter großen Kesseln, aus denen widerlicher Eintopfgeruch aufsteigt. Der Essensdampf vermischt sich mit dem Gestank des Kreosots, mit dem die klebrigen Planken des Gebäudes durchtränkt sind. Ekel und Hunger kämpfen miteinander. Der Hunger siegt. Wie ein Bettelmönch halte ich meinen Emaillenapf unter den Schöpflöffel und nehme einen Klacks unappetitlichen, sandigen Brei in Empfang. Meine Gabel fällt hinunter. Fremde Füße treten sie in den Schlamm. Bücken ist ausgeschlossen. Mit einem Tischmesser löffle ich meine Portion. Vater kostet das Essen und weigert sich, einen weiteren Bissen zu nehmen. Vergeblich versucht Mutter ihn zu überreden: »Du darfst hier nicht schwach werden.«

Als die Kessel verschwunden sind und die Türen aufgehen, stürzt eine wüste Flut von Hunderten von Männern und Frauen in den Saal. Mit Worten und Fäusten kämpfen sie um die eisernen, dreistöckigen Betten. Die Eroberung eines Bettes ist ein zweifelhafter Sieg, der mit Gewalt verteidigt wird, meist vergeblich. Ein Status quo nach heftigem Schimpfen: ein Bett für zwei, oder zwei Betten für fünf. Manchmal bricht das Eisengestell zusammen wie ein Kartenhaus, wenn ein sechster sein Glück versucht.

Fleischmann, Feiner, Vater und ich halten zwei Betten besetzt. Jeden, der den Versuch wagt, unsere Burg zu erstürmen, brüllt Vater mit geschulter Stentorstimme an, die den Belagerer zurückweichen lässt.

Die Nacht ist eine spärlich erleuchtete Hölle. Fluchen und Rangeln, Schnarchen und Schluchzen, schlurfende Füße und das Krachen brechender Bettplanken. Vor dem Morgengrauen dämpft Erschöpfung den Lärm. Mein Schlaf gleicht einer Ohnmacht. Als ich erwache, ist der Alptraum Wirklichkeit.

Der Tag bringt keinen Trost. Männer suchen ihre Frauen, Frauen ihre Männer. Mutter hat mit der Tante einen Schlafplatz im Frauensaal erobert, den sie bewacht wie ein Terrier. Die Baracke bleibt geschlossen. Durch die kleinen beschlagenen Scheiben spähen wir abwechselnd hinaus und sehen, wie das Meer von Schicksalsgenossen hereinflutet.

Die Erwachsenen in unserem Saal reden und schreien durcheinander. Streitigkeiten brechen aus und werden beigelegt. Gerüchte schwirren durch die Luft, aber niemand weiß, was »der Transport« bedeutet. Cardozo, mein Nachbar im dreistöckigen Bett neben dem unseren, erzählt, dass er früher, bevor die Moffen, die Deutschen, kamen, auf dem Waterlooplein Orangen verkauft hat. Er kennt alle »Portugieser« des Judenviertels und schildert voll Sehnsucht seine Welt, eine Welt, von der ich nichts weiß. Ohne Übergang beginnt er zu weinen. Tränen strömen über seine mageren, unrasierten Wangen, und schluchzend sagt er: »Sie haben den Oktober zum Schlachtmonat für uns Juden gemacht.«

Kurz darauf höre ich ihn wieder kichern, als er Grün- und Kohnwitze verzapft, die dem Gesicht des alten Mannes auf der mittleren Pritsche nur ein gutmütiges Lächeln entlocken. »Meschugger Orangenjude«, spottet Vater, doch zum Glück hört Cardozo ihn nicht.

Um ein Uhr nachts gehen die Lampen an. Ihr schwacher Schein macht die Menschen zu Schatten. Das Rufen und Trampeln schwillt an, bis eine Donnerstimme *Ruhe* befiehlt. Das Wort »Transportliste« erstickt jedes Geräusch. Das Ächzen und heftige Atmen der Männer um mich herum lässt sich nicht unterdrücken. Die Angst wird fühlbar wie bibberndes Gelee. Auch mein Vater und unsere Freunde werden davon angesteckt.

Abraham, Adler, Aronsohn, Auerbach … hinter dem ersten Vornamen jeweils der obligatorische Name Israel. Beer, Bloch, Blumenthal … Der gestrenge Schulleiter ruft die Schüler auf, ihr Zeugnis in Empfang zu nehmen. Der erste Name beim C lautet Cardozo. Er stößt einen schrillen Schrei aus, der in Geheul übergeht. Wir versuchen, ihn mit tröstenden Worten zu beruhigen. »Es wird schon nicht so schlimm sein, du brauchst nur zu arbeiten, vielleicht ist es dort besser als hier.« Sein verzweifelter Ausbruch verebbt zu leisem Wimmern. Mit zuckenden Schultern, schluchzend wie ein Kind, versteckt er sich unter der Decke.

Mit eiskalten Händen und pochenden Schläfen warte ich auf unseren Namen. Die Knöchel an den Händen meines Vaters sind weiß, sein Gesicht ist grau. Als das D vorüber ist, legt er eine Hand auf den Hinterkopf und flüstert hebräische Wörter. Ein Wunder ist geschehen, ich spüre es und getraue mich wieder zu atmen.

Unsere Barackengenossen schleppen Rucksäcke und Decken, Koffer und Kleidersäcke zum Ausgang. Bejahrte Männer stehen händeringend neben ihrem Gepäck. Hilfe gibt es kaum. Zornig schleifen manche zu schwere Stücke über den schmutzigen Boden. Bis zur Tür können wir ihre Last teilen, doch hinaus dürfen wir nicht. *Lagersperre!* Der Zug der Eisenbahn bleibt unsichtbar, der Zug der Verdammten ebenfalls.

Nach dem Kreischen der Dampfpfeife des Kesselhauses gehen die Türen und Fenster der Baracken auf. Die Gerüche der Nacht wehen hinaus, Nebel und Moordünste dringen herein. In der Kälte schrumpfen unsere geschwollenen Augenlider. Fleischmann und mein Vater kämpfen sich zum Frauensaal durch auf der Suche nach Mutter und Tante. Dasselbe Drama wie bei uns. Aber auch bei ihnen ist das Wunder geschehen. Der Triumph, noch da zu sein, überwindet meinen Kummer. Fast alle atmen erleichtert auf und schweigen über die Ereignisse der Nacht.

Meine Eltern sind wieder vereint und unzertrennlicher als je zuvor. Allmählich weicht die Apathie, die der Erdrutsch in unserem Dasein zuwege gebracht hat. Wir spüren, dass die Gefahr weiterhin lauert, und wissen, dass passives Abwarten das Falsche ist. Abwechselnd bewachen wir die Betten und unsere Habseligkeiten. Zum ersten Mal sehe ich das Lager. Die großen Baracken für uns, die Neuankömmlinge, die kleinen für jene, die sich schon vor dem Krieg an den Stacheldraht gewöhnen mussten. Die Küche und das Kesselhaus, das Badehaus und die Werkstätten hinter dem Appellplatz, wo die dumpfen Hammerschläge der Schmiede und das Jaulen einer Kreissäge aus den Türöffnungen dringen.

Auf dem festgetretenen Platz stehen kleine Gruppen jener Unglücklichen, die in Razzien aus allen Winkeln des Landes zusammengetrieben wurden. Fleischmann hält einen breitgebauten Mann mit tiefgefurchtem, freundlichem Gesicht an. Er kommt aus der Werkstatt, der schwarz verschmierte Overall und die Ölstreifen auf seinem Gesicht verraten, dass er zu den Alteingesessenen gehört. Sie sprechen mit Wiener Zungenschlag, und plötzlich schütteln sie einander die Hände und Arme wie alte Kameraden. Ein »alter Lagerinsasse«, ein Mann von der St. Louis, den Fleischmann und mein Vater offensichtlich kennen, obwohl er nie an unserem Tisch gegessen hat. »Der Heinz, der Heinzl Gabel ist noch immer hier. Er hat einen Posten, bei dem er saubere Hände behält, aber ich beneide ihn nicht. Ein sauberes Gewissen kann man sich dabei kaum bewahren. Er arbeitet in der Verwaltung und hat auch mit der Zusammenstellung der Transportlisten zu tun. Ständig schauen ihm die SS und die aufgeblasenen Marionetten Schlesinger und Todtman auf die Finger. Petzold arbeitet in der Antragsstelle. Auch so ein miserables Geschäft. Ich kann meine Wut wenigstens an dem Metall auslassen, aber sie werden zu Wracks, wenn das so weitergeht.«

Die Suche nach Gabel erfordert große Ausdauer. In seiner Baracke ist er nicht. Beate arbeitet, aber niemand weiß, wo, und der kleine Gerhard ist im Kinderhort, den wir nicht finden können. Das Lager ist für uns noch ein Labyrinth. Verzweifelt bringt Mutter mich zu unserer Unterkunft zurück. Durchs Fenster sehen wir ein wenig später die Männer zurückkehren. Ihre Gesichter verraten nichts. Der Erfolg ihrer Mission ist dürftig: Sie haben Heinz gefunden, aber er konnte nicht reden. In der Verwaltungsbaracke waren Leute der NSB, der niederländischen Nationalsozialisten, damit beschäftigt, unter dem wachsamen Auge des Obersturmführers die letzten Habseligkeiten der Neuankömmlinge zu konfiszieren. Mit bebenden Lippen erzählt Vater, wie die Sachen durchsucht wurden, wie Eheringe, Uhren, Füllfedern, Schmuck und Geld in Schachteln mit der Aufschrift Lippmann-Rosenthal verschwanden und wie Alt-Häftlinge, wie dienstfertige Sklaven, auf alten Schreibmaschinen Verzeichnisse der Beute anlegen mussten. Gabel war einer von ihnen.

Durchs Fenster hatte er sie bemerkt. Wiedererkennen huschte über sein Gesicht. Sie sahen, wie er einen Beamten etwas fragte, und ein wenig später winkte er ihnen aus einem Hintereingang zu, rasch näherzukommen. Die Verabredung war blitzschnell getroffen: »Morgen Abend bei mir.« Er flüsterte seine Zimmernummer. Zermürbt und schlechtgelaunt wegen des mangelnden Schlafs, angewidert von unseren eigenen ungewaschenen Körpern, hungrig, aber vor allem durstig erwarten wir den Abend.

Die Zeit hat ihre Gestalt verloren. Kleine Streitereien schießen wie Stichflammen hoch und erlöschen wieder. Jeder von uns spürt die gespannte Schnur des Damoklesschwertes. Der Saalleiter, der dem Druck Hunderter gereizter Menschen nicht gewachsen ist, trichtert uns ein, nach der Abendglocke die Baracke nicht mehr zu verlassen. Wir leben jetzt im Reich der Werwölfe.

Heinz Gabel öffnet stumm die Tür. Erst als wir eingetreten sind, umarmt er uns, noch immer sprachlos. Beate küsst meine Mutter und mich mit Tränen in den Augen. Gerhard schläft auf einem oberen Bett. Auf dem rohen Holztisch liegt ein gebügeltes Deckchen, das ich von zu Hause her kenne. Wir sitzen auf Holzbänken. An beiden Seiten doppelstöckige Betten. Vor dem Fenster eine Gardine, die früher in unserem Badezimmer hing.

Aus ihren Gesichtern ist die Jugend vertrieben worden. Die Hände von Heinz zittern; mit einer Hand hält er die andere fest, als ob er es verbergen wollte. Seine Augen sind rotgerändert, vielleicht aus Rührung, vielleicht vor Müdigkeit. Beates Hände, einst weich und gepflegt, sehen aus wie die einer Waschfrau.

Heinz getraut sich kaum, den Faden der Vergangenheit wieder aufzunehmen. Das Jetzt ist viel zu hart und erdrückt jede Erinnerung. Zögernd, fast flüsternd sagt er: »Ich habe euch von der Transportliste gestrichen. Gott sei Dank ist es diesmal gelungen. Ich werde es wieder versuchen, das schwöre ich, aber ich bin mir nicht sicher, ob ich an die Karteikästen herankommen kann. Vielleicht will Fried mir dabei helfen. Er weiß, dass es euch gibt. Er war auch in Rotterdam. Er ist der Leiter der Verwaltung. Unterdessen muss Petzold einen Aufschub oder eine Transportsperre für euch beantragen, obwohl das nur vorübergehend hilft.« Er wendet sich an Mutter: »Dein Vater stammt doch aus Rumänien? Sturmbannführer Aus der Fünten lässt manchmal Ausländer aus neutralen Staaten zurückstellen.« Für einen Augenblick, ganz kurz nur, ist Heinz wieder Rechtsanwalt.

Auf dem armseligen Petroleumkocher setzt Beate echten Tee auf, ein beispielloser Luxus, den meine Eltern kaum anzunehmen wagen, aber auch nicht ablehnen wollen. Das »Auf Wiedersehen« klingt ganz alltäglich. Langsam schließt Heinz die Tür hinter uns.

Im Herbst 1942 wurde die Strecke von Westerbork in Richtung Polen intensiv befahren. Zweimal, sogar dreimal in der Woche sind die Nächte in den Baracken die reine Hölle. Eine Epidemie von Herzanfällen bricht aus. Im Verwaltungsgebäude brennt Tag und Nacht das Licht. Die Bürosklaven haben keine Ruhe.

Die Anzahl der unbenutzten Betten wächst genauso schnell wie die Menge der hinterlassenen Kleidungsstücke. Mijnheer

Lever, mein betagter, sanftmütiger Nachbar, schenkt mir seine Weste aus Sämischleder und sagt begütigend, dass er einen solchen Luxus ohnehin nie mehr brauchen werde.

Bei jeder Namensliste stirbt unsere Hoffnung und lebt erst morgens, nach dem Schofarblasen des Kesselhauses, wieder auf. Heinz bewirkt dort drüben wahre Wunder, doch wir ersticken jedes Mal schier vor Angst.

Die Tage verrinnen mit verzweifelten Ansuchen um den Stempel mit Hakenkreuz und Adler, der für unsere Reise in die schwärzeste Nacht Aufschub bedeutet. Nach Wochen scheint das Schicksal uns gewogen. Wir bekommen eine vorläufige Sperre zugestanden. Von Endgültigkeit ist nicht die Rede, doch unser Freund, der wochenlang sein Leben für uns riskiert hat, kann mitsamt seiner Familie wieder etwas freier atmen.

Heinz, Beate und Gerhard Gabel wurden am 4. September 1944 aus Westerbork in den Osten deportiert und sind nicht zurückgekehrt.

Uns traf dieses Los schon im Januar 1944, aber ich habe überlebt und werde sie nie vergessen.

Der Beginn einer Reise

Westerbork, 3. Oktober 1942, Tag des Entsetzens. Zwölftausend Männer, Frauen und Kinder, sitzend, liegend, herumhängend auf ausgebeulten Koffern und Rucksäcken. Grau und verschwitzt. Tränen, versickert im Staub auf unrasierten Wangen. Laut gerufene Vornamen, Nachnamen, Ortsnamen. Streit um eine Handbreit Platz, einen Schluck Wasser, einen Löffel Essen. Schlangen und Gedränge vor den Suppenkesseln. Grüne, gelbe, blaue emaillierte Essnäpfe wie Lampions in den Händen der Wartenden.

Tausende auf der Suche nach Frau und Kind, nach Wasser und Nahrung, nach Baracke und Schlafplatz, nach Waschplatz und Latrine. Braune, nach Teer stinkende Holzbaracken, voll mit wackelnden eisernen Gestellen: dreistöckige Betten aus Winkeleisen, Eisenband und ausgeleierten Federn. Menschen drängeln sich zwischen den Pritschen, gestikulieren erregt über die Verteilung von sechs Schläfern auf zwei Betten oder hocken unglücklich auf der Bettkante, weil durch die Überlastung jede Ordnung zusammengebrochen ist. Eintopf im Essnapf, ohne Salz, Zwiebeln oder Fleisch, aber voll Schalen und Sand. Durst, Staub und Wasserknappheit.

Immer wieder Neuankömmlinge, die den vorhandenen Raum vermindern. Einfältig, weil sie noch nicht wissen, in welche Baracke, zu welchem Wasserhahn. Der Wissensvorsprung von zwei Stunden verringert das Gefühl der Unsicherheit.

Meine Eltern auf der Suche nach Bekannten, um aus kollektivem Nichtwissen Scheinsicherheiten aufzubauen. Ausschau haltend nach den Koffern, die an den Bahngeleisen, mehrere Kilometer vor dem Lagereingang, bei Männern in Overalls mit Mützen und Binden um den linken Arm zurückgeblieben sind.

Ich, ängstlicher Bewacher der Rucksäcke, eingeschüchtert durch Phantasien der Verlassenheit in einem Wald von Menschen. Eine richtungslose Eisscholle, losgelöst von Vergangenheit und Zukunft. Was hat mich hierher verschlagen, an diesen gottverlassenen Ort in Zeit und Raum?

Vierundzwanzig Stunden zuvor war meine Nabelschnur zu der Zeit durchschnitten worden. Schrecken und Betroffenheit waren weniger groß, als ich es mir in den vorangehenden Wochen und Monaten vorgestellt hatte. Die Festnahme verlief anders, gemächlicher. Wie eine bedrohliche, aber unabwendbare Naturkatastrophe.

Draußen war es noch ziemlich hell. Nicht später als fünf Uhr nachmittags, zu einer Stunde, in der man glaubt: Heute kommen sie nicht mehr. Doch sie kamen: ein *Grüner* mit zwei niederländischen Polizisten. Wir hörten den Kies knirschen, sie brauchten nur kurz zu läuten. Sofort war jemand an der Tür, meine Mutter, glaube ich, denn warum soll man eine gute Haustür zusammentreten lassen?

Einer der Polizisten, halb in der Diele: »Wohnen hier Arthur Israel Durlacher, seine Ehefrau Erna Sarah Durlacher geborene Solomonica, sein Sohn Gerhard Israel Durlacher, sowie Frau Ilse Sarah Maltenfort geborene Solomonica, Hans Israel Fleischmann und Herman Israel Feiner?« Eine überflüssige Frage, die mir drohend und lächerlich zugleich vorkam.

An das, was dann folgte, kann ich mich nicht mehr genau entsinnen, ich begriff nur, dass innerhalb weniger Stunden gepackt werden musste, in Anwesenheit eines der Polizisten. Noch heute hege ich einen Widerwillen gegen Rucksäcke und Packlisten, so wie mir viele Dinge widerwärtig sind, die für meine

Mitbürger zu den gewöhnlichsten Dingen der Welt zählen: Uniformen, Stacheldraht, Feuerwachttürme.

Die Packlisten waren schon Monate zuvor vom Jüdischen Rat ausgeteilt worden. Die Rucksäcke mussten selbst angefertigt werden. Wie konnte man Sackleinwand auftreiben und wer sollte sie verarbeiten? Wer würde Daunendecken gegen Wolldecken umtauschen? Wo wurden noch Campingbesteck und emaillierte Essnäpfe verkauft?

Was war das für ein grimmiges Picknick, das uns erwartete? Nach verworrenem Hin- und Hergerede verschwand der grüne Mof* mit seinem niederländischen Handlanger. Der zurückgebliebene Polizist begann sich ungeschickt zu rechtfertigen. Er könne nichts dafür, er müsse den Befehl befolgen; wir sollten ihn nicht in Schwierigkeiten bringen durch Fluchtversuche oder durch Kontakte mit den Nachbarn; auch das Telefon durften wir nicht benutzen. Kurzum: wir sollten froh sein, dass wir an einen so menschlichen Polizisten geraten waren. Und wie obrigkeitshörig wir ihm gehorchten! Man stelle sich vor, er hätte ja von seinem Chef oder einem Mof einen Rüffel bekommen können!

Später erzählte uns Hans Fleischmann, er habe eine Armeepistole in seiner Kiste versteckt gehabt. Die Waffe stammte noch aus seiner Militärdienstzeit beim K.u.K.-Regiment, er habe jedoch keinen Augenblick lang daran gedacht, sie zu seiner eigenen Rettung zu benutzen. Er wollte uns keiner Gefahr aussetzen, denn er wusste, welche Repressalien dafür drohten.

Fast gleichzeitig mit unserem anderen Gast, Haus- und Schicksalsgenossen, »Onkel« und Freund Herman Feiner war Fleischmann 1939 mittellos und hungrig in die Niederlande gekommen. Ein paar Monate davor war meine Tante, Mutters Schwester, bei uns eingezogen, nachdem meine Eltern durch Audienzen und Bittschriften bei den Ministern Goseling und de Kroon durchgesetzt hatten, dass man sie nach der Kristallnacht über die Grenze ließ. Völlig verarmt kam sie zu uns nach

* Mof = Schimpfname für die Deutschen.

Rotterdam und bezog das Zimmer, wo vor ein paar Monaten meine Großmutter durch den Tod von ihrer Angst vor der Gestapo erlöst worden war, eine Angst, die mir, dem kleinen Jungen von zehn Jahren, absurd erschien.

Auch Fleischmann und Feiner waren mit ihrem Koffer und zehn Reichsmark in letzter Minute über die Grenze geschlüpft. Wie sie, an einen Lebensstandard gewöhnt, mit dem verglichen der unsere sich bescheiden ausnahm, von den Almosen des Jüdischen Rates (oder wie immer dessen Vorläufer 1939 hieß) leben konnten, wird mir stets ein Rätsel bleiben.

Wie lebendig hatte Feiner von den Diners bei Kempinski erzählt, von seinen Kollegen in Berlin, wo er bis zur Ankunft Hitlers Regisseur und Bühnenautor gewesen war, und mit allen befreundet, die etwas mit dem Theater zu tun hatten. Seine Freunde vom Emigrantenkabarett in Schevenigen, Max Ehrlich, Kurt Lilien, Rudolf Nelson, Camilla Spira und Willy Rosen hatten ihn über die Grenze geholt, während sie selber ein schlichtes Emigrantendasein führten. Ich glaube, sie haben auch ihrem Freund und Kollegen vom Wiener Volkstheater, Hans Fleischmann, bei der Flucht geholfen. Beide verschlissen ihre perfekten Maßanzüge als Untermieter in Rotterdam.

Meine Eltern machten ihre Bekanntschaft auf einem großen Musikabend zugunsten der Flüchtlinge, die ein halbes Jahr lang auf der St. Louis über den Ozean geirrt waren und, statt im sicheren Kuba, sich mit einem Unterschlupf in den Niederlanden, in Belgien, Frankreich oder England abfinden mussten. Monate vor dem deutschen Einfall waren beide längst abendliche Gäste an unserem Tisch, und am 10. Mai 1940 waren sie mehr als Freunde: Sie waren Familienmitglieder geworden.

Was war das für eine lebhafte Tafelrunde an den Freitagabenden vor dem Krieg! Der Tisch war ausgezogen und zehn bis zwölf Menschen saßen redend, gestikulierend, kauend, politisierend um ihn herum. Manchmal ertönte das Gebrüll Hitlers oder Goebbels' aus dem Lautsprecher des Radios, dann hielten alle den Atem an und trauten sich kaum zu essen. Es waren immerhin Wetterberichte von einem Feuersturm, und jeder versuchte zu erraten, ob er sich legen oder uns versengen werde.

Vor allem die Gäste aus dem Holland-Amerika-Hotel – einem kahlen, kalten Gebäude, das den verstörten Flüchtlingen der St. Louis ein leckendes Dach und zugige Zimmer bot – waren düster gestimmt. Ihre misslungene Flucht über den Ozean hatte den Charakter eines Alptraums. Sie ahnten die Wölfe noch dichter hinter sich als wir.

Ihre Verbannung in das knapp fünfzig Kilometer von der deutschen Grenze entfernte Lager Westerbork, auf Druck der niederländischen Regierung und unter den wohlwollenden Blicken des Jüdischen Rates, muss ihnen 1939 das Gefühl vermittelt haben, Gott und die Welt habe sie verlassen. Dieses Gefühl, das sich auch körperlich äußert, als ströme zu dünnes Blut in den Adern, so dass das Herz wie verrückt zu pumpen beginnt, ist die Angst. Am 10. Mai 1940 lernte ich es in seiner vollen Wucht kennen, stärker als in meinen Kinderjahren in Deutschland, als Hitlerjungen mich wie ein schutzloses Stück Wild jagten, mir nachjohlten und mich schlugen.

Der Anfang des Krieges ist für mich ein blauer Himmel mit grauen Watteflecken, das dumpfe Krachen der Abwehrgeschütze und die keuchende Stimme des Radiokommentators als Hintergrundgeräusch vor den überreizten Stimmen meiner Eltern und meiner Tante. Der einzige, der einigermaßen Ruhe bewahrte, war Fleischmann, der in der Nacht vom 8. auf den 9. Mai mit einem Vorgefühl drohenden Unheils zum Schlafen bei uns geblieben war. Er wusste als einziger, was Krieg bedeutete, aber innerhalb weniger Stunden wussten auch wir es.

Am anderen Ufer der Schie, auf dem Baugelände, wo ich noch vor ein oder zwei Tagen mit Freunden durch den Schlamm gewatet war, lag ein Nest von Maschinengewehrschützen mit drei ganz jungen Soldaten in sauberen Uniformen. Ein paar Tage später sah ich sie trotz des Verbots der Erwachsenen wieder. Blutig lagen sie nebeneinander, besudelt vom Tod. Hundert Meter weiter, neben der italienischen Eisdiele, wo ich im vorigen

Sommer meine Fünfcentstücke verprasst hatte, stand eine Garage. Dort wartete der dunkelgrüne Chevrolet meines Vaters auf unsere Flucht.

Die Kriegsereignisse wirkten zunächst lähmend auf uns. Feiner hatte sich zu uns gesellt und drängte mit vor Angst erhärteter Stimme zur Flucht. Diskussionen und Auseinandersetzungen über die Chancen und Risiken; Weinen und Migräne, und im Hintergrund entweder nervenzermürbende Nachrichten oder nervenzerreißende Stille. Der Lautsprecher meldete Ausgangsverbot. Die Straße wurde verbotenes Terrain, für die deutschen Juden ebenso wie für ihre Todfeinde, die Deutschen, die sich in diesen Maitagen bereits hier aufhielten. Ein stumpfsinniger, herzloser Befehl. Unsere Pässe waren immerhin seit einem Jahr mit einem großen J gebrandmarkt.

Wir warteten und warteten, gelähmt wie Kaninchen im Scheinwerfer der Gefahr. Fliehen erschien lebensgefährlich. Kindliche Erwartungen über die Uneinnehmbarkeit der Wasserlinie wurden wie beschwörende Formeln laut. Die Tage bis zum 14. Mai waren in einen Schleier von Angst gehüllt. Um ein Uhr mittags zerriss den Schleier peitschendes Knallen von Abwehrgeschützen und schweres Gewittergrollen. Wir rannten die Treppe hinunter in die schützende Obhut des backsteinernen Torbogens. In beiden Ecken zusammengekauert, die Treppenöffnung meidend, warteten wir auf den großen Schlag, während das Abwehrgeschütz immer heftiger feuerte. Meine Phantasie reichte nicht aus, mir die Verstümmelung durch Brand- oder Sprengbomben, geschweige denn den Tod vorzustellen. Nur ein Gedanke flitzte durch mein Hirn: Lasse es kommen, lass es bald vorbei sein.

Dann, nach ein paar schrecklichen Erdstößen. Schutt, Kalk, Steine und Staub; vor allem Staub und Stille. In der Ferne Gewittergeräusche, schreiende Stimmen. Eine alte Nachbarin reglos auf dem Boden. Risse in den Mauern, durch die man hereinsehen kann. Überall Glas, kein Möbelstück mehr an seinem Platz. Der Telefonhörer baumelt aus einem Gemälde. Mein Hund ist verschwunden. Dann plötzlich ein lauter Befehl

Fleischmanns: »Bückt euch! In die Ecke!« Er beugt sich über uns. Stotternde Flugzeugmotoren und scharfes Pfeifen. Abermals Erschütterungen und donnernder Krach, etwas weiter als das erste Mal. Das Haus schlingert wie ein Schiff im Sturm, hält aber stand. Wieder Staub und Trümmer, dann ist es vorbei. Nur in der Ferne ein Tönen wie von einem atonalen Chor. Entsetzt, blass und staubig betrachten wir uns gegenseitig, uns selbst, das zerborstene Haus. Niemand im Torbogen ist ernsthaft verletzt. Die alte Dame erhält eine Pille von ihrer Tochter und kommt wieder zur Besinnung. Der Bombenangriff auf Rotterdam ist vorüber.

Alle gehen auf die Straße hinaus. Bombenkrater, mannstief, unmittelbar vor dem Haus. Mein Hund ist fort. Gibt es dort drüben Verletzte? Was ist passiert? Auf der Straße stehen die Leute gruppenweise im Gespräch. Das Wort »Kapitulation« fällt. Was bedeutet das?

Ein Freund meiner Eltern, der ein paar Straßen weiter wohnte, bot seine Hilfe an. Er, ein Niederländer, Nicht-Jude, und in diesem Moment in unseren Augen allwissend, riet uns, die Flucht über Ijmuiden zu versuchen.

Fast ohne Gepäck, das lederne Toilettenköfferchen – aus unerfindlichen Gründen Ezechiel genannt – vollgestopft mit Papieren und Wertsachen fest in Vaters Hand, schlichen wir uns an den Hauswänden entlang zu den Garagen am anderen Ufer der Schie. Angst vor Bombenkratern und herabfallenden Trümmern, mehr Angst, angehalten zu werden. Durfte man überhaupt auf die Straße, auch wenn das Haus eine Ruine war? Ein gespenstischer halber Kilometer. Quälender Durst.

Die Aufregung und der Schock hinderten Vater daran, das Auto mit gewohntem Schwung aus der Garage zu fahren, doch einmal unterwegs machte seine Nervosität einer eiskalten Ruhe Platz, die sich auch auf uns übertrug. Kein Wort darüber, was wir zurückließen. Es war im selben Augenblick vergessen, obwohl jedes einzelne Möbelstück, mir seit frühester Kindheit vertraut, stets mit übertriebener Sorgfalt gepflegt worden war.

Durch Blijdorp fuhren wir in Richtung Schiebroek. In der Ferne die Zugbrücke, aufgesperrt wie eine Rattenfalle. Kleine

Gruppen von Soldaten. Halt. Die Angst eiskalt im Rücken. Ein Unteroffizier, nicht unfreundlich, steckt den Kopf durchs Fenster und erkennt offenbar die Situation. Meine Mutter ergreift das Wort. Ihr schwerer Akzent und die ausgeprägten Gesichtszüge machen Legitimation und Erklärungen überflüssig. Es täte ihm leid, er könne uns nicht helfen, die Brücke sei durch Schüsse beschädigt, weiterfahren nicht möglich; vielleicht über den Bergweg oder die Maasbrücke?

Zurück, aber nicht an unserem Haus vorbei. Die Angst, erkannt zu werden. Über den Walenburgerweg zum Bergweg. Rennende Menschen, Schüsse, vermutlich ein Gefecht mit deutschen Fallschirmjägern. Heftiges Winken: »Fahrt weiter, Gefahr«. Ein harter Stoß, ein Streifschuss am glänzend polierten Kotflügel. Mir kam es wie ein Verbrechen vor.

Ijmuiden schien unerreichbar. Wohin dann? Nach Zeeland? Mein Vater kannte den Weg zur Maasbrücke. Wie oft hatten wir an Sonntagnachmittagen Cousin und Cousine auf der Insel besucht, wo Mutter meinen Vater und unseren angeheirateten Cousin beim Einstudieren von Verdi-Duetten oder Operetten am Klavier begleitet hatte.

Ich weiß nicht, wie nahe wir an die Maasbrücke herangekommen waren, sie blieb jedoch unerreichbar. Alle Autos, Radfahrer, Fußgänger wurden zurückgeschickt. In der Ferne Marinesoldaten, das Gewehr im Anschlag. Explosionen und Rauch. Angst und Verzweiflung bei uns Autoinsassen. Vater, heiser wie im Lampenfieber vor einem Gesangsvortrag und kreidebleich, riss das Lenkrad herum und versuchte, den Weg in die Van Weelstraat zu finden, wo mein Onkel wohnte.

Wie in einem Fiebertraum sah ich vorbeihuschende Bilder des brennenden Rotterdams. Die Gegend, wo unsere Verwandten wohnten, war nicht getroffen worden. Der Keller im Haus meines Onkels war sogar mit Stützbalken versehen. Seine Umsicht überraschte uns. Es war alles sehr eng, aber einen anderen Zufluchtsort hatten wir nicht. Vater versuchte zu erzählen, brach in Tränen aus und fiel plötzlich in Ohnmacht. Der Anfang vom Ende hatte begonnen.

Heute, mehr als vierzig Jahre später, erscheinen mir die restlichen Frühlingsmonate des Jahres 1940 wie eine unscharfe Dia-Serie. Ich sehe meine Eltern auf der Suche nach einer anderen Unterkunft, in Etagen- oder Kellerwohnungen in Blijdorp – die Freude bei jedem neuen und die Enttäuschung bei jedem gescheiterten Versuch: vermietet oder unbezahlbar. Leere Zimmer, die mit voluminösen Möbeln aus Großvaters Zeiten gefüllt werden müssten. Das möblierte Appartement am Heemraadsingel mit sechs über alle Zimmer verteilten Betten und einem schwer erreichbaren WC, zu dem man mich bei jedem Luftalarm, schwindelig und mit revoltierenden Eingeweiden, fuhren muss. Die Heimkehr in die beschädigte und wieder hergerichtete Wohnung am Schieweg mit den zementierten Rissen und dem Geruch nach frischem Fensterkitt und jungem Bretterholz.

Am Abend unserer Heimkehr füllt der wilde Bariton eines alten Klassenkameraden von Mutter, Pianist und Dirigent, das Haus mit Smetana und Schubert. Zum Glück kann er nicht bei uns übernachten und fährt in seinem dunkelgrünen, uralten kleinen Fiat aus unserem Leben. Wir winken ihm auf dem Gehsteig nach.

In dieser Nacht entlädt sich ein heftiges Gewitter über der Stadt. Ängstlich liege ich in meinem Bett, geweckt vom Donner, mit einer Vorahnung von Unheil. Habe ich das rumpelnde Geräusch von Bombern gehört? Oder war es nur Einbildung? Mit elf Jahren weckt man die Eltern nicht mehr aus Furcht vor einem Gewitter oder vermeintlichen Geräuschen. Mürrische Worte: Es ist zwei Uhr, das ist Einbildung, Unsinn. Ich lasse mich nicht davon abbringen und liege ein wenig später, der Härte der hölzernen Bettkante zum Trotz, zwischen ihnen. Aber die Unruhe bleibt; ich höre noch immer, was es nicht zu hören gibt. Ein krachender Donnerschlag, der keiner war, reißt uns aus den Betten. Herumfliegende Glassplitter und Trümmer, ein Erdbeben, Regen und Sturm im Schlafzimmer. Die Betten zusammengebrochen. Wir flüchten die Innentreppe hinunter. Der harte Bouclé-Läufer voller Schutt und Scherben. Mein Fuß blutet. Unten sieht es aus, als hätte die Zeit seit dem 14. Mai stillgestanden, nur dass es diesmal verirrte englische Bomben gewesen sind. Die folgenden Stunden habe ich vergessen. Am nächsten Morgen habe ich einen verbundenen Fuß und sehe die Eltern im Nachthemd.

Die folgenden Wochen sind unterbelichtet. Wieder dasselbe Appartement am Heemraadsingel, wieder Schwindelanfälle, wieder Flugzeuglärm und Sirenen als Abführmittel. Fleischmann beugt sich über meinen Schulatlas. Wo ist ein sicherer Ort in den Niederlanden? Wo gibt es Wälder, um sich darin zu stecken, wo genügend Menschen, um nicht aufzufallen? Der Juli zieht vorbei wie eine Staubwolke; habe ich Geburtstag gefeiert und hat es die Zeit danach wirklich gegeben?

Dann: ein großes, weißgekalktes Haus an der Loolaan in Apeldoorn, darin eine lange Suite »mit Küchenbenutzung«. Die Vermieterin mehr säuerlich als süß, aber nicht unverschämt, solange sie Geld wittert. Doch sobald sie fürchtet, der Strom könnte versiegen, ändert sich ihr Ton, scheint tiefer aus ihrer Kehle zu kommen, wobei ihre kurzsichtigen Schellfischaugen und ihr wucherndes Zahnfleisch meiner Mutter mehr Angst einjagen als der Wortschwall, den sie nur zur Hälfte versteht. Eine in meinen Augen schon alte, freundliche Frau aus der Nachbarschaft, eine etwas bäuerlich aussehende Witwe mit rotgeäderten Wangen und runden Augen, besucht uns zum Tee. Ihre Blicke und die unserer Wirtin kreuzen sich wie Degen. Dann ändert sich alles überraschend schnell. Die Tochter der Nachbarin, ein großgewachsenes Mädchen von etlichen zwanzig Jahren, von Natur aus oder aus Verlegenheit ständig errötend, dunkelhaarig und rundbrüstig, bekommt Gesangsstunden von meinem Vater. Ein pensionierter Seemann mit Mütze, Bibel und baptistischer Glaubensgesinnung, ein Verwandter oder Freund der Mutter, bietet uns sein soeben fertig gebautes Haus zu einem angemessenen Mietpreis an.

Das tägliche Leben erhält einen Anflug von Normalität. Mit Musik und Textilwaren verdient Vater gerade genug, um unsere größer gewordene Familie über Wasser zu halten. Doch ohne den Verkauf von Schmuckstücken aus besseren Zeiten hätten die mattgekratzten Rosenthalteller und -schüsseln einen tristen Anblick geboten. Der Faden meines unterbrochenen Schulbesuchs wird wieder aufgenommen. Der Bruch nach den Rotterdammer Ereignissen scheint überwunden. Freundlich werde ich vom Lehrer und von den Klassenkameraden aufgenommen und das Pauken für die Aufnahmeprüfung ist eher vergnüglich als bedrückend. Für kurze Zeit koste ich die Jugend aus. Ein zartgliedriges, sommersprossiges Mädchen mit rotbraunem Haar in der Parallelklasse ahnt nicht, dass meine Gedanken um sie kreisen. Mein Barett entlockt ihr und ihren Freundinnen girrendes Gekicher. Zu Hause versuche ich mich vor den ewigen Nachrichtensendungen, vor dem heiseren Gebrüll Hitlers und den anschließenden pessimistischen Kommentaren abzuschotten. Feiners Prophezeiung, der Krieg werde in drei Monaten zu Ende sein, wird nicht nur Lügen gestraft, sondern in verbissenen Diskussionen verhöhnt von den Hausgenossen und den vielen neuen emigrierten Gästen an unserem Tisch. Der ergraute Dr. Abel, Philosoph und Zahnarzt, verarmt, weise und mild, besänftigt die stachelige Atmosphäre, geht mit mir spazieren und erzählt mir vom sich ausdehnenden Weltall.

Mutter arbeitet sich die Hände rot und hört zuweilen mit seitlich geneigtem Kopf und gelassenem Lächeln zu, die ergrauenden Haarsträhnen mit dem Handgelenk aus der Stirn streichend. Oft zieht Vater sich schon um neun Uhr ins Schlafzimmer zurück, müde, den Spannungen nicht mehr gewachsen.

Ein Maimorgen 1941, einfarbig blauer Himmel, glänzender Tau auf den Sträuchern; ich bin unterwegs zu dem strengen Gebäude aus der Zeit von Thorbecke, in dem sich die Königliche Höhere Bürgerschule befindet, um mich gemeinsam mit anderen Altersgenossen der Aufnahmeprüfung zu unterziehen. Die Fassade des Hauses wirkt keineswegs freundlich, und der ältere grauhaarige Mann mit den forschenden Augen und knarrenden Schuhen, der uns in einem schäbigen Klassenzimmer mit hölzernem Fußboden, zerkratzten Schulbänken und einem schwarzen Kanonenofen empfängt, flößt uns Kindern Furcht und Respekt ein. Nach der relativen Geborgenheit der Grundschule spüren wir den Ernst der »Gesellschaft« und begreifen, dass von dieser Prüfung viel abhängt. Über unsere Aufgaben gebeugt, die immer länger und schwieriger sind als erwartet, hören wir Stunde um Stunde vor, neben oder hinter uns die gleichmäßig knarrenden Schritte von Dr. Logemann. Ab und zu wird es still. Dann schaut er einem von uns über die Schulter, sagt aber kein Wort und verrät mit keiner Geste, ob man den richtigen oder falschen Weg zur Lösung eingeschlagen hat. An Reden oder Vorsagen wagt keiner auch nur zu denken.

Wenn mein Gedächtnis mich nicht täuscht, dauerte die Prüfung zwei Tage. Trotz den Kriegsverhältnissen, den beklemmenden Gerüchten über Razzien und den Spannungen in unserem überbevölkerten Haus warteten meine Eltern, unsere Hausgenossen und ich auf den schriftlichen Bescheid, als wäre er das wichtigste Dokument. Solche relativ unbedeutenden Dinge rückten hin und wieder die große Bedrohung in den Hintergrund. Man ließ uns nicht lange im Ungewissen. Offensichtlich hatte ich zwar die Aufnahmeprüfung bestanden, aber, so etwa lautete das Schreiben des Herrn Direktors Dr. Logemann, meine Zulassung sei nicht möglich aufgrund einer Verordnung der Besatzungsmacht, der zufolge jüdische Kinder nicht am Unterricht in nichtjüdischen Institutionen teilnehmen dürften.

In einer solchen Situation kann man auf unterschiedliche Art reagieren. Vater entschied sich für aktives Vorgehen und bat um eine Unterredung mit Dr. Logemann, der uns zu einem Gespräch bei sich zu Hause einlud. Während der unbehaglichen Teevisite gab er zu verstehen, dass er bereits Schritte unternommen habe, um mich durch einen jüdischen Kollegen, Dr. Wijler, in den geisteswissenschaftlichen Fächern unterrichten zu lassen. Er selbst werde einspringen, sollten sich Probleme mit den naturwissenschaftlichen Fächern ergeben.

Die politische Bedrohung wurde im Laufe des Jahres 1941 zunehmend stärker. Im Familien- und Freundeskreis wuchs die Angst vor der Zukunft und der Deportation. Die wöchentlichen Unterrichtsstunden bedeuteten für mich keine Last, sondern ein befreites Aufatmen; ein verzauberter Garten, zu dem die Angst keinen Zutritt hatte.

Die Ordnung wurde jäh gestört durch den selbstgewählten Tod von Dr. Wijler. Die Worte einer Nachbarin und Gesprächsfetzen aus der halbgeöffneten Tür seines Wohnhauses betäubten mich vor Schmerz. Für Dr. Logemann muss das Ereignis ebenso erschütternd gewesen sein wie für uns. Er empfing mich auch nachher noch bei sich zu Hause, obwohl das nicht ohne Gefahr für ihn war.

Die Festnahmen und Deportationen in den Niederlanden nahmen im Frühling und Sommer 1942 zu. In Apeldoorn waren schon mehrere Familien davon betroffen. Am 2. Oktober 1942, nicht später als fünf Uhr nachmittags, zu einer Stunde, in der man glaubt: Heute kommen sie nicht mehr ...

Bis zur nächsten Deportation wurden Dutzende von jüdischen Familien, darunter auch die unsere, in die Zellen des Polizeipräsidiums von Apeldoorn eingeschlossen. Das Gefühl von Überrumpelung und Niedergeschlagenheit, das den Menschen unter diesen Umständen überfällt, lässt sich nicht beschreiben. Obwohl wir dort mit vielen Leuten zusammen waren, verhielten wir uns still. Ich hörte eine Tür öffnen und wieder schließen. Schritte kamen auf uns zu. Stiefel, aber auch andere, knarrende Schuhe. Dr. Logemann stand vor unserer Zellentür. Älter, milder geworden, mit Mühe die Tränen zurückhaltend. In seiner Hand ein Mathematikbuch: »Nimm das mit, vielleicht kannst du dort etwas damit anfangen. Ich wollte dir nur eine gute Reise wünschen.«

Streifen am Himmel

Eli, Eli, lama asabthani

Mein Gott, mein Gott, warum hast du mich
verlassen!

Prolog

Aus der Erinnerung steigen unterbelichtete Bilder, abwechselnd mit grellen, überbelichteten Szenen, eingeätzt in meine Netzhaut. Manchmal, wenn auch lückenhaft, gelingt es, diese Filmblitze zu erkennen und zu ordnen. Die Gefühle von damals, Angst und Verzweiflung, Ohnmacht und Wut, Schmerz und Kummer liegen tief verborgen, Lava in einem scheinbar toten Vulkan.

Die Erzählungen einstiger Mithäftlinge, Bücher, ein Foto, eine Assoziation beschwören die Bilder herauf, von versengenden Emotionen begleitet.

Im Herbst 1981 erschienen zwei solcher Bücher: ›The Terrible Secret‹ von Walter Laqueur und ›Auschwitz and the Allies‹ von Martin Gilbert. Der jeweilige Untertitel schließt jedes Missverständnis über den Inhalt aus: Die Unterdrückung der Nachrichten über Hitlers ›Endlösung‹ und ›How the Allies responded to the news of Hitler's Final Solution‹. Zwei nüchterne und ernüchternde Bücher über den Mord, das Wissen über den Mord und die Reaktionen der Welt auf die Ermordung von sechs Millionen Juden zwischen 1939 und 1945.

Ich sah uns wieder, grau vor Erschöpfung, in Fünferreihen. Mit geschwollenen Knöcheln, schwindelndem Kopf, hohlem Magen. Zusammen mit den russischen Gefangenen standen wir dort auf dem Appellplatz. Die späte Nachmittagssonne der ersten Augusttage 1944 spiegelte sich auf geschorenen Schädeln. Wir zählen ab: einmal, zweimal, zehnmal. Wir werden gezählt. Emil, der polnische Blockälteste, stößt die Reihen zurecht, zählt mit, nervös, heiser. Der Blockführer zählt, schlägt mit dem Spazierstock* auf die Köpfe der ersten und letzten Reihe. Wir wagen nicht, den Platz zu tauschen. Der Durst übersteigt den Hunger. Die Suppe können wir vergessen. Irgendetwas ist passiert, denn die Sirenen haben geheult. Durch den stinkenden Rauchschleier des Krematoriums III sehen wir den blauen Himmel; wir taumeln, manche fallen in Ohnmacht. Die Kameraden zu stützen, raubt uns die letzten Kräfte. Emil dirigiert die Kranken in die hinterste Reihe und wird von einem SS-Mann angebrüllt. In der Ferne hören wir Donnergrollen wie von Gewitter. Unsere Blicke treffen sich: russische Artillerie in den Beskiden? Sie müssen in der Nähe sein; das Flugzeugkommando** hat doch erfreuliche Nachrichten gemeldet?

Das heisere Gebrüll der Kapos und SS-Leute wird von dem rhythmischen Summen in der Luft übertönt und plötzlich sehen wir alle die weißen Schafwollfaden, die von kaum erkennbaren Metallstückchen über das helle Blau des Himmels gezogen werden. Hunderte von Augenpaaren folgen den Fäden, bis die SS-Männer, mit quadratisch aufgerissenen Mäulern schreiend und Schläge austeilend, abermals abzählen lassen.

* Die Kapos benutzten Spazierstöcke aus dem Besitz der Deportierten.

** Flugzeugkommando: Russische Kriegsgefangene, die auf einer Außenstelle Apparate aus abgestürzten Flugzeugen ausbauten und einmal sogar die Bestandteile eines Radios ins Lager schmuggelten.«

Dort oben tobt das Scheingewitter, das uns die Kraft schenkt, auf den Füßen zu bleiben, und das ein kaum merkbares Lächeln auf unsere Gesichter zeichnet. Der Appell endet in der Nacht, nachdem die Sirenen nochmals geheult haben. Von den fünf geflohenen Häftlingen sind drei lebend aufgegriffen worden: Piechowiak, Wagschal und Kenner. Blutverschmiert und geschunden werden sie zurückgebracht in unser Lager, das Männerlager Birkenau II D.

Als wir am Abend des 8. August in Fünferreihen, die Kranken stützend oder tragend, schmutzig und erschöpft durch das Tor der befreienden Arbeit getrieben werden, sehen wir zwei der Geflohenen hängen. Singend, den Tod im Herzen, von Orchestertönen begleitet, marschieren wir mit nach innen gekehrtem Blick an den beiden Galgen vorbei. Ein Tod, wahrscheinlich sanfter als der, der Piechowiak in der Strafkompanie erwartet.

Am selben Abend wieder die Wollfäden am Himmel. Hatte man uns vergessen dort draußen, dort droben? Waren die Ölraffinerien von Blechhammer und Trzebinia von größerer Bedeutung als wir und unsere Verbrennungsöfen? Im folgenden Monat brannten sie nicht mehr Tag und Nacht. Die Juden aus Ungarn hatten das Leiden auf Erden fast hinter sich. Aus Westerbork kam der letzte Transport: 1019 Menschen, von denen 470 nicht sofort den Flammen zum Opfer fielen. Unter ihnen Anne Frank, damals noch ein unbekanntes Mädchen im Ozean des Todes.

Zu der Zeit wusste ich kaum, was geschah. Ein Vorhang hatte sich vor mein Wahrnehmungsvermögen gesenkt. Ich registrierte das grauenhafte Geschehen, ohne es zu Kopf und Herz durchzulassen.

Jetzt, nach fast vierzig Jahren, fällt dann und wann ein Archivblatt aus dem Panzerschrank meines versunkenen Gedächtnisses.

Den Bombenangriff auf Monowitz, den Gilbert beschreibt, haben meine Kameraden vom Rollwagenkommando und ich laut und deutlich gehört. Am 13. September 1944 dachten wir einen

Augenblick an Befreiung. Einen Augenblick lang wussten wir hinter unseren glasigen Hirnfassaden, dass es ein »Draußen« gibt und dass Auschwitz nicht auf einem anderen Planeten liegt.

Den ganzen Morgen lang hatten wir keuchend, von Flüchen und Schlägen gescheucht, Holz und Asphaltpappe ins Mexikolager transportiert. Wo wir es abgeladen haben, weiß ich nicht mehr, aber weit von der Rampe, dem Umsteigeplatz zur Ewigkeit, wird es nicht gewesen sein. Der SS-Mann verschwand, vermutlich in einem Schutzraum, und wir standen da, als warteten wir auf einen warmen Sommerregen.

Der Bombenangriff auf die I.G. Farben kann nicht lange gedauert haben. Um uns herum Sturm, Staub und Getöse. Keine Angst. So müssen Bauern fühlen, wenn auf ihr Flehen plötzlich Regen fällt. Die wenigen Bomben auf Birkenau gaukelten uns einen Moment lang vor, die Krematorien seien getroffen, aber das war blitzartig vorbei. Was von diesem Wunschtraum übrigblieb, war Enttäuschung, staubverklebte Augen und ein handgroßer »Granaten- oder Bombensplitter, den Jiri D. aufgehoben hatte. ›Gejts mit Gott, abber gejt's‹, schrie der Kapo und der überfrachtete Wagen, mit uns als Karrenhunden davor, setzte sich langsam in Bewegung.

Die Frage, ob man uns da draußen und da oben vergessen hatte, brannte vielen von uns lange auf der Zunge. Warum diese Frage erst seit wenigen Jahren wirklich ausgesprochen wird und auch heute noch nicht beantwortet ist, lässt sich nur vermuten.

Der plausibelste Grund ist sicher in den Archivgesetzen der betreffenden Länder zu suchen. Englische und amerikanische Archive geben erst seit kurzem Bruchstücke der jüngsten Geschichte preis. Die Historiker Laqueur und Gilbert haben aufgrund ihrer früheren und derzeitigen Arbeiten die besten Voraussetzungen für die Spurensuche. Laqueur als Direktor des ›Institute of Contemporary History‹, auch bekannt als ›Wiener Library‹ in London, jenes Institutes, das während des Zweiten Weltkriegs für die British Intelligence eine der wichtigsten Informationsquellen über Deutschland war, und Gilbert als offizieller Biograph von Winston Churchill, mit Zugang zu Geheimakten, von denen kein Laie zu träumen gewagt hatte, dass sie für die Nachwelt erhalten bleiben würden.

Ein anderer Grund für das lange Schweigen über »die grauenhaften Ereignisse« erinnert mich an die Sphinx und Ödipus: Die richtige Antwort auf das Rätsel stürzt sie von ihrem Sockel. Das Rätsel ist gelöst, aber der Preis ist bitter und das Ende ohne Illusionen.

Auch wir kennen jetzt die Antwort auf unsere Frage und auch für uns ist der Preis bitter. Die wenigen Illusionen, die wir bewahrt hatten, wurden zunichte gemacht.

Es sind dieselben Fragen, die Laqueur und Gilbert quälen, doch bereits aus dem Untertitel ihrer Bücher geht hervor, dass der jüngere, 1936 geborene Gilbert mehr ertragen kann (oder konnte) als der um fünfzehn Jahre ältere Laqueur. Der Untertitel von Laqueurs Buch: Die Unterdrückung der Nachrichten über Hitlers Endlösung offenbart gewissermaßen auch die Verdrängungsarbeit des Autors. Seine Geschichte endet im Dezember 1942 und er begründet diesen Zeitpunkt mit dem Argument, dass »die Mehrheit der Juden in Osteuropa wie auch Millionen Deutsche und viele Einwohner in den von den Nationalsozialisten besetzten Gebieten schon damals von der Massenvernichtung wussten«. Außerdem vermeidet er geflissentlich die Frage, was diese Menschen mit ihrem grauenhaften Wissen anfingen.

Ich kann mir nur zu gut vorstellen, dass ein Mann wie Laqueur, 1921 zur Zeit der Weimarer Republik geboren, dessen Jugend durch die Nationalsozialisten zerstört wurde und der ihnen nur knapp entkam, eine solche Rationalisierung und Verdrängung braucht. Dennoch kann man das Datum des Dezember 1942 nur schwer akzeptieren. Keiner meiner Mithäftlinge noch ich selbst wussten von dem Fegefeuer von Birkenau, bevor wir durch das Haupttor getreten waren. Erst nachdem Vrba und Wetzler im April und später Rosin und Mordowicz im Mai 1944 die Flucht lebend überstanden hatten und erst als ihre Berichte den Alliierten vorlagen, konnte niemand, weder aus den

Kreisen der Regierung und des Militärs, noch irgendein lesender oder hörender Bürger mehr mit gutem Gewissen behaupten: »Wir haben nichts gewusst.«

Martin Gilbert hat seinem Buch den Untertitel gegeben: How the Allies responded to the news of Hitler's Final Solution, und eine jener »responses«, nämlich die des englischen Diplomaten A. R. Dew, der auf dem Weg zur Konferenz von Jalta verunglückte, lautete am 7. September 1944: »Meiner Meinung nach wird hier im Amt unverhältnismäßig viel Zeit für die Beschäftigung mit diesen jammernden Juden vergeudet.«

Die Arbeiten von Laqueur und Gilbert scheinen sich auf den ersten Blick in einigen Bereichen zu überschneiden, doch durch die Fragen, die sie stellen, ergänzen ihre Untersuchungen einander.

»Mit diesem Buch«, schreibt Laqueur, »versuche ich, eine Antwort auf die folgenden Fragen zu finden: – Wann erfuhren Juden und Nichtjuden zum ersten Mal von der ›Endlösung‹? – Über welche Kanäle wurden die Berichte verbreitet? – Wie war die Reaktion derer, die davon hörten?«

Er stellt sich dabei unter anderem die Aufgabe, nachzuweisen, dass ein großer Teil der Bevölkerung in Deutschland, der Geheimhaltung und den verstümmelten Informationen zum Trotz, durchaus wissen konnte und sogar tatsächlich wusste, dass Massaker bereits in den ersten Kriegsjahren stattfanden. Dabei drängt sich die Frage nach der Bedeutung von »Wissen« und »Glauben« auf, mit anderen Worten, inwieweit die grauenhaften Nachrichten in Deutschland selbst und in der übrigen Welt Glauben fanden.

Vor allem die übrige Welt sei in der Lage gewesen, so viel zu tun, und habe dennoch so viel unterlassen, das zum Überleben der europäischen Juden hätte beitragen können.

Bei der Lektüre von Laqueurs Buch überkam mich manchmal das Gefühl, sein eigenes Bedürfnis, den grauenhaftesten Teil des Geheimnisses, die Massenvernichtung, zu verdrängen, habe ihn zu einer milderen Analyse bewogen, als ich selbst und andere für gerechtfertigt halten.

Nach Angaben der SS waren vor Ende 1942 2 500 000 Juden deportiert und umgekommen. Die meisten Opfer waren aus Polen, Russland und den baltischen Ländern verschleppt und von Einsatzgruppen ermordet worden.

In den Vernichtungslagern Chelmno, Belzec, Majdanek, Sobibor und Treblinka rauchten die Verbrennungsöfen unaufhörlich. Über 200 000 Juden aus Deutschland und den besetzten Gebieten waren deportiert, und weit über 2 000 000 polnische und russische Juden waren umgebracht worden.

Trotz der Tarnsprache der Nationalsozialisten und trotz Zensur von Radio, Presse und Post, trotz abgefangener Kuriere und Telegramme wussten unzählige Menschen von den Gräueltaten im Osten. Von Tausenden wurden über viele Kanäle die meist mündlichen Berichte weitergegeben. Familienmitglieder der Wehrmacht und der SS wussten aus Erzählungen und Briefen von Ehemann, Sohn und Bruder oft besser Bescheid, als sie nach dem Krieg jemals zuzugeben wagten.

Aber auch Geistliche, Widerstandskämpfer, Schmuggler und Bahnbeamte gaben Berichte aus »erster oder zweiter Hand in den Westen weiter oder verbreiteten die Schreckensnachrichten in den damals noch vorhandenen Gettos in Polen. Mit Archivmaterial aus England, aus den Vereinigten Staaten, Deutschland und Israel, aber auch durch Gespräche mit zahllosen Überlebenden gelingt es Laqueur, das Netzwerk von Informationskanälen zu rekonstruieren und überzeugend darzulegen, dass der Prozess der Endlösung schon Ende 1942 im Wesentlichen hätte bekannt sein müssen.

Aber waren die Tatsachen auch wirklich bekannt, oder besser: Wurde den Tatsachen in den politischen Kreisen der Alliierten auch Glauben geschenkt? Laqueur liefert den Beweis für die psychische Abwehrhaltung, die selbst Felix Frankfurter, ein prominenter amerikanischer Jurist und Richter am Obersten Gerichtshof, einnahm: Als Jan Karski, ein polnischer Offizier und Kurier von den Massenmorden in Europa berichtete, bekam er zu hören, Frankfurter sehe sich außerstande, das zu glauben.

Vor Ende 1942 war kaum jemand im Westen über den vollen Umfang der Tragödie unterrichtet. Unter den wenigen waren die geflohenen polnisch-jüdischen Parlamentarier Zygielbojm und Schwarzbart, die in London die begründete Befürchtung äußerten, die Massaker des Jahres 1942 seien erst »der Anfang der Katastrophe.« Sie mobilisierten die englische Presse und einen kleinen Teil der öffentlichen Meinung.

Von Verzweiflung übermannt, in dem Gefühl, die Welt lasse die Juden untergehen, ohne einen Finger zu rühren, nahm Zygielbojm sich im Mai 1943 das Leben, nachdem die SS den Aufstand im Warschauer Getto in Blut und Asche erstickt hatte. Sein bewegender Abschiedsbrief erschien in der Presse, löste aber nur zurückhaltende Reaktionen aus.

Die Katastrophenmeldungen aus dem Osten wurden überwiegend von Gerhard Riegner, einem jungen deutsch-jüdischen Juristen aus Berlin, und von seinem um dreißig Jahre älteren Kollegen Richard Lichtheim durchgegeben, beide Vertreter der Jewish Agency in Genf. Über Informanten, zu denen ebenso Industrielle und Journalisten wie Kuriere und Schmuggler zählten, liefen bei ihnen die Schreckensmeldungen ein, die sie weiterzuleiten suchten zu Staatsoberhäuptern und Ministern, oft mit Hilfe von Vermittlern wie dem Oberrabbiner Stephen Wise oder Richter Frankfurter. Ihre Aufgabe muss eine entsetzliche Last gewesen sein, denn in Whitehall und im Weißen Haus waren die Herzen und Ohren aus Granit.

Natürlich war die Botschaft unerträglich und deshalb unglaubwürdig; aber war das der einzige Grund für die Kleingläubigkeit, die Abwehr und den Skeptizismus von Roosevelt, Eden und ihren Beamten und Diplomaten?

Laqueur gibt sich in seiner Analyse milder und toleranter als Gilbert und Wasserstein, aber sein Langmut geht mir denn doch zu weit. Dass die Regierungskreise und die Medien in England und in den Vereinigten Staaten in den ersten Kriegsjahren auf die blutigen Nachrichten mit einer gewissen Zurückhaltung reagierten, ist nicht unverständlich. Das Argument von der schwierigen Verifizierbarkeit und den mangelhaft arbeitenden

Nachrichtendiensten ist möglicherweise stichhaltig, obwohl abzuwarten ist, was aus den bislang verschlossenen Archiven der Alliierten zutage treten wird. Aber das damit verbundene Argument, die Alliierten hätten nicht in den Fehler der Gräuelpropaganda verfallen wollen wie im Ersten Weltkrieg, als außer den Sensationsblättern auch Schriftsteller wie Arnold Toynbee und John Buchan über die Barbarei der Deutschen während des Einfalls in Belgien im August 1914 schrieben, scheint mir weit hergeholt. Wird die Naivität der Alliierten auf diese Weise nicht allzu leicht entschuldigt?

Ganz abgesehen von der Invasion im Jahre 1914 in Belgien, die vielleicht nicht ganz so barbarisch war wie die englische Sensationspresse damals behauptete, war die Periode, die Laqueur beschreibt, »quite a different cup of blood«.

In Whitehall und Washington kannte man ja die Pläne der Nationalsozialisten: Mein Kampf war seit fünfzehn Jahren auf dem Markt, die Gespräche mit Hitler seit zehn Jahren. Der Einfall in die Tschechoslowakei und Polen, die Kristallnacht und die Euthanasie-Aktion waren noch frisch in Erinnerung. Die Konzentrationslager im Reich waren bereits berüchtigt, die Totenkopfdivision von Eicke und die Einsatzgruppen hatten schon rund zwei Millionen Morde auf dem Gewissen.

Es hat wenig Sinn, diese Liste mit Dutzenden von Angaben zu verlängern. Einem sachlich denkenden, informierten Bürger hätte dies genügen müssen, um die Berichte über die Massenmorde in Polen glaubhaft erscheinen zu lassen, ohne den Nebengedanken an Gräuelpropaganda. Und für Regierungen mit gutgeschulten Diplomaten und Geheimdiensten? War es Naivität oder vorgeschützte Angst, die Bürger könnten die Berichte mit Gräuelpropaganda verwechseln? War es lediglich Gleichgültigkeit gegenüber dem Schicksal von Millionen oder fällt die Erklärung weitaus zynischer – und realistischer – aus?

Laqueurs Analyse ist beängstigend genug, erweckt in mir aber den Verdacht er schrecke vor der letzten Konsequenz zurück. Er schreibt: »Auch als man in London und Washington eingesehen hatte, dass die Angaben über die Massenmorde stimmten, sorgten die Regierungen Großbritanniens und der Vereinigten Staaten dafür, dass ihnen nicht zu viel Publizität gegeben wurde.« Warum diese Besorgtheit über zu großes Aufsehen? Bei den Juden in diesen Ländern ist die Furcht, als Panikmacher angesehen zu werden, durchaus begreiflich. Doch bei den nichtjüdischen Alliierten? Es sind genau diese Fragen, die uns heute noch genauso heftig schmerzen wie damals.

Ich weiß nicht, ob Gilberts Buch bislang viele Leser gefunden hat. Für mich hat es viele quälende Fragen beantwortet. Die Sphinx ist gestürzt und alle Illusionen sind zerstört. Die Buchseiten stapelten sich wie Bleigewichte auf meinem Geist. Was muss Gilbert beim Schreiben dieser dreihundertfünfzig Seiten empfunden haben? Mit erschreckender Präzision zählt er in chronologischer Reihenfolge die Ereignisse, die Besprechungen, Aufzeichnungen und Memoranden der Alliierten auf, die sich auf den Verlauf der Endlösung von Mai 1942 bis Mai 1945 beziehen.

Politischer Zynismus, Opportunismus, Trägheit, Gleichgültigkeit, Hass und Naivität stehen gegenüber der Verzweiflung und dem Untergang der Verfolgten und ihrer Verwandten, Gefährten und Freunde.

Die wenigen Gerechten in Amts- und Regierungsfunktionen wurden daran gehindert, mehr zu tun, als in strategischen und politischen Begriffen zu denken. Gilbert gibt nicht nur die katastrophalen Berichte wieder, sondern zeigt auch, wie Schritt für Schritt, mit jedem Bericht, die Namen der Vernichtungslager zum lähmenden Alptraum wurden.

Es dauerte bis 1942, bevor die Alliierten sich in mühsam errungener Übereinkunft zu einer Erklärung bereitfanden, in der sie Deutschland wegen seiner Ausrottungspolitik verurteilten und in der von Vergeltung und Strafe die Rede ist. Auschwitz wird in dieser Erklärung noch nicht genannt. Es ist bloß ein Name auf der Karte, wenn auch auf einer strategischen Karte.

Die Erklärung, mit großer Mühe zustande gekommen, hat keinen Einfluss auf die Vernichtungspolitik. Wie auch der Krieg verläuft, die endlos langen Viehwaggonzüge rollen unaufhaltsam weiter zu den Gaskammern in Polen.

In den Jahren 1942–1943 ist die Flucht aus Bulgarien und Rumänien offenbar noch möglich. Aber der Transit durch die Türkei und die Zulassung im damaligen Palästina sind Barrieren aus Granit. Kolonialminister Lord Moyne und Kriegsminister Oliver Stanley im britischen Kriegskabinett lassen nicht einmal die niedrigen Einwandererquoten zu, die im White Paper von 1939 für jedes Jahr festgelegt waren.

Trotz Fürsprache, politischem Druck, ja, sogar entgegen den flehentlichen Bitten von Chaim Weizman, Moshe Shertok und vielen anderen, blieben die lebensrettenden Tore geschlossen, außer für einige hundert Kinder, und auch das erst nach dem Eingreifen von Winston Churchill. Unterdessen waren die verrosteten Transportschiffe mit Hunderten von Flüchtlingen an Bord zurückgeschickt worden oder im Schwarzen Meer gesunken. Die Türkei und Großbritannien blieben unerbittlich. Die Politik im Mittleren Osten schien sichergestellt und Hadschi Amin el Husseini, Großmufti von Jerusalem, Freund und Vertrauter von Hitler, Himmler und Eichmann, war zufrieden.

Aber auch im Westen waren alle Tore zu. Amerika und England riegelten ihre Küsten nahezu hermetisch ab vor den jüdischen Flüchtlingen, die Schweiz nahm nur wenige Prominente und Kinder auf, zwischen 1933 und 1945 insgesamt fünftausend Seelen.

Vichy sah ebenfalls nicht nur zu, sondern trieb systematisch über Drancy die Juden in den Tod, zuerst die Emigranten, dann auch die Juden mit französischem Pass. Ein paar Tausend flohen über die Grenze in die von Italien besetzten Gebiete um Grenoble und Nizza. Und die Italiener sahen weg, halfen manchmal sogar tatkräftig. Die Absurdität der Geschichte!

1944 dringen nach und nach Gerüchte über das am besten gehütete Geheimnis des Zweiten Weltkriegs in die Öffentlichkeit. Trotz der zur Beruhigung der Angehörigen verschickten Postkarten aus Auschwitz mit Poststempeln von nichtexistierenden waldreichen Erholungsgebieten und einem Datum, an dem wir, wie wir heute wissen, ablesen können, dass der Absender eine Woche zuvor ums Leben gekommen war, ist einigen Slowaken klargeworden, was Auschwitz-Birkenau bedeutet. Doch die Berichte aus der Slowakei und Ungarn werden im Westen immer noch als Horrorgeschichten abgetan.

Erst im April 1944, als Rudolf Vrba und drei Kameraden die Flucht gelungen war und aufgrund ihres mit großer Genauigkeit zusammengestellten Rapports über das fabrikmäßige Morden in Birkenau, geraten die Teilchen des Puzzles allmählich an ihren Platz. Überprüfungen und Nachprüfungen, Verhöre und Kreuzverhöre gehen der Verschickung des Rapports voraus. Die Bedenken der Partisanen und Juden, sie könnten in der Schweiz, in England und in den Vereinigten Staaten auf Ungläubigkeit stoßen, sind geradezu tragikomisch.

Es dauert noch über drei Monate, bis die Schreckensbotschaften in den Hauptstädten der Alliierten eintreffen, und unterdessen verschlingen die Krematorien und Verbrennungsgruben täglich zehn- bis zwanzigtausend Unschuldige. Höchste Eile ist geboten. Hunderttausende Juden in Ungarn könnten noch gerettet werden, Tausende aus den anderen deutschen Besatzungsgebieten. Shertok und Weizmann bitten den britischen Außenminister Eden im Namen der Jewish Agency, die Bahngeleise nach Auschwitz und die Krematorien und Gaskammern bombardieren zu lassen.

John Pehle, Direktor des War Refugee Board (Kriegsflüchtlingskomitees) in den Vereinigten Staaten geht als Vermittler zu John J. McCloy, dem stellvertretenden Kriegsminister, der nach 1945 als Hoher Kommissar der Vereinigten Staaten in Deutschland Albert Speer und dessen Familie in Schutz nahm und zum Tode verurteilte Kriegsverbrecher wie die Einsatzgruppenkommandanten Jost und Blum begnadigte. Pehle fordert, amerikanische Bomber auf diese Ziele einzusetzen.

Ähnliche Bitten kommen aus der Schweiz, aus Polen, aus Ungarn.

McCloy in Washington und Lord Sinclair in London reagieren zögernd und ausweichend. Ihre Argumente lauteten:

— die Situation müsse untersucht werden;
— die Bombardierung von Eisenbahnknotenpunkten sei nicht zweckmäßig, da diese rasch ausgebessert werden könnten;
— die Flugstrecken seien zu lang, es könne nicht aufgetankt werden;
— die Flugstrecken seien zu lang, das Risiko sei zu groß. Bombenangriffe auf die Krematorien in Auschwitz seien nicht möglich:
— wegen der Flugabwehr müsse zu niedrig geflogen werden;
— es könnten dabei zu viele Häftlinge getötet werden;
— die Ziele seien wegen der Rauchwolken nicht deutlich erkennbar;
— vorherige Aufklärungsflüge seien nicht möglich;
— wegen der Kriegsführung im Westen stünden keine Flugzeuge zur Verfügung;
— es gäbe zu wenig Freiwillige für solche Einsätze; schließlich:
— gezielte Angriffe wie hier erforderlich lägen nicht im Rahmen der technischen Möglichkeiten.

Gilbert, aber auch Lichtenstein, Wyman und Offiziere der amerikanischen Luftstreitkräfte, die 1944 Auschwitz überflogen haben, entkräften diese Argumente der Reihe nach mit unwiderlegbaren Beweisen.

Hier ist nicht der Ort, im Einzelnen darauf einzugehen. Nur die zwei eklatantesten will ich hervorheben für alle, die wie ich damals im August 1944 die weißen Streifen der Hoffnung sahen und den Donner der Freiheit in der Ferne hörten.

Gilbert entdeckte in den Archiven des Foreign Office und in den Luftwaffenarchiven der Vereinigten Staaten und Großbritanniens Luftaufnahmen, die vor und nach den Bombenangriffen auf die Ölraffinerien und Fabriken von Monowitz, Blechhammer und Trzebinia gemacht worden waren.

Präzise Fotos, datiert von Mai bis September 1944, von Auschwitz-Birkenau mit seinen rauchenden Krematorien und Menschenschlangen, die auf den Tod warteten. Für die damalige Zeit in hervorragender Qualität. Nur: niemand schenkte diesen Schlangen Aufmerksamkeit, niemand beachtete die Krematorien.

Wer flog die Bomber und woher kamen sie? Die Antwort ist zu einfach, denn sie straft die Argumente Lügen mit einer Leichtigkeit, dass sie sogar heute noch ein Schlag ins Gesicht ist. Um die deutsche Treibstoffversorgung zu unterbinden, hatten die Amerikaner bereits 1943 den Plan »Operation Pointblank« vorbereitet. Im April 1944 entstand über der Region von Auschwitz die erste Serie von Aufklärungsfotos, die außer den Industrieanlagen auch das Lager deutlich zeigten. Nach der Invasion in Italien verfügten die Alliierten über den Flugplatz in Foggia, von dem aus sie mühelos über Poltava – hinter den russischen Linien – die Produktionsanlagen bei Auschwitz anfliegen konnten, und von dem aus sie auch während der »Operation Frantic« Anfang August 1944 den Widerstandstruppen in Warschau Hilfe leisteten.

Die Verluste an Menschen und Material waren relativ gering. Die Bombenangriffe erfolgreich.

Die verirrten Bomben auf Birkenau waren nichts als ein technischer Schönheitsfehler gewesen. Beim Versuch, der deutschen Luftabwehr zu entkommen, hatte sich ein alliierter Pilot seiner Bombenlast entledigt.

Nachschrift

Das Gefühl, dass die Welt mehr oder minder diskret wegschaut oder ungerührt zusieht, wie Hunderttausende systematisch getötet werden, während man selber weiß, dass jeder Tag, den man erlebt, ein böser Witz des Zufalls ist, dieses Gefühl lässt sich nicht in Worte fassen.

Zähneknirschende Wut schlägt um in Resignation und Gleichgültigkeit, doch wenn man der Hölle lebend entkommen ist, blickt man erschüttert und ohne zu begreifen, zynisch oder apathisch oder ohnmächtig zurück.

Es ist schwer, eine Haltung einzunehmen den Menschen gegenüber, denen man nach solchen Katastrophen begegnet. Wo haben sie damals gestanden? Haben sie weggeschaut oder zugesehen? Haben sie mitgemacht oder haben sie Widerstand geleistet?

Die Fragen bleiben in der Kehle stecken. Das Misstrauen und Verdrängen bleibt, vor allem das Verdrängen.

Abstand gewinnen, Objektivieren kann helfen, kann die Wunden kühlen. Deshalb diese spekulative Nachschrift ohne wissenschaftliche Prätention.

Warum haben in den Ländern der Achsenmächte so viele geschwiegen, so viele auch in den Ländern der Alliierten und in den besetzten Gebieten?

Vor allem für Deutschland scheint die Erklärung einfach: Die Angst, als Strafe für Wissen oder Sprechen selbst dem Terror zum Opfer zu fallen, war begründet. Doch diese Angst war in anderen Ländern fehl am Platze. Auch bei den Opfern, den Juden und Zigeunern.

Laqueur und Gilbert weisen deutlich nach, dass viel mehr über die Nazigräuel bekannt war, als angenommen wurde, auch bei der »einfachen« Bevölkerung. Warum also das Schweigen?

Worte wie: Sadismus, Feigheit, Gleichgültigkeit und Opportunismus reichen nicht aus, obwohl man sie nicht ohne weiteres außer Acht lassen kann. Ein stärkeres Argument ist die Erklärung, dass Menschen mit einem Gefühlsleben, das nicht völlig abgestorben ist, solche Berichte nicht an sich heranlassen können, ohne an Leib und Seele Schaden zu nehmen.

Nur wenige können sich eine Welt vorstellen, in der alte Menschen, Kranke, Kinder und schwangere Frauen wie unnützer Abfall beseitigt werden, in der die Würde des Menschen mit Füßen getreten wird, in der ein Mensch nur noch ein von Ungeziefer befallenes Tier ist, solange brauchbar, wie sein Muskelgewebe nicht völlig aufgezehrt ist.

Berichte über eine solche Welt können nicht wahr sein, denn sie stellen alle Werte in Frage, die wir kennen.

Sogar Neuankömmlinge in Auschwitz und in den anderen Vernichtungslagern, die bei der Selektion der Gaskammer entkommen waren, vermochten in den ersten Tagen nicht zu glauben, dass die rauchenden Schornsteine nicht zu Fabriken gehörten. Die Geschichten, die ihnen von anderen Gefangenen zugeraunt wurden, verstanden sie als grausamen Scherz zur Eingewöhnung. Wenn die Wirklichkeit zu ihnen durchdrang, fiel zugleich Nacht über ihren Geist, wie es auch mir geschah. Dieses psychische Sicherheitsventil diente vermutlich den meisten Menschen mehr oder minder als Mittel zur Selbsterhaltung.

Ein anderer Mechanismus, der dem Schweigen Vorschub leistete, war die Ungewissheit, was andere gehört oder gesehen hatten. Selbstverständlich hatte der eine oder andere bessere und verlässlichere Informationen, denen er mehr oder minder Glauben schenkte, was an sich noch kein Grund gewesen wäre, sich darüber auszuschweigen.

Die Unsicherheit hingegen, inwiefern andere gleichfalls Bescheid wissen, kann allerdings die Lippen versiegeln. So ergab sich die Situation, dass die Menschen ohne Grund annahmen, ihre Kenntnis über die massenhaft betriebenen Grausamkeiten werde von anderen nicht geteilt, oder gerade umgekehrt, diese Kenntnisse wären allgemein bekannt.

Und dann den Mund aufzumachen und zu protestieren, das erfordert Mut und Rückgrat.

Das Dilemma: Wer glaubt mir, wenn ich als einziger das Unglaubliche zu wissen glaube, und wer schützt mich vor Spott und Strafe, wenn ich das allgemein Bekannte enthülle, war ohne große moralische Kraft nicht zu bewältigen.

Diese Kraft aber ist die Voraussetzung für passiven und aktiven Widerstand und nur wenige besaßen sie.

Quarantäne

Spuren des Krieges: manchmal sind sie vage wie alte Fingerabdrücke auf einem Buch, aber öfter erinnern sie an tiefe Furchen, von Raupenketten in die Erde gekerbt. Meistens wurden sie in einer fernen Vergangenheit ausgewischt, und nur die Natur erinnert sich an das Blut und die Tränen, die der Boden getrunken hat. Armando nennt die stummen Zeugen, die Bäume, die Gräser, die Hügel, eine »schuldige Landschaft«, und nur jene, die den Krieg, das *damals,* gesehen und erlebt haben, haben Zugang zu dieser Vorstellungswelt. Bei ihnen wurden die Spuren des Krieges nie völlig ausgewischt, und kleine, manchmal unbedeutende Ereignisse machen sie wieder deutlich fühlbar und sichtbar.

In der Nähe des Ortes, wo heute Astronomen weit entfernte Sternsysteme studieren, stand auf der Drenter Heide das »Durchgangslager« Westerbork. Erst zweiundzwanzig Jahre nach dem Krieg fand ich den Mut, die Provinz zu betreten. In einem abgelegenen kleinen Bauernhof, hinter den blühenden Felsenbirnenwäldern von Dwingeloo, gedachte ich zusammen mit Frau und Kindern einen ruhigen Urlaub zu verbringen.

Der Sechs-Tage-Krieg im Nahen Osten zerriss die pastorale Idylle. Mit einem kleinen Transistorradio am Ohr verfolgte ich die Kämpfe. Angstvoll, mit klopfendem Herzen hörte ich die düsteren Kommentare und fürchtete, dass Israel, der allerletzte Zufluchtsort für verfolgte Juden, untergehen könnte. Plötzlich überkam mich Beklommenheit in der schuldigen Landschaft von Drente, durch die fast drei Jahre lang jeden Dienstagmorgen eine endlose Kette backsteinroter Viehwaggons gefahren war, mit einer Fracht Tausender zum Tode verurteilter Juden.

Es ist schwer, den eigenen Geisteszustand richtig einzuschätzen, wenn man die schwachen Fundamente seiner Sicherheit durch die bedrohlichen Berichte aufgeregter Nachrichtensprecher gefährdet sieht. Ich musste und wollte mich davon überzeugen, dass das Lager Westerbork, das länger als zwei Jahre meine Kindheit vergiftet hatte, unschädlich gemacht worden war.

Im Dorf mit dem unheilverkündenden Namen konnte ich das Wort Lager nur mit Mühe herausbringen. Unbegründete Angst, einen ehemaligen Kollaborateur anzusprechen, hielt mich davon ab, ältere Einwohner um Auskunft zu bitten, und keiner der jüngeren wusste, was ich meinte. In dem Ausflugslokal, wo wir zwischen erhitzten und fröhlichen Radwanderern die obligaten Kroketten und Pfannkuchen bestellten, bemühte sich der Wirt, das Rätsel für uns zu lösen. »Sie meinen sicher Schattenberg, das Molukkerlager?« Auf dem schmalen Asphaltweg, den ich nach vielen Fragen gefunden habe, fahre ich gespannt und in mich gekehrt. Mir fehlen die Worte. Die Landschaft kommt mir vage bekannt vor, wie ein Traum kurz nach dem Erwachen. Meine Frau und meine Töchter teilen das Schweigen. Wo keine Autos mehr fahren dürfen, steigen wir aus und gehen zu Fuß weiter. Der Kilometer scheint unendlich. Eine leichte Biegung des mit Bäumen gesäumten Weges versperrt mir die Aussicht in die Ferne.

Keine fünfzig Meter weiter bleibe ich wie zu Marmor erstarrt stehen. Im Abstand eines Steinwurfs ist ein weiß-roter Schlagbaum niedergelassen an derselben Stelle, die einst die Grenze zwischen Freiheit und Gefangenschaft markierte. Entsetzt starre ich vor mich hin. Mein Mund ist trocken wie Pergament: die Küche, das Maschinenhaus, das Badehaus, in der Ferne der Appellplatz, die Werkstätte; jeder Stein, jedes Brett schreit mir zu: verschwinde!

Links die Isolierbaracke, in der ich wochenlang mit Diphterie in Quarantäne lag, ohne zu wissen, ob meine Eltern auf Transport geschickt worden waren, und dahinter die Baracke einundvierzig, von der aus wir unsere Rucksäcke zur Verladerampe schleppten. Die Lokomotive schon unter Dampf, ein ungeduldiges Ross, das seine Fracht in den Osten transportieren will.

Ich gehe um den Schlagbaum herum. Kein Stacheldraht hält mich zurück. Ein paar molukkische Frauen schauen uns interessiert nach, sie können sich nicht vorstellen, was wir hier zu finden gedenken. Ein Stück weiter halbwüchsige Jungen, die um ein Moped stehen und Witze machen. Ein alter Mann kann seine Neugier nicht länger bezähmen und kommt herangeschlurft. Seine Frage: »Suchen Sie jemand?« bricht meine Versteinerung. Ich weiß keine passende Antwort und stelle ungewollt eine Gegenfrage: »Kommen keine Züge mehr her, heutzutage?« Verwundert sieht er mich an, schüttelt den Kopf und sagt, es lägen ja nicht einmal Gleise da.

Plötzlich dringt zu mir durch, dass das Wesentliche des Lagers Westerbork, *der Zug*, der menschenverschlingende *Zug*, verschwunden ist. Meine Beklommenheit lässt nach. Der Fluch, der einst diesen Ort beherrschte, ist aufgehoben. Jetzt leben hier arme Menschen in verfallenen Baracken, aber sie leben, sie haben eine Zukunft und eine Chance auf Glück.

Gut zehn Jahre später, als der Sechs-Tage-Krieg schon in den Geschichtsbüchern verzeichnet stand, suchte ich mit Freunden nach den Spuren von Westerbork. Eine friedliche Graslandschaft mit Birken. In der Ferne Radioteleskope, hoffnungsvoll auf das Weltall gerichtet. Ein Denkmal: Gleise, deren Enden anklagend in den Himmel ragen.

Mit dem Nagel ihres rechten Zeigefingers tickt sie an den Glaszylinder der großen Injektionsspritze in ihrer linken Hand. Sie hält die Kanüle mit der gelben Flüssigkeit gegen das Licht des offenen Fensters und drückt leicht auf den Kolben, bis ein wenig Flüssigkeit aus der langen Nadel spritzt.

Auf ihre Bitte hin versuche ich mich umzudrehen, scheitere aber hoffnungslos. Sie steigt auf die eiserne Kante des untersten Bettes, beugt sich über mich und sticht die Nadel tief in meinen Gesäßmuskel. Der Schmerz brennt in meinem Fleisch. Ich stöhne und versuche trotz der würgenden Beengtheit tapfer zu sein, denn sie ist schön und ich verehre sie. Dr. Kuskal mit ihrem flachsblonden Haar ist unsere Nachbarin in Zimmer 9A, und ich will ihr beweisen, dass ich ein ganzer Kerl bin.

Weil ich heute morgen vor Halsschmerzen stöhnte, kaum sprechen konnte und den Strohsack nassgeschwitzt hatte, holte meine Mutter einen Arzt aus der Krankenbaracke. Der Riese in dem weißen Kittel drückte mit dem Esslöffelstiel meine Zunge hinunter und schaute mir in den Mund. »Diphterie«, murmelte er, mehr zu sich selbst als zu mir. Meine Mutter war schon eilig zum Arbeitsappell gelaufen. Dr. Kuskal streicht mir über das erhitzte Gesicht und tröstet mich. Der Schmerz wird bald nachlassen, und auf der Krankenstation wird man gut für mich sorgen. Als sie fort ist, falle ich in bodenlosen Schlaf und werde erst wieder wach in einem Bett mit weißen Laken, in einem weißen Saal voller Menschen in weißen Hemden: im Saal der Bazillenträger.

Tagelang lebe ich in einer verschwommenen Umgebung. Dösend liege ich in meinem Bett, esse nicht, trinke aber um so mehr. Der kalte Tee lindert den Schmerz, der allmählich nachlässt. Das Leben draußen, vor den kleinen vergitterten Fenstern der Isolierbaracke, bekommt wieder Bedeutung. Ich spähe nach den Kopftüchern der Frauen und den Mützen der Männer in der Hoffnung, die meiner Eltern zu entdecken. Endlich taucht das Gesicht meiner Mutter am Fenster auf. Sie macht beruhigende Gesten, aber ihre Worte verstehe ich nicht; das Fenster darf wegen der Ansteckungsgefahr nicht geöffnet werden. Meine Gedanken kommen zur Ruhe: sie sind noch da, meine Eltern. Auch dieser Transport ist ohne sie abgefahren.

Die Genesung geht schneller voran als erwartet. Täglich schlurfe ich zum Fenster, um mit Mutter und den Freunden aus der Werkstatt in der Taubstummensprache zu reden. Ein Knastbruder voller Krankheitskeime hinter Gittern. Einmal steht Vater zwei Meter vom Fenster entfernt und winkt mir zu. Die Angst vor der Ansteckung hält ihn auf Distanz, und trotzdem scheint er noch besorgt.

Die Tage schleppen sich auf tönernen Füßen dahin. Lesefutter ist knapp. Schiller und Goethe mit zerrissenen Einbänden und gotischen Buchstaben sind nicht gefragt. Um Krimis wird gelost. Über das Gesicht meines Nachbarn gleitet nie ein Lächeln. Er studiert jeden Tag in einem großen, dicken englischen Buch mit dem Titel *Modern Physics*. Er spricht mit niemandem. Viel älter als zwanzig kann er nicht sein. Seine Eltern sind auf Transport geschickt worden, aber er durfte nicht mit. Er war noch nicht bakterienfrei. Jeden Tag kämmt er sein schwarzes, glattes Haar mit einem Staubkamm. Die Angst vor Ungeziefer ist bei ihm genauso groß wie bei den Krankenschwestern. Täglich kontrollieren sie unsere Köpfe.

Die Männer in unserem Saal haben keine Beziehung zueinander. Ihre Gespräche gehen über das Essen und über andere Menschen im Lager. Das Leben außerhalb von Westerbork ist tabu; sie schweigen über ihr Heimweh und ihre unterdrückte Furcht. Lagerklatsch geht um wie Kleingeld. Politische Gerüchte sind ein vermeintlicher Halt in der Unsicherheit.

Fast niemand kümmert sich um mich. Ein Vierzehnjähriger zählt nicht für die Älteren. Mein studierender Nachbar bleibt wortkarg, ohne arrogant zu sein. Eines Morgens ist sein Bett leer, doch entlassen wurde er nicht. Die Quarantäne ist noch in Kraft. Die Älteren scheinen zu wissen, wo er ist, halten es aber vor mir geheim. Als ich die Leichenträger mit ihrer Fracht am Fenster vorbeiziehen sehe, weiß ich, was die Nacht vor mir verborgen hielt.

Die Hilfspfleger sind aufgeregt. Nicht wegen des Selbstmordes, denn er ist kein außergewöhnlicher Fall. Der Transport wurde abgeblasen. Am Dienstag wird kein Zug abfahren. Im Lager wurde Polio festgestellt. Kinderlähmung hat den Zug gelähmt. Erleichterung besiegt die Angst vor der Ansteckung. Dankbarkeit und Mitleid strömen zu den betroffenen Patienten in unserer Baracke. Die Verlängerung unserer Isolation nehmen wir ohne Murren hin. Wir werden in die Infektionsbaracken des Lazaretts verlegt.

Platzmangel macht die Säle zu Lagerhäusern. Etagenbetten für die weniger Kranken, niedrige Betten für die ernsthaft an

Polio Erkrankten. Das Herumgehen zwischen und innerhalb der Säle ist untersagt. Waschen ist ein Luxus. Vor den Toiletten stehen die Wartenden Schlange.

In der muffigen Luft der Krankensäle klingen die seltenen Bemerkungen übelgelaunt und fade. Ein Nebel des Stumpfsinns hängt über den Betten. Unsicherheit liegt auf den Gesichtern. Obwohl jeder von uns zu wissen glaubt, dass der Transport am Dienstagmorgen nicht fahren wird, ist niemand sicher.

Die Krankenschwestern sind die Gradmesser für die Stimmung außerhalb der geschlossenen Fenster. Sie ersparen uns die beunruhigenden Geschichten nicht. Auch das Schicksal ihrer eigenen Verwandten hängt von unseren wohlwollenden Viren und Bakterien ab. Denn nichts kann die Transportbefehle aus Berlin oder 's-Gravenhage ändern als einzig und allein die Besorgnis um die Gesundheit des Volkes im Dritten Reich.

Jeder Poliofall erfüllt uns mit neuer Hoffnung. Gelähmte Sprinter im Wettlauf mit der Zeit. Über meine eigenen Sorgen kann ich mit den anderen nur ganz allgemein sprechen. Außer der Angst, allein zurückzubleiben, hämmert täglich eine Frage in meinen Schläfen: ist sie noch da? Werde ich sie wiedersehen, wenn ich diesen stinkenden Raum verlassen darf?

Als das Gerücht ins Lazarett sickert, der »Dienstbereich Kabarett« sei oder werde aufgelöst, steigt meine Temperatur. Ich gerate in den Verdacht von Polio, aber bei der Untersuchung stellt sich heraus, dass mich nur ein Nervenfieber befallen hat.

Ihre dunkelbraunen Augen in dem von kastanienfarbenen Haar umkränzten Gesicht verfolgen mich in meinen heißen Phantasieträumen. Wenn am Dienstagmorgen der Gespensterzug mit tausend Menschen nach Polen abgefahren war, bedeuteten die Kabarettabende für mich den Himmel nach der Hölle. Ich sah sie mit fünf anderen Ballettmädchen auf dem Podium des Schreibsaales singen und tanzen, lachte über die Sketche von Kurt Gerron und Herman Feiner, hörte Ziegler und Rosen vierhändig Schlager auf dem alten Klavier spielen, bewunderte Jetty Cantors Geigenspiel und wieherte über die Witze von Max Ehrlich.

Doch Hannelores Auftritt erfüllte mich jedes Mal mit reiner Freude, und meine Liebe aus der Ferne verdrängte das Leid und den Schrecken der Montagsnacht und des Transportmorgens. Sogar die Müdigkeit vom Schleppen der Wassereimer und Scheißkübel zu den Viehwaggons verflog, wenn sie auf der Bühne erschien.

Kein einziges Wort hatte ich je mit ihr gewechselt, keines Blickes hatte sie mich, den vierzehnjährigen Lehrbuben in der Metallwerkstatt, je gewürdigt, und – schlimmer noch – sie wusste wahrscheinlich nicht einmal, dass ich, ihr feuriger Verehrer, der immer wieder unter falschen Vorwänden und ohne Eintrittskarte in den Saal geschlichen war, überhaupt existierte.

Mit niemandem konnte ich darüber reden, denn keiner meiner Mitpatienten hatte während seines Aufenthalts in Westerbork jemals das Vorrecht genossen, das Kabarett zu besuchen, geschweige denn, Hannelore kennenzulernen.

Vater, der sich als Bühnenarbeiter eine zeitweilige Sperre verschafft und dadurch einen vorläufigen Aufschub der Deportation für sich selbst, Mutter und mich erwirkt hatte, verstand es, Max Ehrlich, dem Leiter des Kabaretts, ab und zu ein Kärtchen für Mutter oder mich abzuschmeicheln. Wenn das legale Vorgehen nicht gelang, führte ich die Saalwache hinters Licht, indem ich, in Overall und mit einem Werkzeugkasten, vorgab, Stühle und Bänke zu reparieren, eine Funktion, die ich gelegentlich wirklich ausgeübt hatte in den Tagen vor den Aufführungen des kleinen Symphonieorchesters, das bis Juli 1943 in demselben Saal eine Anzahl Konzerte gab, unter der Leitung berühmter jüdischer Berufsdirigenten und mit Solisten, die wegen ihrer nicht-arischen Gene von den niederländischen Konzertpodien vertrieben worden waren.

In stiller Anbetung schaute ich dem Auftritt der Tanzmädchen zu; ich kannte die Texte ihrer Lieder auswendig und fand, dass Hannelore ihre Rolle am charmantesten und anmutigsten spielte und dass ihre Stimme am hellsten klang. Wenn ich die Saalwache einmal nicht überlisten konnte, blieb ich während der ganzen Aufführung wie ein Wachhund vor der Tür stehen, um keinen Ton von ihr zu versäumen.

Diphterie und Quarantäne machten alledem ein Ende. Meine Entlassung aus dem Krankenbau, Wochen später, fällt zusammen mit der Wiederaufnahme des Zugverkehrs. Die Viehwaggons rollen wieder nach Plan. Auf den Podiumsbrettern des Schreibsaales wird nicht mehr getanzt und gesungen. Obersturmführer Gemmeker braucht seine Clowns nicht mehr. Die literarisch Gebildeten im Lager deklamieren aus Schillers *Don Carlos* den Satz: »Die schönen Tage in Aranjuez sind nun zu Ende.« Die Hofnarren sind verschwunden.

Noch schwankend, zitternd vor Kälte und Schwäche, in einer Außenwelt, die fremder anmutet als zuvor, schlurfe ich an den großen Baracken, an den Küchen und am Schreibsaal, am Badehaus und an den kleinen Prominentenhäusern entlang. Die Künstler sind fort, die Mädchen unauffindbar, und unsere Abreise zu unbekannten Orten steht fest.

Im schäbigen Personenzug, in dem ich mit acht Personen auf Holzbänken eng zusammengedrückt sitze, wird Hannelores Gesicht von der Filmleinwand meiner Phantasie verdrängt durch die Furcht vor dem Unbekannten, durch Müdigkeit, Hunger und Schwäche. Die Reise nach Theresienstadt dauert viele Ängste lang. Immer, wenn der Blick des Feldpolizisten in grüner Uniform, der die Gefangenen vom durchgehenden Trittbrett vor den Abteilen aus kontrolliert, mich trifft, schrumpfe ich zusammen. Was nun kommt, kann nur noch schlimmer sein als das, was hinter mir liegt. Paradise lost?

Heute, ein halbes Menschenalter danach, weiß ich, dass Westerbork kein Paradies war, sondern ein böser Traum, der zum Alptraum wurde in den anderen Lagern mit Namen, die zum Fluch geworden sind.

Um grauenhafte und teure Erinnerungen und Phantasien webt die Zeit gleichermaßen ihre Spinnweben, doch ein kleiner Ruck, ein Wort, ein Bild oder ein Ereignis genügt, um das zarte Gespinst zu zerreißen.

Im November 1990 zeigte das Niederländische Fernsehen einen Dokumentarfilm mit dem Titel *Lager der Hoffnung und Verzweiflung*, in dem eine Anzahl von Männern und Frauen, die das Lager Westerbork überlebt hatten, zu Wort kamen. Zufällig saß ich vor dem Bildschirm und erkannte die Geschichten und Situationen von damals.

Ein Mann mit grauem Spitzbart tischte bittere Anekdoten über seine Arbeit beim Kabarett auf. Die Blütezeit und die Auflösung des Ensembles hatte er noch genau in Erinnerung. Eine Frau erzählte über ihren Auftrag, einem zu früh geborenen Baby zum Überleben zu verhelfen unter den wachsamen und interessierten Augen des SS-Kommandanten, der Kind und Eltern auf Transport schickte, sobald der Säugling sich als lebensfähig erwies.

Eine ältere Frau mit blondiertem Haar schaute lächelnd in die Kamera und sprach, scheinbar ungerührt, über ihre wundersame Errettung. Beim Abspann stellte sich heraus, dass das, was der Bildschirm zeigte, nur ein Bruchteil der Interviews gewesen war. Willy Lindwer, der Filmemacher, hatte die vollständigen Gespräche, mit Fotos ergänzt, in einem Buch mit demselben Titel wie der Film herausgegeben. In jener Nacht ließen die Bilder mir keine Ruhe, und am nächsten Morgen eilte ich in die Buchhandlung und blätterte wie gehetzt in dem Buch.

Viele Abbildungen kannte ich schon aus den Schriften von Van Presser und De Jong. Damals, vor Jahren, hatte ich kaum hinzusehen gewagt. Die Verdrängung der unerträglichen Vergangenheit gelang mir zu jener Zeit etwas leichter. Doch jetzt sind die Bilder zu Suchbildern nach Toten und Überlebenden geworden und halten meine Aufmerksamkeit gefangen.

Ich vergesse das Geschäft um mich herum. Die Geräusche des Lagers brausen mir in den Ohren, der saure Gestank der vollgepackten Baracke prickelt mir in der Nase, und die Spannung treibt mir das Blut in den Kopf. Wie ein Schlafwandler begleiche ich die Rechnung. Auf dem Heimweg brennt das Buch in meinen Händen. In meinem mit bedrucktem Papier vollgestopften Arbeitszimmer schlage ich es auf.

Das unbewegte Gesicht des Fotografen Rudolf Breslauer starrt mich an. Mit derselben Unbewegtheit wie 1943, als er, mit einer Leica vor der Brust oder vor dem Auge, uns, seine Mitgefangenen, bei der Arbeit oder in der Freizeit, im Leid, aber auch in der Freude, im Elend der Transportnächte und während des Alptraums der Transportmorgen beobachtete und auf dem Schwarzweiß-Film seiner Kamera festhielt. Er war der »Hoffotograf« von Konrad Gemmeker. Alles musste und durfte er durch den Sucher sehen. Zu den Bierfesten, die der Kommandant für seine SS-Freunde aus Den Haag und Berlin gab, hatte er Zutritt, und im Wohnzimmer von Gemmekers Villa durfte er Frau Hassel, Gemmekers Sekretärin und Geliebte, vor dem Hintergrund eines bauchigen Biedermeierschranks porträtieren. Er machte einen Film von einem am Dienstagmorgen abfahrenden Zug, und das Mädchen mit dem Schal, das mit aufgerissenen Augen durch die Luke des Viehwaggons in seine Linse schaut, ist für Tausende zum Symbol der Shoah geworden.

Gut ein Jahr später wurde Breslauer, der Chronist des Totentanzes in Drente, nach demselben Endziel abtransportiert wie das namenlose Mädchen an der Luke. Seine in Silbernitrat geätzten Bilder sind erhalten geblieben. Erschüttert betrachte ich die Seiten, auf denen sie nun erneut abgedruckt sind.

Gespannt versuche ich Gesichter zu erkennen, Bild um Bild. Zahnarzt Wolf, der mich von meinen widerspenstigen Weisheitszähnen erlöste, der Schmied, der mich weißglühendes Eisen formen lehrte, der Mechaniker, den ich durch meine Begriffsstutzigkeit beim Schweißen zur Verzweiflung brachte. Manche Menschen kommen mir vage bekannt vor, aber nach einem halben Jahrhundert weigert sich das Gedächtnis, sie zu identifizieren. Beim Bild von Arthur Pisk, dem Leiter des Ordnungsdienstes, beschleicht mich alte Angst und lang vergessene Wut. Er war von der Gewalttätigkeit unserer Unterdrücker angesteckt, schrie, schlug und machte seine Leute zum verlängerten Arm der Besatzungsmacht.

Mein Blick bleibt wie im Schock an einem Gruppenfoto der Mitwirkenden des Kabaretts hängen. Die Unterschrift lautet: »Die vollzählige Gruppe auf der Bühne mit Max Ehrlich im Vordergrund.« Die Augen dicht am Papier, versuche ich ein Gesicht zu finden, aber es gelingt mir nicht. Das Vollmondgesicht von Herman Feiner, aber jetzt ohne den vertrauten Spitzbart, schaut mit ernsten, halb geschlossenen Augen in den Saal. Sein ironisches Lächeln aus den zwei Jahren nach dem Bombenangriff auf Rotterdam bis zu unserer Verhaftung im Herbst 1942, als er unser Hausgenosse, Freund und Beinahe-Onkel war, schien weggewischt. Trotzdem brachte dieser Bühnenautor und Komiker es fertig, gemeinsam mit Ehrlich und Gerron, dem Publikum Abend für Abend Lachsalven zu entlocken, auch wenn am Morgen tausend Menschen nach Polen verschickt worden waren.

Ich blättere weiter. Es gibt noch mehr Fotos von der Bühne. Meine Hände sind klamm. Sechs Tanzmädchen, in Overalls und mit schräg aufgesetzten, kecken Käppis, halten eine große Tafel, auf der der Text eines Schlagers steht: *Wenn ein Paketchen kommt* …, ein Ohrwurm, dessen Melodie mir vage durch den Kopf zieht. Ein Päckchen mit Lebensmitteln! Ein Ereignis von vitaler Bedeutung! Eines der Mädchen ähnelt Hannelore, aber wirklich erkennen kann ich sie nicht. In der Ecke eine blonde Schauspielerin mit strahlendem Lachen: Camilla Spira. Nicht lange nach dieser Aufführung durfte sie Westerbork verlassen. In ihrem Gepäck Papiere, darauf Stempel mit Hakenkreuzen und Adlern. »Ehrenarierin« sei sie geworden, raunte man im Lager. Neid und Abscheu kämpften um die Wette.

Mein Blick gleitet auf die andere Seite und bleibt wie erfroren auf der Abbildung haften. In der vordersten Reihe zwischen den Darstellern steht mein Vater. Sein schwarzes Haar, an den Schläfen hoch geschnitten, seine gebogene Nase. Er lächelt die Sängerin neben sich an, die ihr Blumengebinde liebkost, als stünde sie auf einer richtigen Schauspielbühne in einer richtigen Stadt in einem freien Land. Ein halbes Jahrhundert schrumpft zu einer halben Sekunde zusammen. Mit einer Lupe betrachte ich meinen Vater und mache mir klar, dass er damals erst einundvierzig Jahre alt war, ein junger Mann, der jetzt mein Sohn sein könnte. Die Erinnerung an meine Kinderjahre, die von seinem strengen Regiment überschattet waren, verliert auf einmal ihre scharfen Konturen. Ich begreife, wie relativ mein jugendlicher Kummer war, und werde versöhnlicher gestimmt. Mitleid tritt anstelle des Grolls.

Ich blättere vor und zurück, lese da und dort ein paar Zeilen und überschlage Seiten, wenn ich auf Passagen stoße, deren Inhalt ich nur zu gut kenne. Kalkulierter Selbstschutz hält mich davon ab, die Interviews zu studieren. Die Belastung ist zu groß. Die neueren Fotos der Befragten sind mir nicht vertraut. Die Zeit hat tiefe Spuren in die Gesichter gegraben.

Als ich abends, fast zwanghaft, das Buch wieder in die Hand nehme und mit der Lupe auf die Suche gehe nach der Realität, die meine Phantasie zurechtstutzt, finde ich mich plötzlich Auge in Auge mit der Hannelore meiner jugendlichen Träume. Das Porträt, das Breslauer 1943 von ihr gemacht hat, passt exakt zu dem, das meine Gehirnzellen fast fünfzig Jahre lang festgehalten haben. Die Konfrontation schmerzt wie eine alte Narbe bei schlechtem Wetter. In der Unterschrift steht ihr Nachname, den ich nie gewusst habe, und plötzlich dringt zu mir durch, dass die blondierte ältere Dame, die vor der Fernsehkamera über ihr wundersames Erlebnis gesprochen hat, Hannelore ist. Das Foto zu Beginn der von Lindwer publizierten Befragung hatte überhaupt keine Assoziation in mir erweckt. Jetzt bekommt jedes Wort, jede Linie eine Bedeutung. Ihre im Buch geschilderte dramatische und märchenhafte Überlebensgeschichte lässt jedwede Phantasie verblassen. Ihre Rettung grenzt an ein Wunder. Die Furcht um ihr Leben und die Angstträume während meiner Isolation in der Quarantänebaracke waren nicht unbegründet, obwohl die Tatsachen ganz anders waren, als ich damals glaubte.

Sie erzählt von dem kleinen Jungen, der vor ihr steht und aufgeregt ruft, der Maschinist des Postzuges wolle sie dringend sprechen. Den Zug kennt sie, denn die Verteilung der Briefe und Päckchen gehört zu ihren Aufgaben. Aber dass der Maschinist nach ihr fragt?

Ein junger Mann mit Ölflecken auf der Arbeitskleidung begrüßt sie. Ein schmutziges Taschentuch hängt aus seiner Hosentasche, Gesicht und Hände sind rußig. Sie erkennt ihn. Der Schauspieler Rob de Vries, ihr ehemaliger Verlobter, jetzt Widerstandskämpfer, war als Hilfsmaschinist verkleidet mit dem Lokführer mitgekommen, um seine Liebste zu befreien. Er versucht sie zu überreden, sich im Zug zu verstecken und nach Amsterdam mitzufahren, zu einer sicheren Untertauchadresse. Doch sie zögert. Eine neue Liebe bindet sie an das verhasste Lager. Sie bittet um Bedenkzeit, und ihre Freundinnen helfen ihr, sich zu entscheiden. Am nächsten Tag kriecht sie unter eine Bank im Personalwaggon und bleibt bei einer flüchtigen Kontrolle unentdeckt. Der Zug fährt ungehindert nach Norden, und von Assen aus fahren sie und Rob nach Amsterdam. Auf ihrer Brust sind die Spuren des abgetrennten Judensterns sichtbar, aber keiner der Mitreisenden wird zum Verräter.

Im Lager vergeht ein Tag nach ihrem Verschwinden, bis Vergeltungsmaßnahmen getroffen werden. Dann lässt der Kommandant alle Züge durch den Ordnungsdienst und die SS kontrollieren, aber die Suche ist vergeblich. Das Paar bleibt unauffindbar.

Die Flucht eines Gefangenen bedeutet Strafe für die Zurückgebliebenen. Verwandte, Freunde und Geliebte erwartet der Transport ohne Aufschub. Aber diesmal, niemand weiß warum, lässt der unberechenbare Kommandant ihren Verlobten im Lager antreten und stellt ihn vor die Wahl zwischen Verrat und Viehwaggon.

In Begleitung des Ordnungsdienstes sucht er in Amsterdam nach ihrer Untertauchadresse und findet sie dort. Der Entschluss, ins Lager zurückzukehren, ist schwer, aber etwas leichter, seit sie weiß, dass er dann nicht in den gefürchteten Osten geschickt wird.

Kaum hat der Schlagbaum sich wieder hinter ihr gesenkt, als die Gestapo sie zum Verhör holen lässt. Während der langen

Wartezeit gewinnt sie ihre Ruhe und Fassung wieder. Auf die Fragen der Männer in schwarzer Uniform pariert sie mit charmanten Lügen. »Sie wollte sichergehen, dass ihre ehemalige Rivalin keine Ansprüche auf ihren Geliebten geltend mache und dass er frei sei, sie zu heiraten.« Die Deutschen, mit Wagners Opernmythen vollgestopft, fallen auf die Tristan-und-Isolde-Romantik herein.

Hannelore und Hans heiraten in Westerbork. Gemmeker hält Wort: sie dürfen bleiben. Von »Liebestod« ist keine Rede. Am 12. April 1945 befreien die Kanadier das Lager. In einem der Panzer sitzt ein Soldat im Kampfanzug: Hannelores Bruder.

Verbotener Unterricht

Bennie Bril

In den letzten Wochen des Jahres 1942 kocht die Gerüchteküche im Lager Westerbork über: Inspektion aus Den Haag, »hohe SS-Tiere« aus Berlin, neue Verordnungen und vielleicht sogar der Aufschub eines Transports während der Weihnachtstage.

Um Gemmekers Villa herrscht mehr Betrieb als je zuvor. In der Kommandantur geht Dienstleiter Schlesinger ein und aus. Trotz der schlammigen Wege zwischen den Baracken glänzen seine Stiefel bei jedem Besuch. Jacobsohn, der Kapo der Laufjungen, hält Appell. Befehle fliegen uns um die Ohren: Wir müssen den großen Schreibsaal sauber schrubben, Wandschmuck aufhängen, Tische und Stühle herbeischleppen, uns gründlich waschen und dafür sorgen, dass unsere Haare »schneidig« kurzgeschnitten sind. Wozu das alles sein soll, bleibt uns vorerst verborgen, aber eines wissen wir sicher: Das Weihnachtsfest ist nicht für die Juden bestimmt.

Es wird früh dunkel, aber sehr kalt ist es nicht. Schneeflocken wirbeln durch die Luft; sobald sie den Boden erreichen, ist ihr Leben zu Ende. Das Dröhnen von Mercedes-Motoren bricht in die Totenstille des Lagers. Es kommt näher, und innerhalb kurzer Zeit stehen Dutzende von schwarzen Limousinen vor dem Verwaltungsgebäude und der Kommandantur.

Die Wege sind verlassen. Die Abendglocke hält jeden, der keine Aufgabe hat, in seiner Baracke gefangen. Wir, die Laufjungen, haben den Auftrag, Bierkisten und Terrinen mit Kartoffelsalat zu schleppen. Die drohende Warnung »Pfoten weg von allem, sonst kommen wir hinter Gitter« tut ihre Wirkung, obwohl einige von uns während der Arbeit die Kiefer kaum sichtbar bewegen.

An den langen Tischen im großen Saal bedienen Mädchen aus dem Lager, aber für uns ist der Zutritt strengstens verboten. Einige kennen wir persönlich oder vom Sehen. Zu dieser Gelegenheit tragen sie schwarze Kleider und gestärkte Schürzchen. Mit den weißen Häubchen sehen sie aus wie richtige Serviererinnen in einem teuren Restaurant. Sie nehmen uns die Kisten und Schüsseln an der Tür ab. Um die Ecke zu gucken ist unmöglich. Das festliche Getöse und das Gebrüll der deutschen Biertrinker dröhnt durch die Nacht.

Wenn jemand eine Rede hält, werden die Türen immer zugemacht. Die Mädchen stehen davor, zitternd in der Kälte. Dergleichen ist nicht für unsere Ohren bestimmt. Ein wenig später schwillt der Lärm wieder an. Deutsche Lieder erklingen. Applaus und Rufe kündigen einen Auftritt an. Im Saal wird es still. Eine Band spielt die ersten Takte eines Schlagers. Erneut Applaus, erneut Stille. Eine tiefe Frauenstimme mit einem Timbre wie Zarah Leander singt einen Song, den ich von früher her kenne: »Ja, er heißt Waldemar und er ist kein Star. Er ist ja mein Ruin, aber ich liebe ihn …« Ich halte den Atem an. Bilder flitzen mir durch den Kopf, vom Wohnzimmer zu Hause, vom Blaupunkt-Empfänger, aus dem diese Art Musik kam, der meine Mutter und ich lachend lauschten.

Ein Knuff in die Rippen stößt mich in die Wirklichkeit zurück. Der Kapo duldet keine Träumer. Ich liefere meine Kiste ab und höre sie singen: »Johnny, wenn du Geburtstag hast, bin ich bei dir zu Gast, die ganze Nacht …« Der Saal lacht und klatscht stürmisch.

Ein paar SS-Leute treten aus der Tür. Auf den Revers ihrer Uniformen wimmelt es von Sternen und Streifen. Vor der Ligusterhecke, den Rücken uns zugekehrt, öffnen sie ungeniert den Hosenschlitz und pissen wie Pferde. Wir schleppen noch mehr Bier heran, und Moritz flüstert: »Sollen sie zerplatzen.«

Dort stehen die Barbaren, die uns zu Sklaven machen. Mit Abscheu, aber gefesselt betrachte ich ihre spiegelnden Stiefel, ihre Koppel und Revolver. Hätte ich nur den Mut und die Kraft … Sie nehmen mich nicht einmal wahr, als sie wieder hineingehen.

Tief in der Nacht endet das johlende Fest. Wir müssen uns entfernen. Die Gesichter der Festteilnehmer dürfen wir nicht sehen. Das dahinsterbende Gebrumm der Mercedes-Limousinen kündigt uns an, dass die Würdenträger der Gewalt das Lager verlassen.

Auch der Kapo der Laufjungen und der Kreis seiner Schmeichler würdigen mich kaum eines Blickes. Er ist ein Geck mit lackierten Fingernägeln; seine Kumpane mustern spöttisch meine abgetragene Kleidung. Sie sitzen auf hölzernen Küchenstühlen beiderseits einer Tür im Wachraum des Kommandanten und warten auf Befehle. Er streicht ihnen übers Haar, wie ein Jäger über die Köpfe seiner Lieblingshunde streicht. Wir anderen Laufjungen bekommen einen Auftrag hin geschnauzt und rennen mit mündlichen oder schriftlichen Botschaften in Wind und Wetter von Baracke zu Baracke.

Wenn ich ab und zu mit zwei anderen im Wachlokal am Schlagbaum Dienst habe, gilt das als Vorrecht. Doch das Dach über unseren Köpfen schützt uns nicht vor den Launen der SS-Wachen oder der Militärpolizei.

Der Leiter der Schmiede ist mir wohlgesinnt. Vor dem Krieg kannte er unsere Familie in Rotterdam. Er war Flüchtling aus Deutschland, dessen Versuch, Kuba zu erreichen, scheiterte. Flehentlich bitte ich ihn um einen Arbeitsplatz in seiner Werkstatt. Dort, scheint mir, lässt es sich besser aushalten.

Zusammen mit vier anderen Jungen lerne ich Metall bearbeiten und eiserne Bettstellen reparieren. Auf dem schlammigen Gelände hinter der Schmiede stehen Dutzende dieser rostigen

Gerippe, die durch die Überbelastung mit zu vielen Schläfern und ihrem Gepäck zusammengebrochen sind. Nach jeder Transportnacht wächst das Heer dieser Wracks; schnaufende und schwitzende Männer schleppen sie aus den Baracken herbei.

Die Arbeit ist schwer, aber wenn ein Werkstück oder eine Reparatur gelingt, erfüllt mich das mit Stolz. Ich erwache aus der Niedergeschlagenheit. Otto, mein freundlicher Kamerad auf dem Schrottplatz, ist Ingenieur und genauso ungeschickt wie ich. Während wir zerbrochene Bettspiralen reparieren, erzählt er vom Bauhaus, wo seine Frau ihre Ausbildung bekommen hat. Er spricht über Künstler, wie ich es noch nie gehört habe. In seinen hinreißenden Geschichten werden sie lebendig. Wenn wir zu zweit durch die Welt von Gestern reisen, vergessen wir den Stacheldraht, der uns umgibt.

Im Juli 1943 kommt ein Transport aus dem Lager Vught an. Unter den Häftlingen sind Freunde von einst. Das erste Wiedersehen verläuft beinahe wortlos. Langsam reihen sich die Wörter zu Geschichten und Anekdoten. Der Name des Boxers Bennie Bril wird erwähnt, der sich geweigert hat, einen Mithäftling zu verprügeln. Ich träume von seiner Heldentat, wage aber kaum, an die Folgen zu denken.

Das Gerücht geht um, dass er in der Küchenbaracke Gymnastikunterricht erteilt. Während der Mittagspause gehe ich mit drei anderen Lehrjungen nachschauen, ob es stimmt. Die schmutzigen Overalls haben wir noch an. Ein Koch in weißem Arbeitskittel steht vor der Tür und beobachtet uns misstrauisch, als wir durch die beschlagenen Fensterscheiben hineinspähen. Wir können das Lachen kaum halten. Drinnen versuchen ein paar Jungen mit dem Seil zu hüpfen, wie wir es früher bei kleinen Mädchen gesehen haben. Ein junger Mann gibt Anweisungen, die wir hier draußen nicht verstehen. Ein Lächeln erscheint auf seinem Gesicht, wenn er jemanden korrigiert.

Er sieht uns und winkt.

Bennie Bril braucht seinen Namen nicht zu nennen. Meine Kameraden erkennen ihn sofort. Ihre Selbstsicherheit ist mit einem Schlag dahin. Wir dürfen zu seinem Unterricht kommen, zum Boxunterricht wohlverstanden. Obersturmführer Gemmeker hat die Erlaubnis zum Gymnastikunterricht erteilt, und das ist es, was wir unseren Freunden sagen müssen. Das, und nichts anderes.

Die Tage sind lang im Juli. Nach unserer Arbeit gehen wir in die Küche. Vor den Fenstern hängen Laken gegen die Sonne und gegen unerwünschte Blicke.

Auch wir lernen Seilhüpfen. Feixend hopsen wir mit hölzernen Bewegungen über die Papierschnur. Uns fehlt die Geschmeidigkeit von Kindern, und es dauert lange, bis unsere mageren Beine dem Rhythmus folgen. Hinter uns hören wir klatschende Schläge gegen den federnden Ball, der in der Ecke verdeckt aufgehängt ist. Wenn das Geräusch in heftiges Getrommel übergeht, wissen wir, dass dort ein Fachmann am Werk ist. »Das müsst ihr auch können. Damit haltet ihr euch die Gegner vom Leibe«, sagt unser Lehrmeister.

Ein paar Übungsabende lang läuft alles wie geschmiert, bis ein Küchenjunge hereinstürmt und keucht, Gemmeker mit seinem Schäferhund sei im Anmarsch. In rasender Eile ist der Ball versteckt. Wir stellen uns in Gymnastikhaltung auf und warten auf den SS-Mann mit dem Herrengesicht. Lächelnd tritt er herein. Wir stehen stramm. »Weitermachen«, sagt er fast freundlich. Brav machen wir leichte Turnübungen, und er schaut zu. Dann dreht er sich um, nickt Bennie Bril zu und verlässt den Saal.

Ein paar Wochen lang halte ich durch. Ich lerne decken, rechte Gerade – rechter Fuß vor; linke Gerade – linker Fuß vor. Das Zusammenspiel meiner Arme und Beine lässt zu wünschen übrig.

An einem bewölkten Abend im August zieht Bennie mir richtige Boxhandschuhe über die Hände und stellt mich einem Sparringspartner gegenüber. Ein Scheinkampf: vor allem Deckung, Deckung ist wichtig. In der Aufregung des Augenblicks vergesse ich das Gelernte. Mein Gesicht liegt offen wie eine Stadt ohne Abwehrgeschütz. Ehe ich mich dessen versehe, sitze ich mit einer blutenden Nase auf dem Boden. Bennie tröstet mich und rügt mich anschließend wegen meiner schlechten Verteidigung.

Die nächste Boxstunde versäume ich, auch die übernächste. Die Furcht vor Blut und Schmerzen hat mich überkommen.

Im September droht Deportation. Diphterie schnürt mir die Kehle zu. Eine Polioepidemie breitet sich aus. Die Quarantäne, die über das Lager verhängt wird, legt den Zugverkehr lahm. Zeitweilig sind wir gerettet.

Im Januar 1944 tritt der Dienstplan wieder in Kraft. Bennie Bril und seine Familie sind auf dem Weg nach Bergen-Belsen, und wir, meine Eltern und ich, reisen nach Theresienstadt.

Belinfante

Meine primitive Drehbank steht dicht hinter den riesigen Türen der Reithalle. Durch diese Türen schritten zur Zeit Maria Theresias glänzende Rassepferde, mit Reitern in goldbetresster Uniform und blinkendem Helm. Jetzt können dieselben Türen wegen Rost und Holzfäule nicht mehr geschlossen werden. Täglich schlurft ein Heer zerlumpter Gefangener, die in dem vor Wetter und Wind geschützten Raum Tischlerarbeiten verrichten müssen, in zerrissenen Schuhen über die Schwelle.

Die Hunderte von Holzsohlen, die ich auf meiner Maschine drehe, sind bei weitem nicht genug, um alle mit Schuhwerk zu versehen. Ich vermute, dass meine Produkte zum überwiegenden Teil für das »Reich« bestimmt sind. Fast nie sehe ich sie an den Füßen meiner Mitgefangenen.

Ich spanne eine hölzerne Schablone zwischen zwei Klemmen und einen Holzblock zwischen die zwei entsprechenden Spannbacken dicht vor mir. Dann setze ich den Treibriemen in Bewegung und lasse den Meißel den Konturen der Schablone folgen und Schicht um Schicht von meinem Werkstück abtragen, bis es dem Vorbild entspricht. Die Sohle ist fertig, wenn ich die Grate und die Meißelspuren glattgefeilt habe.

Der Vorarbeiter kontrolliert in unerwarteten Momenten, ob ich die richtigen Maße eingehalten habe und ob keine fehlerhaften Stücke in der Kiste neben mir liegen. Er kann nur strafen, nie loben. Manchmal verbietet er mir, Pause zu machen, manchmal schimpft er mich aus. Oft sucht er ein paar gut gelungene Sohlen aus der Kiste und nimmt sie mit, ohne zu fragen. Protestieren ist sinnlos und gefährlich. Seine Position macht ihn unangreifbar.

Die Arbeit ist nicht schwer, aber meine Aufmerksamkeit darf nie erlahmen. Der ungesicherte Treibriemen und die rasiermesserscharfen Holzmeißel erfordern äußerste Sorgfalt. An diesem schmutzigen Ort bedeutet eine Wunde Infektion, Infektion bedeutet Krankensaal, und Krankensaal bedeutet oft Tod, Verstümmelung oder Deportation in den Osten. Arzneimittel und Verbandmaterial sind so gut wie nicht vorhanden, und erfahrene Ärzte, Häftlinge wie ich, sehen unter ihren Händen Patienten sterben, die in ihrer Klinik oder Praxis früher rasch und problemlos geheilt worden wären.

Nach dem Heulen der Sirene, das das Ende des Arbeitstages befiehlt, gehe ich mit schweren Füßen in meine Unterkunft in der Hamburger Kaserne, in ein staubiges Kämmerchen, das ich mit meinem Vater und sechs anderen Männern teile. Auch sie kommen erschöpft und gereizt von der Arbeit zurück und brummen nicht einmal ein freundliches Wort.

Abend für Abend geht die Verteilung des Brotes mit Aufregung und Streit einher. Männer, die früher eine leitende Stellung bekleideten, keifen wie Fischweiber um ein Stückchen Wurst oder einen Löffel Marmelade. Die aufgestaute Wut gegen unser Schicksal, die Demütigungen während des Tages und die Angst vor der Zukunft machen uns zu primitiven Menschen. Als Fünfzehnjähriger bin ich dieser beschämenden Zurschaustellung von Aggression nicht gewachsen. Schutz finde ich nirgends. Auch nicht bei meinem Vater. Ich krümme mich unter seiner harten Stimme und seiner harten Hand, bis ich aufsässig werde und mich mit den Fäusten verteidige.

Das Gefühl totaler Verlassenheit lähmt mich. Meine Mutter hat sich bei der Arbeit in der Glimmerproduktion ein Bein gebrochen. Sie liegt unerreichbar im Frauensaal. Ich darf sie nicht sehen oder sprechen. Meine Angst um sie kann ich mit niemandem teilen. Niemand kann mir Trost geben.

Ich treibe mich in den zugigen Bogengängen herum, die die Innenhöfe umgeben. Die lockeren Fliesen klappern unter meinen Sohlen. Durch die halbrunden Bögen in den schweren Mauern sehe ich Männer lustlos gegen einen Ball treten. Aus den Sälen, die auf den Gang münden, dringt Lärm und muffige Luft. Menschen sitzen auf der Bettkante. Die einzige Glühbirne spendet einen kargen Schein, kaum genug zum Lesen oder Schreiben.

Die Tausende Männer und Frauen in diesem menschlichen Lagerhaus verhalten sich wie Fremde gegeneinander. Manchmal treffe ich Gesichter, die ich vage aus Westerbork wiedererkenne. Echte Beziehungen sind selten. Das Leid hat uns auf uns selbst zurückgestoßen.

Jan S., ein Altersgenosse, der im vorigen Lager bei den Malern arbeitete, spricht mich an. Er weiß immer, wo es etwas zu organisieren gibt und wer Informationen hat. Auch jetzt, im unbegreiflichen Theresienstadt, ist er wachsam und gewieft. »Unten im Keller ist irgendwas los. Es wimmelt von Menschen, aber sie beten nicht. Vielleicht gibt es Nachrichten von der Front. Kommst du mit?« Ich folge ihm über die Granittreppe auf den Innenhof.

Stimmengewirr steigt aus den vergitterten Fenstern des Souterrains. Als ich die Tür öffne, schlagen mir Schweißgeruch und Lärm entgegen. Männer in Hemdsärmeln, in Arbeitskleidung, manche mit gekämmtem, klebrigem Haar, andere noch schmuddelig vom Tagwerk, stehen dicht gedrängt unter dem niedrigen Gewölbe. Dutzende, vielleicht Hunderte haben den Kopf zur Mitte gewandt. Von hier kann ich nicht sehen, wonach sie Ausschau halten. Die dicken Pfeiler, auf denen die gewölbte Decke ruht, nehmen mir die Sicht. Das Gemurmel verstummt. Ich versuche mich vorzudrängen, um zu sehen und zu hören, was los ist.

Nach ein paar Metern bleibe ich stecken. Neben mir steht ein kleiner, untersetzter Mann mit runden Brillengläsern. Er ist kleiner als ich und sieht nur die Rücken. Ich nur die Hinterköpfe. In der erwartungsvollen Stille, die nur kurz unterbrochen wird, wenn jemand seinen belfernden Husten nicht unterdrücken kann, mache ich den Versuch, einen besseren Platz zu erobern. Mein Nachbar schüttelt den Kopf und lächelt nachsichtig, um mir klarzumachen, dass es sinnlos ist.

In der Türöffnung erscheint ein alter Mann. Sein breites Gesicht hat tiefe Furchen. Die Glatze ist von buschigen grauen Locken umsäumt. Wir weichen auseinander, um ihn durchzulassen, und in der Mitte taucht sein Kopf über den Zuhörern wieder auf. Offensichtlich steht er auf einer Kiste oder einem Tisch.

Die dunkle Stimme verrät den geübten Sprecher, aber seine Worte bleiben für mich dunkel. »Meine verehrten Damen und Herren. In meiner heutigen Vorlesung möchte ich über den Determinismus bei Hegel und Fichte reden.« Nicht nur die Namen prallen von meiner Unwissenheit ab, sondern auch das Wort Determinismus. Ich höre seinen Worten zu, ohne sie zu verstehen, und spüre nur, dass hier ein wichtiger Mann mit großer Autorität spricht und dass ich an etwas teilhabe, das weit über die tägliche Misere des Lagers hinausragt.

Nach einer halben Stunde verziehen sich ein paar Leute zum Ausgang. Ihre Gesichter sind Fragezeichen. Meine Aufmerksamkeit erschlafft, und auch ich versuche, hinauszukommen. Der kleine Mann neben mir flüstert, dass die Lesung bald zu Ende sei und dass er mir erzählen werde, worüber Professor Magnus gesprochen hat. Die Neugier hält mich zurück. Ich warte.

In der kalten Abendluft auf der dunklen Galerie versucht Dr. Belinfante mir zu erklären, was ein freier Wille und was Determinismus ist.

Dann erkundigt er sich nach meiner Vergangenheit, nach meinen Eltern, nach meiner Schulbildung. Das Wort Schule scheint aus einer anderen Welt. In den drei Jahren, die seit meiner Aufnahmeprüfung verstrichen sind, ist die Erinnerung daran verblasst. Das Verbot für jüdische Kinder, am weiterführenden Unterricht teilzunehmen, der heimliche Privatunterricht, die Razzien, die Lagerzeit in Westerbork und die schwere Arbeit in den Werkstätten haben meine Schulzeit in einen nebligen Hintergrund verdrängt. Die Fragen des alten Mathematiklehrers rufen ein verschwommenes Heimweh in mir wach. Als er mich einlädt, am nächsten Abend zu einer Algebrastunde in seinen Saal zu kommen, nehme ich mit Freuden an.

Am Morgen darauf mache ich Jan S. zum Mitwisser. Er lacht mich aus und meint, ich sei wohl nicht ganz bei Trost: »Quatsch. Hast du nichts Besseres zu tun? Sorg lieber dafür, dass du nicht mit leerem Magen herumläufst.« Seinen Rat schlage ich in den Wind. Abends nach dem Scharmützel um Brot suche ich tastend nach dem Saal, in dem Doktor Belinfante wohnt. In den dunklen Gängen sehen alle Türen gleich aus, und auch die Zimmer dahinter. Überall stehen zwei- und dreistöckige Holzpritschen, auf denen Menschen sitzen und liegen, ihre Ration kauen und beim armseligen Schein der kleinen Glühbirne an der Decke zu lesen versuchen. In jeder Unterkunft steht ein Schragentisch aus rohem Holz, auf den schmalen Bänken sitzen manchmal vier Männer und spielen Karten, während andere hinter ihnen zuschauen und das Spiel kommentieren.

Dr. Belinfante sitzt mit seiner Frau an einem solchen Tisch. Die Seiten des Buches hält er dicht vor die Augen. Seine Brille hängt auf halber Höhe der Nase. Hier wird nicht Karten gespielt.

Er hört mich nicht hereinkommen und liest trotz des Stimmengewirrs konzentriert weiter. Ich getraue mich nicht, ihn zu stören, aber offensichtlich stehe ich im spärlichen Licht, denn er schaut von seinem Buch auf. Er rückt die Brille zurecht und wendet sich mir ohne einen Blick des Wiedererkennens zu. Schüchtern sage ich, er habe mir gestern Abend eine Unterrichtsstunde versprochen. Ein Lächeln macht seine Augen sanft. Er gibt mir die Hand, wendet sich zu seiner Frau um und erzählt ihr von unserer Begegnung zu Füßen des Berliner Philosophen, der für volle Säle sorgt. Sie legt die Socke, die sie gerade stopft, auf den Tisch und gibt mir gleichfalls die Hand.

Als handelte es sich um eine Privatstunde in einem Wohnzimmer, in einer Wohnung in der normalen Welt, sagt sie, dass sie uns nicht stören werde. Ich fühle mich als Eindringling. Zum Glück bleibt sie neben ihrem Mann sitzen und geht nicht in den Frauensaal. Die sockenstopfende Frau ruft vergessene Wärme von früher wach.

Wir haben keine Schulbücher. Das Mathematikbuch, das ein mutiger Lehrer mir vor zwei Jahren durch das Gefängnisgitter in Apeldoorn reichte, ist schon seit langem verschwunden. Die Verhaftung der jüdischen Familien war für ihn ebenso unbegreiflich wie für uns selbst. In seiner Unschuld hoffte er, dass die Kinder in den Lagern weiterlernen könnten.

Ein wenig unbehaglich, weil Tischgenossen mithören, und ein wenig verwirrt fragt Dr. Belinfante, ob ich in der Schule schon arithmetische Reihen gehabt hätte. Das Wort kenne ich, aber was es mit Algebra zu tun hat, ist mir ein Rätsel. Er liest die Fragezeichen in meinen Augen. Dann kritzelt er eine Reihe Zahlen auf ein Stück Papier und versucht mir zu erklären, was er meint. Allmählich dringt die Bedeutung zu mir durch. Mein Kopf ist an Abstraktionen nicht mehr gewöhnt. Seine Erläuterung ist geduldig und freundlich. Manchmal scheint es, als müsste er nachdenken. Er starrt zur Decke, schüttelt den Kopf, wie um einen gespenstischen Gedanken zu vertreiben, und schaut mich prüfend an, als sei ich plötzlich ein Fremder für ihn geworden.

An mehreren Abenden in den folgenden Wochen bekommen einfache Reihen für mich eine Bedeutung, trotz der Müdigkeit, die auf meine Augenlider drückt, und trotz des nagenden Hungergefühls. Die Gedanken meines Lehrers schweifen manchmal ab, und seine Frau überbrückt dann die Stille mit einer Anspielung auf seine Gesundheit. Aber ich weiß, dass es die Krankheit ist, an der wir alle leiden: Kummer und Angst.

In der Reithalle herrscht tagsüber fieberhafte Aktivität. Die Schreiner machen schöne Tische, Stühle und Betten, wie sie sonst nirgends im Lager zu finden sind. Sie bauen Gerüste auf für die Podien im Konzertsaal, wo Musiker die Werke jüdischer

Komponisten spielen sollen, und im Varietétheater, wo ein Ensemble auftreten wird.

Die jahrhundertealte Hamburger Kaserne, in der wir untergebracht sind, soll ein anderes Aussehen bekommen. Sie ist zu voll, zu schmutzig, zu verfallen. Auch in den anderen Behausungen leben Menschen eng zusammengepfercht mit Ratten, Kakerlaken, Flöhen und Läusen. Das Gerücht, Theresienstadt solle »ausgedünnt« werden, beherrscht unsere Gedanken und Gespräche. Wenn die Kommission des Roten Kreuzes im Juni sich davon überzeugen kommt, wie komfortabel die Juden im »Musterlager« Theresienstadt leben, muss alles perfekt in Ordnung sein, so lautet der Befehl.

Mein Interesse für arithmetische Reihen lässt nach. Die Pausen der Stille bei Dr. Belinfante werden länger.

Für meine Abwesenheit an einer Unterrichtsstunde im Mai 1944 brauche ich mich nicht zu entschuldigen. Mit meinen Eltern und tausend anderen bin ich dann schon unterwegs zur gefürchteten Endstation.

Die Illusionisten

Das eingeschriebene Päckchen von der Größe eines gebundenen Lehrbuchs, mit dem Bundesarchiv der Bundesrepublik Deutschland als Absender, liegt mir wie ein heißer Backstein in den Händen. Ich weiß von seinem bedrohlichen Inhalt, ohne ihn zu kennen. Einige Wochen zuvor hat sich meine Vermutung bestätigt, dass der Film noch existiert und dass das Archiv in Koblenz ein Videoband besitzt. Presser, De Jong und einige andere Historiker wussten von der Filmproduktion, hielten aber den Film, den ich jetzt in Händen halte, für verloren.

Ich habe ihn zu Unterrichtszwecken angefordert, aber die wissenschaftliche Motivation überdeckt nur meine ängstliche Neugierde. Da stehe ich, in der sicheren Umgebung meines Instituts, mit dem Fragment eines Bildstreifens, der auf Kosten des Lebens von mehr als siebentausend Juden vom 16. August bis 11. September 1944 im Lager Theresienstadt aufgenommen wurde: *Der Führer schenkt den Juden eine Stadt.* Vor Dutzenden leeren Tischen und Stühlen, in einem von Leuchtstoffröhren grell erleuchteten Hörsaal lege ich mit unsicheren, kalten Händen die Videokassette in den Recorder, schalte den Monitor ein und warte mit hämmernden Schläfen auf das erste Bild.

Wie eine Ohrfeige knallt die Ouvertüre von Jaques Offenbach aus dem Lautsprecher, begleitet von Bildern aus der Metallwerkstatt, wo halbnackte Männer im Takt der Musik auf Ambossen glühendes Eisen schmieden. Die schnarrende Stimme des deutschen Kommentators: »Die Erhaltung und Erneuerung der Maschinen und Geräte verschiedenster Art machen eine Reihe von Werkstätten unentbehrlich, in denen die Schmiede und Schlosser, die Mechaniker und Elektrotechniker arbeiten. Für Arbeiter verschiedener Berufe und Handwerker gibt es auch in Theresienstadt Möglichkeiten, ihre Tätigkeit fortzusetzen ...«

Die Musik jüdischer Komponisten, damals schon seit Jahren in Deutschland und in den besetzten Gebieten verboten, läuft weiter. Die Stimme folgt den Bildern mit leeren Propagandaphrasen: Kunsthandwerk, ein Bildhauer vor seinem Entwurf für einen Springbrunnen, Werkstätten, wo Frauen und Männer, auf den grauen Gesichtern das vorgeschriebene Lächeln, den Judenstern auf der Brust, bei den lebhaften Klängen von Mendelssohns »Sommernachtstraum« Schuhe reparieren, Taschen zuschneiden und Kleider nähen. Der »Feierabend« und ein Fußballwettkampf mit zwei Siebener- statt Elfermannschaften auf dem Innenhof der Hamburgerkaserne, mit Tausenden von Statisten in schlechtsitzender Kleidung, die sich über die Balustraden der Bogengänge beugen: inszenierte Begeisterung. Eine Badeanstalt mit Männern unter Duschen, aus denen in Theresienstadt nur Wasser fließt. Eine Bibliothek, wo hinter dem Ausgabetisch Professor David Cohen* sich mit selbstzufriedener Miene mit einem Kollegen unterhält. Ein Vortrag von Professor Utitz, unter der Zuhörerschaft viele international berühmte jüdische Gelehrte, jetzt alte, abgemagerte Männer in mühsam glattgestrichenen, abgetragenen Anzügen, vor den traurigen Augen verbogene Brillen, Sterne auf den bangen Herzen.

Ein Konzertausschnitt. Der Dirigent Karel Ančerl vor einem Streichorchester aus Europas besten Streichern, vom Konzertpodium verjagt ohne den Einspruch von Dirigenten, die die Kunst zu retten glaubten, indem sie einen Pakt mit dem Teufel schlossen.

* Prof. Dr. David Cohen, von 1941 bis Ende 1943 Vorsitzender des Jüdischen Rates, in Theresienstadt »prominenter« Häftling, Mitglied des Ältestenrates. Nach dem Krieg wurde ihm vom Jüdische Ehrenrat das Recht aberkannt, jüdische Funktionen und Ämter zu bekleiden wegen seiner fragwürdigen Haltung gegenüber der Besatzungsmacht.

Die erste Aufführung einer »Phantasie für Streicher« von Pawel Haas, in Gefangenschaft, irgendwo auf einem dunklen Dachboden in Theresienstadt auf grauem Packpapier komponiert, auf dem der junge Pianist Gideon Klein die Notenlinien gezogen hat. Trotz der inszenierten Farce scheinen manche Zuhörer die Agonie ihrer Gefangenschaft für einen Augenblick zu vergessen.

Dann springt das Bild zu gepflegten Gemüsegärten über, wo überwiegend junge Leute bei den fröhlichen Klängen der Musik von verfemten Komponisten jäten und die Pflanzen gießen. Die Stimme des Nazi-Kommentators Lampl: »In den Schrebergärten der Familien gibt es ständig zu jäten und zu gießen, wächst da doch ein willkommener Zuschuss für den Küchenzettel.« Die Bunkerstrafe und Deportation, die den Erzeugern beim Verzehr des Gemüses drohte, werden im Szenario nicht erwähnt. Hingegen die Bilder eines idyllischen Sommerabends, strickende, plaudernde Frauen, spielende Kinder. Eine Mutter liest ihrer Tochter vor. Ich erkenne das Mädchen: Sie hat die Lager überlebt.

Beim letzten Bild keine Stimme in Stakkato-Deutsch. Ein friedliches Abendessen, am Kopfende der Tafel ein älterer Herr: David Cohen, Komödiant bis zuletzt. Das Filmfragment ist abgelaufen. Flimmerndes schwarz-weiß auf dem Monitor. Reglos, erkaltet bis in die Knochen, starre ich in meine Vergangenheit: Die Bilder meines eigenen Films ziehen an mir vorbei.

Ich sehe die schlurfenden, einander zur Eile drängenden Männer und Frauen mit grauen, müden Gesichtern, in feucht dampfenden Kleidern, zerknittert, fleckig, abgetragen. Die Älteren fröstelnd, den Rücken gekrümmt, manchmal am Stock oder an Krücken, rücksichtslos überholt und zur Seite gestoßen von Jüngeren; Kinder mit Gesichtern, auf denen sich die Resignation noch nicht eingenistet hat, mit harten Augen, die schon zu viel wissen.

Nicht als Zuschauer folge ich dem Strom durch die Bogengänge der Hamburgerkaserne. Mit dem unsicheren Gang und der leichten Schwindligkeit eines nach langer Krankheit Genesenen trotte ich mit in den Reihen der Alten, zur Eile angetrieben von Männern mit Binden um den Arm und alten Pudelmützen auf dem Kopf.

Lockere oder fehlende Fliesen und Bretter machen den Boden uneben. Verwitterte Mauern und wurmstichige Balken aus der Zeit Maria Theresias scheuern sich an meiner Schulter. Bögen und massive, glattgewetzte Balustraden gewähren Aussicht auf einen Innenhof, grauschwarz vor Schlamm und halb abgetautem Schnee. Wie bei der Aufführung einer Shakespeare-Tragödie im sechzehnten Jahrhundert stehen Tausende in den Bogengängen und drängen sich vor der Brustwehr auf den verschiedenen Stockwerken. Übereinander gelehnt in dichten Reihen, mit vorgerecktem Hals, eine Hand hinter dem Ohr gekrümmt, den gespannten Blick auf das Eingangstor gerichtet.

Von einem nicht lokalisierbaren Ort aus wird Unverständliches gerufen. Die Befehle: »Mützen ab«, »Ruhe« gehen wie ein Lauffeuer durch die Menschenknäuel. Die wogenden und schiebenden Bewegungen erstarren. Durch das Tor treten vier Männer. Die beiden ersten in SS-Uniformen, stramm, aber mit lässiger Arroganz. Sie stellen sich rechts vom Eingang, mit dem Rücken zum Gebäude auf. Wie uninteressierte Theaterdirektoren beobachten sie leicht amüsiert den Auftritt der hinter ihnen eingetretenen Hofnarren in ihren dunklen Mänteln, die unbeholfen zur Mitte des Innenhofs marschieren.

Einen von ihnen erkenne ich, und an der leichten Entspannung um mich herum spüre ich, dass auch die anderen ihn erkennen. Dr. Wachtel, der kleine, aufrechte Mann mit grauem Lockenhaar und begütigendem Altmännergesicht, berühmt geworden als Leiter der »Antragstelle« in Westerbork, wo er sich für viele Menschen eingesetzt und für einige sogar den Aufschub der Deportation in den Osten bewirkt hat. Einer der wenigen Männer mit dem Ruf der Unbestechlichkeit, eine Seltenheit in einer Umgebung, wo fast jeder, der nicht zum Transportproletariat gehörte, in Klatsch- und Verleumdungsgeschichten verwickelt wurde.

Neben ihm, ebenfalls klein von Gestalt, aber mindestens fünfundzwanzig Jahre jünger, die nahezu intakte, gepflegte Erscheinung des Berliner Universitätsdozenten Dr. Eppstein, Judenältester in Theresienstadt. Wir wussten nichts von ihm außer der Tatsache, dass der vor kurzem ernannte Lagerkommandant Hauptsturmführer Rahm, der größere der beiden uniformierten Zuschauer, ihn, falls die Gerüchte stimmten, manchmal in aller Öffentlichkeit anbrüllte und sogar schlug.

Wachtel und Eppstein standen mitten auf dem Innenhof im Brennpunkt tausender Blicke als Überbringer einer unbekannten, mit Angst und Hoffnung erwarteten Botschaft. Der Judenälteste sprach, aber nur wenige verstanden seine Worte. Seine Stimme trug nicht weit und die Satzfetzen, die die Mauer der unruhigen Stille durchdrangen, erweckten den Eindruck einer mechanisch vorgetragenen Standardrede. Wir sollten dankbar sein, dass wir in ein Vorzugslager wie Theresienstadt gekommen waren. Wir sollten uns durch gutes Verhalten, Fleiß, Sauberkeit, Disziplin dieser Ehre würdig erweisen. Geld und Wertgegenstände, die absichtlich oder versehentlich bei der Ankunft nicht abgegeben worden waren, müssten unverzüglich abgeliefert werden. Ein Versäumnis werde mit Einzelbunker und Deportation bestraft. Und ferner Vorschriften, Vorschriften, Vorschriften.

Die Aufmerksamkeit ließ nach. Raunendes Geflüster. Wir kannten das Klatschen der Peitsche. Ein bis zwei Jahre Lagererfahrung in Westerbork oder Vught waren nicht ohne Spuren an uns vorübergegangen. In unseren Augen brannte eine einzige Frage: Waren wir hier sicher vor der Deportation in den unbekannten, drohenden Osten? Dr. Wachtel verstand unsere Todesangst. Bei seinen ersten Worten trat völlige Stille ein. Mit süddeutschem Tonfall und der geschulten Stimme des altgedienten Offiziers, gemessen und deutlich sprach er die Worte, die unsere schwelende Sorge auslöschten: Er, ehemaliger Stabsoffizier während des Krieges 1914/18, ausgezeichnet mit dem Eisernen Kreuz erster Klasse und dem Orde Pour le Merit, habe die Zusicherung des Kommandanten, Hauptsturmführers Rahm, erhalten, das Ehrenwort eines Offiziers, dass wir, die Transporte aus den Niederlanden, in Theresienstadt bleiben durften, falls wir uns anständig verhielten.

Mitte Mai 1944, vier Monate nach diesen mit voller Überzeugung gesprochenen Worten, hatten wir in verschlossenen Viehwaggons, auf dem Weg zum Zielort Auschwitz-Birkenau, drei Tage und zwei Nächte lang Gelegenheit, über unsere Vertrauensseligkeit nachzudenken. Die Ankunft im Hades ist schon viele Male beschrieben worden, und die Flammen, die durch den Brandschutz meiner Erinnerung hindurchschlagen, versuche ich zu ersticken, indem ich sie verschlossen halte.

Erst Stunden später finde ich mich mit meinem Vater auf dem Platz hinter dem Krematorium III wieder, dessen Funktion ich damals weder kannte noch verstehen konnte: auf dem harten, schwarzen Boden sitzend oder stehend, von allem beraubt außer der zerlumpten, vom Transport verdreckten Kleidung, in der Menschenmenge nach Familienangehörigen suchend, nach Wasser lechzend, Vieh vor dem Schlachthaus. Die Zeit ist abhandengekommen. In der Ferne Männer mit harten Gesichtern, in gestreiften Sträflingsanzügen und Baretten, die Gepäckstücke fortschleppen. SS-Leute mischen sich nicht unter uns, sind aber auf den Wachttürmen hinter schwarzglänzenden Maschinengewehren deutlich sichtbar.

Einer ruft etwas herunter, auf Niederländisch: »Seid ihr aus Holland?« Ein Strohhalm, ein Omen?

Im taufeuchten Halbdunkel der zu Ende gehenden Nacht werden wir von Häftlingen in gestreifter Kluft mit Spazierstöcken zusammengetrieben. Unter ihnen einige SS-Leute, wie Bauern, die das Vieh mit Hunden treiben. Im Halbdunkel erkenne ich meine Mutter und fühle wieder, dass ich lebe. In Fünferreihen laufen wir auf einem steinigen Weg, an beiden Seiten Betonpfähle mit Stacheldraht zwischen Isolatoren aus weißem Porzellan. Rechts mehrere Tore mit Aufschriften, unlesbar in der Dunkelheit. Dahinter steinerne Gebäude und endlose Reihen langer Baracken.

Beim vorletzten Tor schwenkt unsere Kolonne rechtsum. Ein langer Weg verliert sich im Dunkeln. Zu beiden Seiten zuerst zwei Häuser aus grobem Backstein, dahinter zahllose Stallgebäude, deren Türen sich auf die Lagerstraße öffnen. Ein heiser brüllender, gebeugter oder buckliger, breitschultriger Häftling in gestreiftem Anzug mit Armbinde und schwerem Spazierstock jagt uns fluchend und schimpfend in einen der Ställe. Ich sehe meinen Vater, kann ihn aber im Gedränge nicht erreichen. Über die ganze Länge der Baracke erstreckt sich eine gemauerte Trennwand, einen halben Meter breit und hoch, auf der die Gestreiften mit Spazierstöcken hin und her laufen, schreiend wie Tierbändiger, auf Köpfe, Rücken und die Eckpfosten der dreistöckigen Schlafpritschen dreinschlagend.

Dann ein Befehl, es wird totenstill. Ich stehe wie aus Stein, die Augen starr und unbeweglich. Ein Blockführer in Feldgrün mit Stock marschiert neben dem Blockältesten an uns vorbei, kontrolliert oder zählt. Etwas weiter höre ich dumpfe Schläge, bleibe aber ebenso stehen wie die Männer um mich herum. Nach einer Viertelstunde: »Weitermachen.« Die Versteinerung löst sich. Die Herde wird jetzt an Registriertischen vorbeigetrieben.

Auf den Tischen: Papier, Tinte, Federhalter. Aber wie anders und furchterregend ist hier die Handhabung des einfachen Schreibgeräts. Ein Gestreifter notiert die persönlichen Daten, nennt eine Nummer, ein zweiter packt meinen linken Arm und tätowiert darauf mit großer Geschwindigkeit einen Buchstaben und eine Nummer. A 1932 heiße ich von nun an. Bei einigen wird die Nummer wieder ungültig gestochen und durch eine andere ersetzt. Die administrativen Fähigkeiten unserer Tätowierer lassen sich an unseren Armen ablesen. Jeder Stich brennt sich in unser Hirn, denn wehe dem, der seinen neuen Namen nicht fehlerlos hersagt.

Wie unvorhergesehene Windstöße fallen Befehle und Schläge über uns her. Wir sind Staubteilchen, die unablässig von Ort zu Ort geblasen werden. Kein Winkel ist sicher, kein Schritt bleibt unbemerkt. Das Aufwischen des immer schlammigen Bodens mit alten Lappen, das Schleppen der übervollen Kübel im Laufschritt zur Latrine, der Essendienst mit glühend heißer, schwappender Wassersuppe, der Bettenbau mit den ausgefaserten Pferdedecken und undichten Papiermatratzen, das Waschen zu Hunderten an einem einzigen tropfenden Wasserhahn, das zermürbende Warten in kerzengeraden Reihen für hundert Gramm Brot und eine Kelle ungenießbare Suppe, die Läusekontrolle von Kleidung und Haaren, das Befestigen der Dreiecke und Nummern, das Wecken und Antreten in tiefster Nacht, das alles wird begleitet von Gebrüll und Stockschlägen, willkürlich und unberechenbar.

Tag reiht sich an Tag in endloser Stumpfheit und Resignation. Auch in der Arbeit gibt es weder Plan noch Ordnung. Zufällig beieinanderstehende Menschen, vom Kapo oder Blockältesten angeschrien und in Laufschritt aufgejagt, schieben Sekunden später viel zu schwere Schubkarren, schaufeln Sand, putzen Latrinen und fegen die staubigen Lagerstraßen.

Nach dem Abendappell gehe ich mit meinem Vater zu den Frauenbaracken, um meine Mutter unter den unzähligen anderen Müttern zu suchen. Oft vergeblich, dann endet der Tag in demselben Sumpf, aus dem er entstanden ist. Manchmal finden wir einander und wechseln fast verschämt ein paar tränenerstickte Worte. Was gibt es zu besprechen, das sie nicht schon weiß oder fürchtet?

In der Hölle gibt es keine Sprache, die auszudrücken vermag, was ich sehe, höre, rieche oder schmecke. Bedrohung und Angst haben meine Gefühle mit einem Kordon umgeben. Ich rieche den Verwesungsgestank und den fetten Rauch, aber ich begreife nichts. Ich sehe und höre die Züge, die stolpernden Menschenmassen auf ihrem Weg in die Flammen, die dumpfen Schläge, die nackten, kahlgeschorenen Frauen mit unbedeckter Scham, zu dritt unter einem grauen, von Regenwasser triefenden Fetzen gekrümmt, aber ich begreife nichts. Tag und Nacht registrieren meine Sinne, was jenseits des Stacheldrahtes, hinter den Wachttürmen an der Rampe und in den angrenzenden Lagerabteilungen geschieht, aber ich begreife nichts.

Wer sind sie, diese anderen? Wir haben die Haare und Kleider behalten, hungern ohne zu verhungern, unsere Kapos schlagen zwar, töten aber nur selten, wir können mit den Verwandten ein paar Worte wechseln. Einem Gerücht zufolge gibt es einen Kinderblock, wo Milch und Brot ausgeteilt wird. Uns geht es schlecht, sehr schlecht sogar, aber um uns herum geschieht Unfassbares, Unbegreifliches, wo das Wort »schlecht« nichts mehr bedeutet. Fischer, der Lagerkapo, dieses Ungeheuer aus Muskelpaketen und Gebrüll, schwingt den Spazierstock in der Hand oder lässt ihn auf unseren Rücken tanzen, stößt Verwünschungen aus, prophezeit uns Gas und Schornstein, das Ende allen Leidens. Aber seine Worte sind nur Schall und prallen an unserem Überlebenswillen ab. B II B, das »Familienlager«, gleicht einem Reservat, in dem die Treibjagd verboten ist, wo aber das einzelne Wild ausgemerzt und abgeschossen werden darf.

Erst im Juli 1944 wurde mir klar, dass dieser Ausnahmezustand nur Schein und Trug war. Fallengelassene Worte, aufgeschnappt und weitergegeben, reihen sich zu Gerüchten: Selektion, Blocksperre, Schwarzhuber, Lagerauflösung, Mengele, Arbeitstransport. Am Anfang des Sommers sind alle Illusionen zerstoben. Sirenengeheul und Kapos jagen uns in die Baracken. Der Blockälteste und seine Helfer treiben uns, die Jungen unter sechzehn und die Männer über fünfundvierzig, im hintersten Teil des Raumes zusammen. Wir sind es nicht wert, selektiert zu werden.

Die Männer von sechzehn bis fünfundvierzig marschieren nackt an Mengele vorbei, den linken Arm vor die Brust gehoben. Ein paar Meter vor ihm ein Stock, über den sie springen müssen, Rekruten im Turnsaal. Die Zeichen, die er den Schreibern gibt, sind kaum wahrnehmbar. Der Blockführer schreit einen Mann an, der seine Nummer nicht deutlich zeigt. Zuweilen beugt sich Mengele von seinem Sitzplatz auf dem Tisch ein wenig vor, um einen Fuß, eine Hand, eine Narbe besser betrachten zu können. Die letzte Gruppe wird fast im Laufschritt an ihm vorbeigetrieben. Die Schreiber folgen dem Tempo mit sichtlicher Mühe. Der Blockälteste schickt das ausgemusterte Fallobst, die Schmächtigen, Verletzten, Abgemagerten, Hinkenden und Brillenträger mit einer kurzen Kopfbewegung in die Ecke der Wertlosen.

Ein Befehl friert unsere Haltung ein. Die SS-Leute verlassen den Block. Tumult wird durch Schläge erstickt. In der Stille fallen die Nummern, für die Nichtgenannten ein Todesurteil.

Ich sehe meinen Vater nicht, höre aber seine Nummer. Er wird mich zurücklassen. Die Bilder, die in dieser Stunde des Erstarrens auf meine Netzhaut fallen, dringen kaum zum Gefühl durch. Eine Frage rast durch meinen Körper: Was geschieht mit meiner Mutter?

Die Blocksperre endet mit dem Schofarschrei* der Sirene. Satzfetzen über Mütter, Freunde, Verwandte stürzen wie Treibholz in einem Wasserfall auf uns herab. Auch andernorts im Familienlager ist selektiert worden. Die Frauenblocks sind hinter einem Kordon von Kapos und Helfern für uns unerreichbar.

Ein gesichtsloser Unbekannter ruft meinen Namen und gibt die Botschaft meiner Verdammnis durch: »Deine Mutter geht auf Transport, ihre Nummer ist aufgerufen worden.«

Die Tage nach der Selektion haben ihren Sinn verloren. Mein Ich ist erloschen, mein Schatten verschwunden. In der darauffolgenden Woche tue ich, was mir befohlen wird, zerre an Strohsäcken, putze Böden und Stufen, schleppe Kübel voll Unrat und versuche mich unbemerkt an die Transportblocks heranzuschleichen.

Ich treffe meinen Vater, sprachlos, erstarrt vor Angst und Resignation, fast ein Fremder.

Der 9. Juli bringt einen fahlblauen Himmel, eine unverschleierte Sonne und sandige Windböen. Der erste Sirenenstoß vor der Blocksperre durchbohrt meine Lethargie. Mein Vater ist rasch gefunden. Die Türen seiner Baracke stehen noch offen. Atemlos zwinge ich ihn, mitzukommen. Der Kordon um den Frauenblock wird schon gezogen, aber hinten am Drahtverhau ist er noch offen. Gebückt renne ich über die offenen Flächen zwischen den Blocks, an der Rückwand oder in den Türen Deckung suchend. Ich erwarte Schüsse, aber es fällt keiner. Vater bleibt hinter mir zurück, er scheut sich, das freie Feld zu überqueren. Dann stoße ich auf den Kordon. Ein Gestreifter hebt drohend den Spazierstock, überlegt es sich jedoch und gibt mir ein Zeichen, aus dem Blickfeld zu verschwinden.

* Schofar: Widderhorn.

Halb hinter der Stalltür versteckt sehe ich sie. Sie stehen in Fünferreihen, noch nicht ausgerichtet, Hunderte von Frauen, wartend, schweigend, mit ausdruckslosen Gesichtern, in zerdrückten eigenen Kleidern, mit Tüchern um die Köpfe. Meine Augen rasen an den Reihen entlang, bis sie auf der graublau melierten, wollenen Strickjacke meiner Mutter haften bleiben, derselben Jacke, die ich auf einem anderen Planeten als neunjähriger Junge habe aussuchen helfen. Mein Blick schreit nach ihr und ihr Herz hört mich. Die Sekunden, in denen wir uns ansehen, mit Tränen, die wir nicht weinen dürfen, sind eine Ewigkeit.

Auf der Lagerstraße nähert sich SS. Die Frauen werden in Reih und Glied gebrüllt. Wir verlieren uns aus den Augen. Der Gestreifte gibt mir ein eindringliches Zeichen und droht mit dem Stock. Auch andere, die gleich uns versucht haben, einen Blick auf die Abreisenden zu erhaschen, flüchten in ihre Blocks zurück wie verletzte Tiere vor einem Waldbrand. Ich sehe das graue, tränenüberströmte Gesicht meines Vaters. Unser Abschied ist geteiltes Leid.

Die Stalltür meiner Baracke an der Seite des Drahtverhaus, durch die ich mich atemlos hineingezwängt habe, wird einen Augenblick später geschlossen. Drinnen hat sich einiges verändert. Es ist nicht mehr so voll, die Geräusche sind andere. Statt des Gebrülls Jammern, Weinen, Schluchzen, Flüstern und Gebete. Männer stehen zwischen den Betten und vor der Wand. Sie haben den Kopf bedeckt, nur wenige mit einem Käppchen, und wiegen sich mit geschlossenen Augen hin und her: Kaddisch.

Andere sitzen oder liegen auf den nicht mehr überfüllten Pritschen, den Kopf zwischen den Händen. Einer winselt wie ein Hund.

Ich versuche meine Tränen lautlos hinunterschlucken, bis der grauweiße Mann mit dem freundlich gerunzelten Gesicht mir den Kopf streichelt und zu mir spricht. Dann bricht auch bei mir der Damm.

Der Trost des Dr. Da Silva versöhnt mich nicht mit meiner Verlassenheit und dem nahenden Tod. Er trauert um seinen

Sohn, der auf Transport geht wie meine Eltern, freut sich aber auch über die Überlebenschance für sein Kind. Ich habe ihrem Abschied zugesehen und empfinde Neid. Die Tränen sind bitter.

Die Lähmung fällt von mir ab und weicht der Unruhe. Gereizt winde ich mich durch die Gruppen der Betenden und Verzweifelten und sehe mich nach Altersgenossen um. Es ist, als suchten und fänden wir einander. Gesichter aus Westerbork, Theresienstadt: Jan S., Sieg F., Günther M. Wir haben keine Worte. Mit dem Tod finden wir uns nicht ab. Jan S. schlägt vor, mit dem Blockältesten zu sprechen, und verschwindet zwischen den Alten, die er »Muselmänner« nennt. Seine Entschlossenheit gibt uns Hoffnung, aber als er lange fortbleibt, erlischt sie wieder.

Ich sehe ihn zurückkommen, sein Gesicht ein einziges Fragezeichen. Noch ehe er bei uns steht, wird die Tür aufgerissen und vor dem grellen Tageslicht zeichnet sich die massige Gestalt des Blockführers ab. Bevor alle reglos strammstehen, ein Befehl wie ein Peitschenschlag: »Alle Jungs raus!« In diesem Augenblick weiß ich, dass ich leben werde.

Was draußen mit uns geschieht, entgeht mir teilweise. Der Umschwung kam so plötzlich. Um mich Dutzende von Altersgenossen, viele kleiner als ich, manche von meiner Größe; die meisten magere Stubenhocker, nur wenige haben Muskeln von früheren Arbeiten im Freien.

Wie muss man aussehen, um nicht aus der Reihe geschickt zu werden? Ich spanne die Muskeln an, atme tief ein, drücke den Brustkorb heraus und renne an Buntrock und Schwarzhuber vorbei. Beinahe wäre ich gestolpert, bekomme eine unverständliche Bemerkung an den Kopf geworfen, darf mich aber zu den Jungen in die Reihe stellen.

Angst und Unsicherheit können wir nicht teilen. Die Worte bleiben in der Kehle hängen, die Augen stehen starr in den Höhlen. Wir warten auf etwas oder jemanden, auf irgendeine Änderung, hundert Jungen in Fünferreihen. Auf einem Fahrrad erscheint Mengele auf dem Appellplatz. Was er und Schwarzhuber miteinander reden, verstehe ich nicht, doch unversehens steht er vor uns, mustert uns wie ein Bauer das Vieh. Stellt

Fragen an Große und Kleine, die wie gedrillte Soldaten springend Haltung annehmen. Nach jeder Ausmusterung stehe ich strammer, die Fäuste an den Schenkeln, den Kopf wie aus Granit. Er geht an mir vorbei und lässt mich unbehelligt.

In Fünferreihen marschieren wir auf der Lagerstraße zwischen den Viehtreibern mit ihren Stöcken, Rekruten ohne Ausbildung, die wissen, dass jeder falsche Schritt das Leben kosten kann. Neben dem Feuerlöschteich in Sichtweite des Zaunes wird Halt befohlen. Buntrock, der Blockführer, geht an den Reihen entlang und zählt. Am Ende der Kolonne, vor einem kleinen Jungen mit nichtjüdischem Gesicht bleibt er stehen und schimpft. Einen Augenblick lang sieht es aus, als wolle er ihn schlagen und zurückschicken. Da geschieht das Unerhörte: Der Junge sagt etwas, bittet, der SS-Mann gibt ihm zum Schein einen Tritt und ruft zu ihm und der ganzen Kolonne: »Abhauen!« Otto bleibt bei uns, ein günstiges Vorzeichen?

Beim Durchgang durch den Zaun werden wir nochmals gezählt. Bei jeder passierenden Fünferreihe geht der Spazierstock auf und nieder. Und dann marschieren wir der Sonne entgegen, vor der sich die Umrisse der Krematorien scharf gegen den fahlblauen Himmel abheben.

Rechts und links elektrische Stacheldrähte wie Hilfslinien in einer perspektivischen Zeichnung, deutlicher sichtbar als im Halbdunkel vor zwei Monaten, als ich in dieser Hölle landete.

Jetzt, auf dem Weg ins Unbekannte, fühle ich mich hundert Jahre älter. Aufkommende Panik bohrt sich in meinen Fatalismus. Gehen wir wirklich in das Männerlager B II D oder marschieren wir ins Gas?

Als wir am Tor des B II D vorbeimarschieren, schwindet die Hoffnung. Angst versteift unsere Gelenke. Ein Gestreifter neben der Kolonne bemerkt den Wechsel in unserem Marschrhythmus und sagt ohne den Kopf umzudrehen: »Ihr geht doch in die Sauna«.

Wir biegen links ab und stehen bald darauf in einem dunstigen Raum voller Kleiderhaken.

Grobschlächtige Gestreifte mit kahlgeschorenen, glänzenden Schädeln nehmen uns in Empfang. Unter Drohungen und Flüchen, manchmal mit einem Stockschlag, ziehen wir uns aus. Ich versuche, meine Schuhe an einen Ort zu stellen, an dem ich sie wiederfinde, und binde die Schnürsenkel zusammen. Grob schabt das Rasiermesser über meinen Unterleib. Das Schamhaar fällt, bei einigen Jungen auch das Kopfhaar. Eine Laus, dein Tod, lese ich auf einer Tafel an der Wand. Unsere Scham erstirbt. Sogar der Befehl: »Bücken und Arsch hoch« kann uns nichts anhaben. Nur die Angst vor Schmerzen bleibt.

Wir stehen unter den fest installierten Duschen und müssen uns von den Badekapos derbe Witze über das Gas oder unseren Körperbau anhören, zeigen uns aber äußerlich unbeteiligt. Mit eiskaltem oder glühend heißem Wasser ziehen die Kapos ihr Vergnügen noch etwas in die Länge.

Plötzlich scheint das Einweihungszeremoniell beendet. Die graublau gestreiften Anzüge und Barette, die uns die Kleiderkapos zuwerfen, geben mir ein sonderbares Gefühl der Sicherheit. Wir tauschen die Kleider untereinander und sehen plötzlich wie richtige Häftlinge aus.

Die untergehende Sonne im Rücken, vor uns endlose Reihen von Baracken, Wachttürmen und Betonpfählen mit Isolatoren und Stacheldraht, marschieren wir zum Männerlager B II D.

Das Abzählritual wiederholt sich. Behutsam lasse ich die Augen schweifen, um nicht den Blick der SS-Leute und Kapos zu kreuzen. Eine Ahnung der neuen Situation überkommt mich, als ich in die Gesichter der älteren, besser gekleideten und gestiefelten Häftlinge schaue: Nur als Wolf unter Wölfen kann man hier überleben.

Mechanisch, von Angst und Müdigkeit benommen, gehe ich in der Kolonne zu unserer neuen Unterkunft. Durch ein Tor in einer Mauer, die mehrere Blocks umschließt, gelangen wir auf den Innenhof zwischen zwei Baracken. Ein Appellplatz, links davon ein Waschraum, davor ein Holzgestell, der Bock, ein fürchterliches Werkzeug des Strafvollzugs, auf der rechten Seite Block 13, die Unterkunft der Strafkompanie.

Mit abgehackten Befehlen jagt uns ein schwergewichtiger Häftling durch die Seitentür. In den Sekunden, bevor uns der Eingang verschluckt, schaue ich mich um. Dort drüben unterhalten sich muskulöse, braungebrannte Häftlinge mit nackten Oberkörpern, tätowiert mit Panzern, Geschützen, Fahnen, Vögeln, und mit glänzenden, geschorenen Schädeln; manche haben Kopf und Gesicht voller Schaum und rasieren sich gegenseitig, andere scharen sich im Kreis um ein unsichtbares Spiel: Russen. Ein paar äugen verstohlen zu uns herüber ohne Anzeichen von Interesse: Alte Affen auf einem Affenfelsen. In der Baracke wartet der Stubendienst auf uns, weniger feindselig als ich befürchtet habe. Der Saal, die Kojen, die aus Backsteinen gemauerte halbhohe Trennwand, auf der nur Prominente laufen dürfen: Alles genauso wie im Familienlager. Nur ein einziger, hervorstechender Unterschied: Sauberkeit und Ordnung. Keine kranken oder sterbenden Häftlinge, saubere Strohsäcke, in denen sogar Stroh ist, exakt gefaltete Decken in geraden Reihen.

Wir bekommen Schlafplätze zugewiesen, versuchen Bekannte aus der Heimat als Schlafgenossen zu finden und werden angeschrien, wenn es uns nicht rasch genug gelingt.

Die Saaltür fliegt auf. Ein gedrungener, breitschultriger Häftling mit nach hinten gekämmtem Haar, in gebügelter Streifenkluft und mit Spazierstock, ein Rotwinkel, stampft herein: Emil Bednarek, der Blockälteste, begleitet von Gehilfen. Wir stehen stramm vor den Betten und rühren uns nicht. Mit großen Schritten läuft er auf der Trennwand. Bleibt stehen, mustert uns, schreit irgendwas. In völliger Stille hält er seinen Vortrag über Ordnung und Sauberkeit, Sauberkeit und Ordnung, Fleiß und Ehrlichkeit und über die schweren Strafen bei Zuwiderhandlungen.

Nachts schenkt mir bleierner Schlaf Vergessen, bis das Pfeifsignal und dumpfe Stockschläge gegen die Bettgestelle mich morgens um vier Uhr in das düstere Elend zurückstoßen.

Nachdem die Kesselträger mit der bitteren heißen Flüssigkeit hereingekommen sind und wir zu dritt einen Napf des

Frühstücks durch unsere ausgedörrten Kehlen gespült haben, höre ich draußen die Appellpfeife: »Antreten, raus!« Zu unserem Erstaunen werden wir nicht hinausgejagt, sondern müssen vor den Kojen antreten. Der Stubendienst brüllt und zählt. Ein Rapportführer kontrolliert uns flüchtig, zählt murmelnd nach und verschwindet so plötzlich, wie er gekommen ist. Ich schnappe das Wort »Quarantäne« auf und verstehe nicht: Wer von uns ist krank?

Ein paar ältere Häftlinge kommen herein und kommandieren uns zu den Betten. Der Unterricht in Bettenbau, Schrubben und Fegen, Haltung und Grüßen, Anredeformen und Melden erschöpft sich in endlosen Wiederholungen, begleitet vom Geschrei und den zynischen Schimpfwörtern der Lehrmeister. Sie sind hart und grob, aber nicht ganz ohne Mitgefühl. Sie erkundigen sich nach unserer Herkunft, manchmal auch nach dem Namen, wehren aber Gegenfragen barsch ab. Eine Mauer verbissener Stille.

Nach dem Abendappell, der fast unbemerkt an uns vorbeigeht, treffe ich einen von ihnen bei der Brotausgabe. Das Wort Familienlager fällt wie ein schwelender Funke. Unausgesprochene und unaussprechbare Fragen schießen mir durch den Kopf, und an den starrenden Augen meiner Kameraden erkenne ich, dass sie derselbe Gedanke quält.

Keine zwei Stunden später liege ich auf dem Rücken auf dem Strohsack, horche in die Nacht. Ich spüre, dass um mich herum andere Augenpaare die Schwärze zu durchbohren versuchen und höre, wie das Rumpeln und Quietschen von Lastwagen die Schlafgeräusche übertönt. Ein einzelner dumpfer Schuss, wie ein im Nebel abgebranntes Feuerwerk. An den Oberlichtern der Baracke entlang gleitet der unstete Widerschein von orangegelben Flammen.

Als um vier Uhr der Tag beginnt, ist es draußen Nacht. Der Himmel ist schwarz. Sprachlos, wie unsere eigenen Schatten, taumeln wir durch die nächsten vierundzwanzig Stunden. Die älteren Häftlinge verschonen uns mit Worten. Die zweite Nacht gleicht der ersten, nur die Helligkeit ist schärfer, greller.

Nach dem Appell wird unsere Quarantäne aufgehoben. Von den siebentausend in Birkenau B II B zurückgebliebenen Häftlingen ist nur noch Rauch und Asche übrig. Ihre Sonderbehandlung ist abgeschlossen, das Familienlager ist aufgelöst.

Befreiungen

Wie an einer Schnur windet sich die Reihe der Männer in gestreifter Lagerkleidung über den Hang der graugrünen Hügellandschaft und verliert sich am anderen Ende in dunstigen Wäldern. Auf meiner Seite endet die Schlange der mit Lumpen behängten Gerippe kurz vor der Schmalspur mit den dreieckigen Kipploren. Die unregelmäßig aufeinanderfolgenden Explosionen in der Kiesgrube bringen unsere Trommelfelle und leere Mägen zum Schwingen, doch heute hallen sie aus sicherer Entfernung.

Anders als gestern und die Wochen zuvor. Dem Hagel der Felsbrocken wehrlos ausgesetzt, warteten wir vor der mit Sprenglöchern durchbohrten Klagemauer und beteten wortlos um Schutz. Die Braunhemden der Organisation Todt und die graugrünen Bewacher brachten sich vor jeder Sprengung in Sicherheit. Wir konnten nur auf den Zufall und auf die Vorsehung hoffen, eine Hoffnung, die mehrmals täglich zunichte gemacht wurde durch zerschmetterte Kameraden, deren Leiden damit ein Ende genommen hatte.

An diesem Morgen stelle ich mich bei irgendeinem beliebigen anderen Kommando auf, werde aus der Reihe gedrückt, halte aber hartnäckig aus, da ich weiß, dass ich mit meinem verletzten Fuß keinen Tag länger im Steinbruch überleben kann. Die Kapos brüllen im kalten Halbdunkel, rücken die Reihen zurecht und zählen. Sie zerren und treten die Männer wie Gliederpuppen von Kommando zu Kommando bis die Zahlen stimmen. Ich stehe noch auf meinem Platz.

Der Marsch über den steinigen Weg, stolpernd, schlurfend, auf den Steinen unter den Holzsohlen rutschend. Erstickte Flüche und unterdrückte Schmerzensschreie beim Verlust oder Bruch eines Holzschuhs. Wachen mit dem Gewehr auf der Schulter dösen in der Morgendämmerung. Taunass warten die verbeulten, nach Rost und Schmierfett stinkenden Kipploren auf uns. Gruppenweise umringen wir sie, schieben und ziehen die Wagen, bis sie nicht mehr zu halten sind, springen auf die Kante auf und lassen uns tragen. Zuweilen misslingt ein Sprung, rutscht ein Schlappen vom Fuß, wird ein Knöchel gequetscht. Bleibt einer meterweit zurück und rennt wie ein verzweifelter Reisender dem letzten Zug hinterher, um den Wachen nicht in die Hände zu fallen.

Wir bremsen, versuchen ihn auf die Kante hochzuziehen und lassen die Sturzflut der Flüche von den Kapos und Wachen über uns ergehen. Sie stehen wie Feldherren auf ihren Streitwagen, treiben uns an und demütigen die Ungeschickten.

Im spärlichen Licht der hinter dem Waldrand verborgenen Sonne stellen wir uns ein paar Schritte weit voneinander auf und bilden eine lebende Kette vom Steinbruch bis zum Schmalspurgleis. Felsblöcke, die unsere Rücken wie nasses Schilf beugen, werden von Mann zu Mann gereicht und fallen dröhnend in die eisernen Behälter. Unsere Schatten schrumpfen wie die schmelzenden Kerzen unserer abnehmenden Kräfte. Jedes Mal, wenn ein Glied aus der Kette fällt, wird die Last schwerer. Die Gestürzten bleiben liegen, wo sie hingefallen sind. Keiner hat die Zeit oder Kraft, sie aus dem Weg zu ziehen. Sie verringern unsere Chance, das Mitgefühl verdorrt.

In der Mittagspause zerren wir sie an den Gliedmaßen zum Schmalspurgleis. Meine Beine zittern, mein Brustkorb ist hohl, mein Kopf leicht. Alles ist ein Traum. Der Hunger hat seinen Griff gelockert. Schleppe ich oder werde ich geschleppt? Als die Wachen die neidisch begehrten Krümel von den feldgrauen Uniformen klopfen, bilden wir unsere nun gelichtete Menschenkette. Die Anzahl der Schritte bis zum Stein, den ich aus den Armen meines Nachbarn hochstemmen muss, hat sich verdoppelt. Er schwankt wie eine erloschene Laterne im Sturm, lässt einen Felsbrocken aus den Händen fallen. Stimmen um mich herum, erst fern, dann nah. Deutsche und polnische Flüche. Dumpfe Trommelwirbel von Stockschlägen auf unseren Rücken, Wimmern aus unseren Mündern. In einem rosafarbenen Nebel versuche ich, den Stein vom Boden aufzuheben, aber meine Finger rutschen an den sandig-rauen Seitenflächen ab. Der Stein wächst, ist wie verwurzelt in der Erde.

Die Stimmen verklingen, barmherzige Stille. Wie durch helles Wasser sehe ich die hügelige Landschaft, den Bach, der sich am Horizont im blaugrünen Wald verliert. Mein Sturz tut nicht weh. Grashalme streicheln meine Wange. Über mir dieselbe Landschaft, aber nicht durch Tränen verzerrt. Mit großen, anmutigen Sprüngen sehe ich mich über Felder und Hügel den Jägern entkommen. Mein doppeltes Hirschgeweih zeichnet sich stolz vor dem Himmel ab, als ich fast fliegend das andere Bachufer erreiche. Kleiner und kleiner wird meine Silhouette, bis sie sich in der Umarmung der fernen Wälder verliert. Ein Gefühl der Freiheit, als das Dunkel mich umfängt.

Nach Stunden und Tagen der Bewusstlosigkeit begegnen meine Augen dem Blick des Mannes, der regungslos neben mir auf dem verschmutzten Stroh liegt. Er starrt mich ausdruckslos an. Fiebrig glühen seine Augen in den Höhlen, die Haut ringsherum ist durchscheinend von Hungerödemen. Die keuchenden Laute aus dem Mund, der sich nicht mehr schließt, verstehe ich nicht. Seine fleischlose Hand sucht tastend im Stroh, findet den verbeulten Napf, aber es fehlt die Kraft, ihn festzuhalten. Das dumpfe Metallgeräusch eines Essenkübels, das Plätschern einer wässerigen Flüssigkeit und der fade Geruch der »Suppe« verjagen meine Apathie. Ich verstehe seine suchende Geste, ergreife den Napf und halte ihn zwischen den überstehenden Bettplanken hinaus, die uns den Blicken der Küchenkapos entziehen. Zitternd vor Schwäche und Angst, die Flüssigkeit zu verschütten, schlürfe ich meinen Teil der Suppe. Der sterbende Kamerad versucht sich aufzurichten, fallt aber zurück und wendet das Gesicht ab.

Mir fehlt die Kraft, ihn zu stützen, und der Mann an seiner linken Seite starrt schon längst ins Nichts.

Ohne Gewissensbisse schlürfe ich weiter. Als später eine Hand, zu der das Gesicht fehlt, eine Brotschnitte reicht, nehme ich auch die seine, denn er ist schon dort, wo Nahrung keine Rolle mehr spielt. Im Tode rettet er mir das Leben. Zwei-, dreimal spiele ich dieses Spiel der Auferstehung, doch als nur noch wenige Kameraden auf den untersten Pritschen am Leben sind, fliehe ich aus dem Totenreich und ziehe mit letzter Kraftanspannung meinen mit Läusen und Schorf bedeckten Körper in die obere Koje.

Gerüchte durchziehen raunend die Nacht wie Fieberträume, begleitet von den röchelnden Atemzügen der Sterbenden und dem Husten, Weinen, Fluchen und Jammern der Lebenden. Die SS habe das Lager vermint und werde es beim Abzug sprengen, das Wasser sei vergiftet, Hitler sei tot, die Russen im Anmarsch. Sogar das dumpfe Wummern der Kanonen kommt aus einer anderen Welt. Mich kümmert nichts mehr. Fieber umhüllt mich mit einem weichen Daunenbett und schläfrig-zufrieden starre ich durch die Fensterscheiben meines Kinderzimmers.

Beißende Peitschenhiebe von Gewehr- und Maschinengewehrfeuer zerreißen den Traum. Das Fenster meiner Kindheit wird wieder zum Barackenfenster: vier kleine, schmutzige Scheiben. Und draußen vor dem Glas steht die Befreiung: sechs, acht, zehn Pferdefuße, braunschwarz behaart, dampfende Nüstern, gestiefelte Soldatenbeine. Die Tür wird aufgestoßen. Durch einen Tränennebel sehe ich runde Soldatenköpfe, die wie verlegene Jungen um die Ecke schauen. Die Ereignisse überschlagen sich, ein Film im Zeitraffertempo. Rumpelnde Militärfahrzeuge lösen die Pferdefüße ab. Deutsche Männer und Frauen wickeln uns wie Säuglinge in graue Decken und betten uns mit ängstlicher Behutsamkeit auf die Ladefläche von Lastwagen. Schnaubende Pferde im Hintergrund. Junge russische Soldaten, das Gewehr vor der Brust, schauen aus freundlichen, erstaunten Kinderaugen, rufen einander, greifen manchmal helfend zu. Willenlos wie ein Kleinkind lasse ich alles über mich ergehen, falle auf dem Lastwagen in Schlaf, das Brot, das ich bekommen habe, wie einen Teddybären in den Armen.

Lauwarmes Wasser streichelt meine Haut. Die Wunden brennen bei jeder Berührung mit dem nach Lysol riechenden Stück Seife, mit dem eine große Frauenhand mich vorsichtig wäscht. Ihr Gesicht bleibt verschwommen. Ich getraue mich nicht, sie anzusehen, befangen von längst vergessener Scham. Mein grässlich zugerichteter Körper, fremden Augen preisgegeben, macht mir plötzlich Angst. An die grüne Wand gelehnt steht ein junger, kahlgeschorener Russe, ein wachsamer Bademeister. Der Rauch seiner Papirossa durchdringt den Desinfizierungsgeruch. Die Krankenschwester hebt mich aus dem Wasser. Einen Augenblick lang stehe ich ohne Halt aufrecht und schaue hinauf zu den rostigen, stählernen Streben des Fabrikdaches hoch über mir. Schneller und schneller dreht sich alles um mich herum. Als ich in einem Strudel des Vergessens versinke, höre ich das Gewehr des Soldaten auf dem Steinboden klirren und fühle Hände, die mich nicht fallenlassen.

Tage später entdecke ich nach und nach die Welt um mich herum. Das weiße Weiß der Laken und Bettbezüge, die Weichheit der Daunendecke, die glatte Schnabeltasse an meinem Mund mit dünnem, süßsaurem Brei, das gefilterte Sonnenlicht, die steife Schürze der Krankenschwester, ihr hellbraunes Haar. Langsam erweitert sich der Kreis meiner Wahrnehmungen.

Die beiden Kameraden neben mir, Totenköpfe, von Daunenkissen gerahmt, die in der Maibrise flatternden Vorhänge, die knatternden Motorräder der rundköpfigen Kosaken und nachts das Stöhnen, Schreien und Schluchzen in den angrenzenden Zimmern. Jiddische, polnische, ungarische Laute, nah und fern. Die Schwester spricht leise zu mir: ein anderes Deutsch. Sie füttert mich wie ein Kleinkind mit Bouillon, Löffel um Löffel. Sie weckt uns aus dem Mittagsschlaf, zieht nervös die Laken glatt, versucht uns auf unsere knochigen, wunden Sitzflächen aufzusetzen.

Drei breitgebaute Russen betreten polternd das Zimmer. Auf den grünbeigen Offiziersröcken mit roten Kragen tragen sie

Ordensspangen, die mir zwar nichts sagen, aber Vertrauen einflößen. Unter ihnen eine blonde Frau mit hellblauen, unruhigen Augen, eine Ärztin, wie das Stethoskop auf ihrer Brust anzeigt. Sie untersucht meinen Kameraden zur Linken und mich gründlich, sieht wortlos meinen Fuß an, schreibt etwas auf ein Blatt Papier und lässt es für die Schwester auf dem Tisch liegen. Den dritten Mann weckt sie nicht. Aus den gedämpften Worten und den Blicken der beiden anderen schließe ich, dass die Befreiung für ihn zu spät gekommen ist. So wie sie hereingekommen sind, gehen sie wieder.

Das Gesicht der Schwester entspannt sich und fast fröhlich fragt sie mich, was ich essen möchte. Meine Kenntnisse von Leckerbissen sind verblasst. Wenn es nur möglichst viel ist. Wenn es nur den unendlichen Hunger, der sich wieder in mir zu regen beginnt, stillen kann. »Einen riesigen Pudding«, höre ich mich sagen, und sie verspricht mir einen solchen Pudding.

Ein paar Tage später sitzt sie auf meiner Bettkante und schaut amüsiert zu, wie ich mit einem Esslöffel die süße, wackelnde Sechspersonenportion verschlinge. Aus Dankbarkeit höre ich ihr mit offenen Ohren zu, als sie mir fast flüsternd in der summenden Stille der Ruhestunde erzählt, wie die Kriegsgewalt ihr Leben niedergewalzt hat. Der Bauernhof ihrer Eltern in Flammen, der Vater von Plünderern getötet, die Mutter geflohen, die Schwester vergewaltigt, das Vieh geraubt. Sie klagt meine Befreier nicht an, doch ihre Tränen sind bitter. Ich kann sie nicht trösten. Wider meinen Willen fühle ich verwirrendes Mitleid.

Der Juni 1945 in Oberschlesien riecht nach Sonne, Gras und Freiheit. Das Draußen zieht mich an und jagt mir zugleich Angst ein, das Leben ohne Stacheldraht ist noch so ungewohnt. Mit schlurfenden, unsicheren Schritten erkunde ich die Umgebung meines Krankenzimmers: die kleine Grasfläche vor dem Fenster, den Gang, die anderen Zimmer. Meine Schicksalsgenossen in oder neben den anderen Betten sind mir fremd und doch vertraut. Wir finden wieder zu uns selber, treten aus der Schattenwelt, sehen einander als Menschen. Einige von ihnen haben Beutezüge durch Wüstegiersdorf unternommen und kommen mit Zucker in Leinensäcken, Butterkonserven, Speckseiten, Schuhen und Kleidern aus dem Lagermagazin der SS zurück, das die Russen leerräumen. Ährenleser hinter den Mähern. Die Gier, mit der sie sich vollstopfen, kostet mehreren von ihnen das Leben.

Einer dieser Starken, fast Gefürchteten, kommt in mein Zimmer mit einem Almosen aus Zucker und Butter. Heftig rät die Schwester zur Enthaltsamkeit. Ihr recht zu geben, kostet mich Mühe. Am nächsten Tag besucht er mich wieder und trifft mich allein an. In einem Gemisch aus Jiddisch und Deutsch schlägt er mir vor, ich solle ihn im Tausch für Hilfe und Unterstützung als meinen Bruder oder Cousin in die Niederlande mitnehmen. Ich zögere, halte ihm vor, dass die Freiheit durch Lügen besudelt wird, weiß aber erst nachts, als Schlaflosigkeit die verdeckten Bilder freigibt, was mich zurückhält: Er, der vollgefressene Küchenkapo, steht mit zwei oder drei SS-Wachen vor dem Stacheldrahtzaun, der die Küche vor uns abschirmt. Neben ihm eine Tonne mit schleimigen Brocken. Wir, Abstand haltend, hungrige Skelette, ängstlich, hartnäckig wartend und hoffend auf Essbares, was immer es auch sei. Er wirft eine halbverfaulte Gurke zu uns herüber. Die Meute fällt darüber her. Ein zweiter, dritter Wurf. Aus Neid und Hunger entsteht ein Handgemenge. Wir drängeln uns zur Tonne vor. Jetzt greifen auch die SS-Leute in das Gefäß und lassen unter gemeinsamem, brüllendem Gelächter das verfaulte Gemüse auf unsere Köpfe und Schultern niedersausen. Ihr Kirmesvergnügen endet, als wir, durch Schüsse in die Luft in Panik geraten, stolpernd und kriechend zu den Baracken fliehen. Auf dem Appellplatz bleiben zwei Männer liegen: eins geworden mit dem Abfall.

Der Morgen bringt die sonnige Gegenwart zurück. Mit Mühe findet die Schwester saubere, nicht allzu weite, leicht abgetragene Zivilkleidung. Die heißbegehrten Schuhe passen nicht an dem verbundenen Fuß. Den Gedanken an Holzlatschen weise ich zurück. Aus dem erblindeten Spiegel auf dem Gang starrt mich aus dunklen Augenhöhlen eine Vogelscheuche an. Schleppend, fast tastend, gehe ich zum Ausgang der Lazarettbaracke. Zwei Russen, motorisierte Kosaken in Dunkelgrün, sind zu sehr in ihre Wodkaflaschen vertieft, um mich zu bemerken, geschweige denn meinen ersten Gruß zu erwidern.

Die Wiesen voller Blumen und der lispelnde Bach locken mich zur gegenüberliegenden Seite der Dorfstraße. Zaghaft stehe ich auf dem lehmigen Fußpfad, erstaunt über die eigenen Schritte. Rechts verschwindet der Weg zwischen Feldern und Bäumen. Links die ersten Häuser von Wüstegiersdorf. Alles scheint unendlich weit und fern ohne die Grenzen aus Stacheldraht. Ein kleines Kind draußen vor dem Gartenzaun. Langsam trotte ich auf das offene Feld hinaus, wo die Möglichkeit einer Begegnung gering ist. Oft bleibe ich stehen, blicke in die sonnenüberflutete Ferne. Die Beklemmung weicht und macht einem trunkenen Glück Platz: frei! Ich ermüde bald und kehre um.

Ein schwergebauter Russe mit schiefgerutschtem Käppi kommt mit schwankenden Schritten auf mich zu, bleibt vor mir stehen, bläst mir Schnapsgeruch ins Gesicht. Die Gefahr erweicht meine Knie. Er zielt mit dem dicken Zeigefinger auf meinen linken Arm und knurrt: »Uri«. Ich schüttele den Kopf und bringe ängstlich: »Niks uri« über die Lippen. Grob entblößt er meinen Arm, sieht die blaue Nummer und grinst plötzlich verlegen. »Towarisch«, ruft er und krempelt den Ärmel hoch. Mindestens zehn Uhren ticken über seinem Handgelenk. Eine davon schnallt er ab, legt sie in meine Hand und setzt schwankend seinen Weg fort.

Der Juni ist zeitlos. Die Mahlzeiten teilen die Tage ein, die Genesung und das zunehmende Gewicht die Wochen. Wir reden über früher, über unsere Kindheit, unsere Verwandten.

»Wo kommst du her?« »Wo willst du hin?« Selten fällt der Name eines Lagers; wir brauchen einander nichts zu erzählen. Wir wollen tagsüber vergessen, was uns in den Nächten quält.

Mit meinem neuen Freund aus Debrecen geht es rasch bergab. Tbc färbt seine knochigen Backen rot. Immer seltener verlässt er das Bett. Er schmiedet Pläne für seine Heimkehr. Ich wage nicht, meine Zweifel auszusprechen. An dem Tag, an dem die Lastwagen vorfahren, um die transportfähigen Patienten in ein anderes Gebäude, das alte Kinderheim, zu bringen, winkt er mir schwach lächelnd von seinem Sterbebett nach. Mein Fortgehen kommt mir vor wie Fahnenflucht. Ich lasse den Tod hinter mir.

Das Kinderheim hat nichts Kindliches. Alte Männer, jung an Jahren, gehen oder humpeln zwischen vielen weißen Betten herum. Wir warten, wissen aber nicht, worauf, schlagen die Zeit tot mit unvollständigen oder selbstangefertigten Kartenspielen oder Schachfiguren, wir schreiben in der Hoffnung, dass unsere Briefe einen Empfänger antreffen, streiten uns bei der Essenausgabe, um ein Hemd, um Schuhe, Socken, durchwachen die Nächte, verschlafen die Tage.

Doktor Goldstein, ein kräftiger, lebhafter kleiner Mann, rastlos um die schwerkranken Patienten bemüht und ungeduldig mit den leichteren, ist der Leiter des Kinderheims. Er verschwendet wenig Worte. Widerspruch lässt er nicht gelten. Bei der Einteilung der Essenholer und Pflegehelfer und während seiner kurzen Reden über Ruhe und Sauberkeit herrscht Stille ohne Gegenrede. Sein schwarzes Haar wurde nie geschoren. Manchmal ist er stundenlang fort; dann geht wie ein Lauffeuer das Gerücht durch den Saal, er habe uns unserem Schicksal überlassen. Aber bald steht er wieder vor uns, die Tasche voll Verbandmaterial und Arzneimittel.

Ein paar der älteren, kräftigeren Burschen reden mit ihm, zuerst im Saal, dann im Zimmer neben dem Saal. Sie wollen fort, zurück in die Heimat in Ungarn und Polen, die sie vor einem oder mehreren Jahren mit ihren Familien in Viehwaggons verlassen haben. Sie tigern im Saal, im Gebäude auf und ab. Wir fragen sie, was sie zurückhält, und ihre gereizte Antwort versetzt auch uns in Unruhe. »Goldstein gibt noch keine Gesundheitsbescheinigungen aus, der russische Kommandant hält die Passierscheine zurück, es gibt Spannungen zwischen den polnischen und russischen Truppen, die Polen machen die Grenzen zu …«

In den letzten warmen Junitagen sind morgens immerzu einige Betten leer. Mit oder ohne Papiere haben sich die Männer auf den Weg gemacht in die ungewisse Freiheit, die auch uns lockt und schreckt.

Nachrichten aus dem Dorf sickern ins Kinderheim. Ich weiß, sie sind wichtig, aber sie gehen mich nichts an. Eine Welt der Erwachsenen, zu der ich nicht gehöre. Die polnischen Uniformen, die manchmal vor dem Fenster auftauchen, sagen mir nichts. Was kümmern mich die Zwistigkeiten der Befreier? Allmählich dringt zu mir durch, dass die Grenzen abgeriegelt werden; sie sind für uns nicht mehr ohne weiteres passierbar.

Früher als gewöhnlich steht Doktor Goldstein zwischen den Betten. Gesprächiger, zugänglicher kündigt er die Ankunft eines Busses des Tschechischen Roten Kreuzes an, der die gehfähigen Patienten nach Prag mitnimmt. Ob man ihn durchlässt, ist ungewiss, aber falls er kommt, muss alles bereit sein. Er liest eine Namensliste vor. Mein Name fehlt. Da weiß ich, dass ich mit will – mit auf den Weg nach Hause, in Richtung Niederlande. Ich argumentiere mit Worten, mit meinem ganzen Körper. Bei dieser Selektion werde ich durchkommen. Besorgt gibt er nach, schreibt meine Gesundheitsbescheinigung: »Läuse- und fleckfieberfrei entlassen«, und verspricht, beim russischen Kommandanten um einen Passierschein für mich zu bitten.

Als am späten Nachmittag ein weißlackierter Bus mit roten Kreuzen auf dem Dach und an den Seiten auf dem Spielplatz hält, stehe ich bereit, einen Stock in der einen, ein Bündel mit Unterwäsche und Brot in der anderen Hand.

Rumpelnd fahren wir in die Nacht. Am wiederholten Aufheulen des Motors und am Knacken in meinen Ohren merke ich, dass die Straße steil ansteigt. Der Atemdunst zieht einen Vorhang über die dunklen Scheiben, doch die Welt da draußen lässt mich kalt. Die Schwärze gleitet vorbei, Stunde um Stunde.

An den russischen und polnischen Kontrollpunkten tauche ich für ein paar Augenblicke aus meinen unterbewussten Träumen auf und sehe im gespenstisch erleuchteten Bus meine schlafenden und dösenden Kameraden wie übereinander gestürzte Bäume auf den Sitzen liegen. Ihre stöhnenden, gurgelnden, murmelnden Schlafgeräusche sind mir vertraut: eine Höllensymphonie.

Das Schwarz der blinden Fensterscheiben wechselt in Grau über. Wir fahren durch leere Dörfer, strecken die verkrampften Glieder, versuchen das Ziel zu erraten. Verschwommene Fragen steigen in mir auf: »Wo werden wir halten, wer wird uns aufnehmen, ernähren, versorgen? Was erwartet uns?«

Der Bus fährt durch ein Häusermeer, als spärliche Sonnenstrahlen das Grau verjagen. Die Bilder der Stadt dringen nicht durch meinen Kokon. Vor einem großen Tor bleibt unser Fahrzeug stehen. Mit gekrümmtem Rücken und geschwollenen Knöcheln drängen wir hinaus und stehen zaghaft und unsicher auf dem Kopfsteinpflaster von Prag.

Ein paar Leute – ganz gewöhnliche Leute in gewöhnlichen, graubraunen Kleidern, Menschen aus einer Welt, die ich vor drei Jahren abrupt verlassen musste – führen uns durch das Tor, durch einen alten Klostergang. Sie sprechen tschechisch, einer redet ungarisch. Ich verstehe sie nicht, spüre aber ihre Freundlichkeit. Von meine Reisegenossen erfahre ich, dass wir zu essen bekommen und dass nach Unterkunft für uns gesucht wird. Der süßlich warme Geruch von frischem Brot und das Klappern der Schöpflöffel an der Wand der Suppenkessel flößt mir Vertrauen ein. In dem chaotischen Gedränge erreiche ich nach langen Minuten als letzter die Ausgabestelle. Das Metallgefäß klingt beängstigend hohl. Die Furcht, nichts mehr zu bekommen, schnürt mir die Kehle zu. Aus dem fast leeren Kessel kratzt die Frau mit der weißen Schürze gerade noch einen Teller voll dicker Erbsensuppe für mich zusammen. Gierig löffle ich in einer fernen Ecke des Klostergartens meine Portion, das Brot in Reichweite. Die Lektion vorhin war hart: Meine Wachsamkeit darf nicht erlahmen.

Wie Dünensand werden wir auseinandergeblasen, jeder ein Korn für sich. Mein Wortschatz reicht nicht aus. Niederländisch spricht hier niemand, an der deutschen Sprache klebt Blut oder Tod und Jiddisch findet nur selten ein verstehendes Ohr. Mit ein paar russischen, französischen, englischen Brocken versuche ich, einen Pfad durch den Wald des Nichtverstehens zu schlagen. »Eine niederländische Gesandtschaft, ein Konsulat? Irgendwer vom Roten Kreuz?«

Ernste, freundliche, verneinende Gesichter, bis endlich jemand mein richtungsloses Suchen versteht. Zusammen verlassen wir das Kloster. Mit peinlich klappernden Sohlen gehe ich neben ihm. Er bietet mir seinen Arm an und versucht in mühsamem Kauderwelsch mir etwas über Prag zu erzählen, doch die Stadt rauscht in meinen Ohren, drückt mir auf die Schläfen. Vor einem großen Gebäude verabschiedet er sich und bedeutet mir, mich an der Pforte zu melden. Verzweifelt sehe ich ihn zwischen den Häusern verschwinden.

Das große alte Haus ruft drohende Vergangenheit auf: Theresienstadt. Das Kupferschild beruhigt mich nicht: Schwedische Gesandtschaft. Ich bin an die falsche Stelle geraten, er hat mich nicht verstanden, hat mich irgendwo abgesetzt – man lässt mich hier verrecken! Nirgends ein Pförtner, nirgends ein Hinweis! Die Tür ist nicht verschlossen, was kann mir schon passieren?

Noch bevor ich die Szene überblicke, höre ich niederländische Gesprächsfetzen, vertraute Klänge, Rettungsbojen. Eine kurze Schlange aus jungen Männern, manche genauso zerlumpt wie ich, vor einem Tisch mitten auf dem Innenhof. Ein älterer Mann sitzt hinter dem Tisch, schreibt und fragt. Neben ihm eine kleine untersetzte Gestalt in einer mir unbekannten Uniform. Ein Offizier im Lumberjack. Er geht fort, grüßt: gleichfalls Holländer.

Die Schlange heißt mich willkommen: »Wo kommst du her, wo bist du gewesen, wie lange, wie schlimm war es?« Lagernamen gehen wie Wechselgeld hin und her: »Und dein Vater, und deine Mutter?« Die Gefühle überwältigen mich. Ich weiß nicht, ob ich noch Tränen habe.

Automatisch beantworte ich alle Fragen, die mir der gut angezogene Mann mit der Füllfeder stellt. Wie ein böser Traum ziehen fünf Jahre an mir vorüber: Die Bombardierung von Rotterdam, die Verhaftung in Apeldoorn, Westerbork, Theresienstadt, Auschwitz-Birkenau, Märzbachtal, Dörnhau, Schotterwerk. Er schreibt und fragt, hört das nicht Ausgesprochene, gibt mir Gutscheine für Essen, Zigaretten, eine Adresse für einen Schlafplatz, verspricht mir Hilfe und Heimkehr.

André, ein großer Blonder aus Delft, nach zwei Jahren Widerstand und zwei Jahren Lager mit Prag vertraut, geht mit anderen Kameraden seine Gutscheine holen. Interessiert hat er mitgehört, bietet an, mich hinzubringen. Seine Adresse ist auch die meine.

Eine klappernde, rumpelnde Straßenbahn trägt uns in eine Straße aus großen, grauen Häusern mit beschädigten Fassaden. Viele Trümmer sind noch nicht fortgeräumt.

»Noch im April ist hier gekämpft worden«, erzählt André. Ein Krieg, anders als der meine. Wie gern hätte ich hier für meine Befreiung mitgekämpft. Mein Schlafplatz ist ein kahles, hohes Zimmer: streng und düster, ein eisernes Bett, ein Stuhl. Der Binsenteppich auf dem Boden erinnert an mein Zimmer zu Hause, vor langer Zeit. Bettwäsche gibt es nicht. Auf dem rauen Kissen sinke ich in einen bodenlosen Schlaf.

Die Stille der Nacht weckt mich. Zärtlich rauscht sie durch das Zimmer. Der Chor der Seufzer und Jammerlaute ist zum ersten Mal seit Jahren verstummt.

Am folgenden Tag ist Prag mir wohlgesinnt. Die Häuser sehen mich nicht mehr stirnrunzelnd an. André hilft mir bei der polizeilichen Anmeldung. Mein erstes offizielles Papier. Ich bin wieder ein Mensch mit einem Namen.

Wir essen im Thomaskloster, schon Veteranen ohne Panik, mit Gutscheinen, die uns Rechte verleihen. Der Weg zur Gesandtschaft scheint nicht mehr so weit wie am Tag der Ankunft. Auf dem Innenhof stehen Freunde von André, die mich wie einen der ihren begrüßen. Um mich herum raunende Gespräche über Repatriierung, Transportmöglichkeiten und Zigaretten. Meine Ration Papirossi verschenke ich leichtherzig und voller Freude. Etwas hergeben zu können bedeutet für mich Freiheit.

Der Mann, der sich meine Geschichte angehört hat, bildet den bescheidenen Mittelpunkt, ist Ratgeber für alle. Ich höre seinen Namen: Hanepen. Er regelt und versorgt, spricht mit den Tschechen in ihrer Sprache, hat Kontakte außerhalb von Prag. Jeder betrachtet ihn als guten Genius, aber niemand weiß genau, welche Funktion er hat. Für meine Freunde findet er eine Mitfahrgelegenheit in den Westen. In Militärfahrzeugen über Pilsen in Richtung Holland.

Nervös frage ich ihn, ob es auch für mich einen Platz gibt. Besorgt sieht er mich an: »Wenn du unbedingt willst, geht es vielleicht.« Er hält es für nötig, zuvor einen Arzt, ebenfalls Niederländer, zu konsultieren, will ihn bitten, mich zu untersuchen, denn die Reise ist lang und schwer.

Aus Angst, wieder allein zu bleiben, behaupte ich gesund zu sein. Auch die neuen Freunde raten mir von der Fahrt ab. Hanepen ruft an und spricht über mich als einen Kranken. Doktor Polak Daniels will mich morgen in seinem Hotel auf dem Wenzelsplatz sehen: »Mach dir keine Sorgen, das kommt schon in Ordnung.« Ein gutgemeinter, karger Trost.

Ich weiß, dass man mich zurücklassen wird, und irre missmutig auf Straßenbahnplattformen durch die Stadt. Nach Belieben steige ich aus, gehe ein Stück und setze mich zu schweigenden alten Männern auf eine Bank. Niemand spricht mich an. Scheu wenden die Menschen den Blick ab, andere lächeln verlegen, zuweilen neugierig. Ich trage noch immer das Mal der Demütigung: meinen Stoppelkopf.

Mühsam schleppe ich mich auf schweren, dicken Füßen dahin. Der linke Fuß lässt mich nicht vergessen, was ich vergessen möchte.

Wie ein Wunder liegt plötzlich die Moldau vor mir. Sonnenüberflutet, wie aus Gold, türmt sich der Hradschin am anderen Ufer hoch und majestätisch auf. Vor der Brücke mit den Aposteln bleibe ich wie angewurzelt stehen. Die Augen werden mir feucht, zum ersten Mal seit Jahren überwältigt Schönheit mich und lässt mich die Freiheit kosten. Unwillkürlich schweifen meine Gedanken zu dem namenlosen ungarischen Arzt, der mir vor kaum einem halben Jahr das Leben gerettet hat; ich wünsche, er stünde jetzt hier neben mir auf der Karlsbrücke.

Ich lag im schmutzigen Stroh einer Baracke im KZ Märzbachtal – krepierend wie ein Hund, mein Fuß ein dunkler Ballon voll Blut und Eiter, mein Körper ein Ofen in der Eiseskälte – und wartete auf mein Ende. Nichts unterschied ihn von den anderen Häftlingen. Nur sein gestreifter Anzug war etwas sauberer. Er zog ein Päckchen aus der Tasche, legte zwei Skalpells hin, bedeutete mir, den Fuß auf einen Hocker zu stellen.

Unerträglicher Schmerz, der plötzlich nachlässt, nachdem er den Schnitt gemacht hat. Mein Fuß läuft aus wie eine zerplatzte Schweinsblase, ich verliere das Bewusstsein. Als ich zu mir komme, sitzt er neben mir. Er lässt mich zwei Tabletten schlucken, gibt mir Wasser und drückt mir drei weitere Tabletten in die Hand: »Vergiss nicht, sie einzunehmen, es sind meine letzten Prontosil-Tabletten.«

Dort, auf dem schönsten Platz in Prag, wünsche ich inbrünstig, dass er lebt.

Obwohl wir beide wissen, dass unsere Wege sich trennen, weckt André mich fast fröhlich, damit wir rechtzeitig auf dem Wenzelsplatz sind. Zu meinem Erstaunen ist der Portier des beeindruckenden Hotels höflich und weist uns den Weg zum »Holandski Doktor«. In der Tür erkenne ich ihn: den kleinen untersetzten Major, der bei meiner Ankunft auf dem Innenhof stand. Gesprächig begrüßt er mich, lässt echten Kaffee kommen, ein längst vergessener Luxus. Er erzählt von seiner Flucht in die Schweiz, wie er hierhergekommen ist, was er tut, und von den befreiten Niederländern aus Theresienstadt. Seine Worte fliegen an meinen Schläfen vorbei. Weiß er, warum ich vor ihm sitze? Als er den Kaffee trinkt, wage ich zu fragen: Hat Herr Hanepen ihm alles erzählt? Ich warte auf die Untersuchung, aber er betrachtet nur meine Knöchel und Füße, schüttelt den Kopf und meldet ein Telefongespräch an. In erstaunlich flüssigem Französisch spricht er mit einem Henri, Colonel Henri, wendet sich wieder an mich und fragt: »Willst du mit den Franzosen nach Paris mitfliegen?« Völlig verdutzt nicke ich, ohne recht zu verstehen, worum es sich handelt. Ich trinke meinen kaltgewordenen Kaffee und frage mich, was mich erwartet. Sofort zerstreut er meine Sorgen, verspricht, mich morgens abzuholen und zur französischen Gesandtschaft zu bringen. Man hat ihm zugesagt, mich mitzunehmen. In Gedanken an den morgigen Tag höre ich von weitem seinen Worten zu. Ich selbst brauche nicht viel zu reden, denn Lagergeschichten hört er nicht gern.

Der Abschied von meinen Freunden ist kurz und ohne große Emotionen. »Wir sehen uns wieder in den Niederlanden«, das klingt, als wäre das Land ein Marktflecken, wo man sich vormittags im Café trifft.

Die Nacht ist lang, mein Schlaf unruhig. Ich wage nicht, mir auszumalen, was ich zu Hause vorfinden werde, treibe Magie, um das Schicksal nicht herauszufordern. Die Bilder von Rotterdam und Apeldoorn, unserer letzten Wohnung, von meinen Eltern, meiner Tante, unseren Hausgenossen, meinem Hund jagen vorbei. Prag schlummert noch, als ich schon reisefertig bereitstehe, und noch bevor Doktor Polak Daniels den Motor des dunkelgrünen Fahrzeugs, das er »Jeep« nennt, abgestellt hat, bin ich unten bei ihm.

Vieles von dem, was er auf dem Weg zur französischen Gesandtschaft zu mir sagt, geht an mir vorbei. Die Ungewissheit macht mich taub für die Geschichten anderer Leute. Seine Uniform, die französischen Worte und die Namen, die er nennt, öffnen den Schlagbaum und die Türen. Drinnen warten wir auf jemand, der mich mitnehmen soll. In den uns verbleibenden Minuten gibt mir Polak Daniels ein Reisegeschenk. Er erklärt es mir: Die »Marschverpflegung« enthält Schokolade und andere Nahrungsmittel, reich an Kalorien, aus Amerika.

Überraschung und Neugier mindern den Abschiedsschmerz. Als der junge französische Offizier mich durch den langen Gang davonführt, winken wir einander zu wie Familienangehörige.

In einem hohen, geräumigen Zimmer sitzt ein schweigsamer Mann an einem großen Schreibtisch. Aktenregale und ein Küchenstuhl bilden die übrige Einrichtung. Der Offizier sagt, ich müsse hier warten und macht eine Bemerkung zu dem Mann am Schreibtisch. Ich warte. Ständig klingelt das Telefon, laufen

Leute mit Mappen herein und hinaus. Ich warte noch immer. Hungrig und neugierig öffne ich das Päckchen. Der Überfülle von Schokolade, Keksen, getrockneten Früchten und Sardinenbüchsen kann ich nicht widerstehen und beginne ohne Hemmung und Gewissensbisse zu essen. Nur die Konserven sind noch übrig, als der Mann sich umdreht und mich sitzen sieht. Verlegen, unbeholfen frage ich, wann ich abgeholt werde, weiß aber nicht, ob er mich versteht. »Stimmt etwas nicht? Darf ich nicht mit? Was kann ich tun, außer hier zu warten?« Er beugt sich wieder über seine Papiere, als sei ich nicht vorhanden.

Endlich ein bekanntes Gesicht. Der junge Offizier kommt herein, sieht mich, flucht: »Merde, on vous a oublié.« Er packt mein Bündel mit der einen Hand, zieht mich mit der anderen im Laufschritt durch den Gang, drückt mich auf den Beifahrersitz eines schwarzen Citroën mit großen Kotflügeln, springt hinter das Lenkrad, schreit etwas zur Wache und rast an dem eilig hochgezogenen Schlagbaum vorbei hinaus. Mit quietschenden Reifen biegt er um die Ecken, und als ich wieder zu Atem komme, sehe ich die Prager Häuser, Straßen und Plätze an mir vorbeiflitzen und höre unser Gehupe.

Ängstliches Lachen, ein Kirmesgefühl überkommt mich, und als wir mit kreischenden Bremsen und jaulendem Hupen auf dem Militärflughafen stehenbleiben, steige ich aus dem Karussell meiner Kinderjahre. Dicht vor uns ein Militärflugzeug mit laufenden Propellern. Männer in Overalls unten an der Treppe, die Tür im Rumpf ist noch offen. Mein Begleiter winkt und ruft. Die Männer winken zurück. Wieder zieht er mich wie eine Lumpenpuppe hinter sich her.

Ein Schulterklopfen ist der Abschied. Ich humpele hinauf und verschwinde mit gesenktem Kopf im Rumpf der Maschine. Applaus und ein Stimmenchor begrüßen mich: »Bravo«.

Noch bevor meine Augen sich an das Dunkel gewöhnt haben, helfen viele Hände mir hinauf in eine hängende Tragbahre. Die Tür schließt sich. Mein Bett rast mit ungeheurer Geschwindigkeit über die Startbahn, ein kleiner Ruck, ein Druck in den Ohren: Wir fliegen nach Paris.

Nebeneinander auf einer langen Bank sitzen gut angezogene Franzosen, Männer und Frauen, und lehnen den Rücken an den Rumpf des Flugzeugs. Schräg unter mir ihre Gesichter, die interessiert, freundlich lächelnd auf mich gerichtet sind. Viele Worte können wir nicht wechseln. Lärm und der fehlende Wortschatz hindern uns daran, trotzdem spüre ich ihre Wärme.

Die Dakota brummt mich rasch in tiefen Schlaf, aus dem mich leises Flüstern und Lachen weckt. Auf Beinen, Bauch und Brust fühle ich einen Druck, den ich, noch schlaftrunken, nicht erklären kann. Als ich die Augen öffne, bin ich im Schlaraffenland. Auf mir und um mich herum sehe ich Schokolade, Kekse, Trockenobst, Sardinenbüchsen und Nüsse, und fröhliche Gesichter, die auf mein Erstaunen warten. Heiser vor Rührung stammele ich meinen Dank, der viel weiter reicht, als sie vermuten.

Auf dem Flughafen Le Bourget kann ich die Tränen nicht mehr zurückhalten, als viele von ihnen mich beim Abschied umarmen. Die Küsse der Frauen, jung und alt, glühen auf meinem Gesicht. Ich fühle, wie ich unter der vergessenen Liebkosung erröte. Einer der Piloten hilft mir meine Reichtümer zusammenpacken und setzt mich in einen gleichen Citroën wie der in Prag. Auf dem Zettel, den ich ihm hinreiche, steht »Centre d'accueil néerlandais, rue Leonardo da Vinci, Paris 16e«: die Adresse, die mir Doktor Polak Daniels bei meiner ersten Tasse echten Kaffee gegeben hat.

Paris gleitet dunkel an den Autofenstern vorbei. Der Abschied geht mir in Gedanken nach. Das große Haus, Hotel genannt, ist dunkel und schon geschlossen, der Empfang kühl, zurückhaltend. Der Saal mit Etagenbetten ist noch leer, ich finde einen freien Schlafplatz mit Strohmatratze. Das Abendessen ist längst vorbei. Ich knabbere an meinen Vorräten, und als die schäbig gekleideten Mitbewohner sich allmählich einfinden, ist ihr Interesse an meinen Leckerbissen größer als an mir. Im Saal herrscht bedrückende Lageratmosphäre, und bevor ich einschlafe, höre ich Worte, die ich lieber nicht hören möchte.

Der sonnige Pariser Morgen lässt kein Grübeln zu. Irgendwo in der Stadt muss ich mich bei einem niederländischen Arzt melden, der nur schwer verhehlen kann, dass er uns, alte Häftlinge, als Leprakranke betrachtet. Auf meiner DP-Karte trägt er ein: TB und VD negativ; der erste Schlagbaum auf dem Weg nach Hause geht damit hoch. Der zweite heißt »screening«.

Ein blasser, blonder Kapitän in grobem Kampfanzug erlaubt mir erst, mich hinzusetzen, als ich zu erkennen gebe, dass das Stehen mir schwerfällt. Er fragt und fragt und reißt die Narben meiner Erinnerung auf, bis ich alles blutend vor ihm ausschütte.

Meine DP-Karte wird voll. Ein Brief, der mir das Recht gibt, gebührenfrei Reisepapiere beim Konsulat abzuholen und eine Adresse für Kleidung bei der Mission Néerlandaise sind die letzten Waffengänge dieses Vormittags.

Beinahe zu spät zum Mittagessen treffe ich in meiner Unterkunft ein. Ich habe noch keine Essenmarken und misstrauisch wird mir eine Mahlzeit »als Vorschuss« gewährt. Widerwilliger Kredit der Machthabenden. Ich komme mir vor wie Oliver Twist.

Ein vage bekanntes Gesicht von früher, stark zerfurcht mit lebendigen Augen mir gegenüber am Tisch. Der Name kommt mir über die Lippen: Merksamer, von der Fliegenden Kolonne in Westerbork. Das Wiedererkennen ist kurz und herzlich. Mit wenigen Sätzen ist unsere Geschichte erzählt. Wir brauchen einander nur zu ergänzen. Nach dem Essen grummelt mein Hunger weiter. Der seine auch, aber er weiß Rat. Er schleppt mich zur Métro Victor Hugo. Die erste Fahrt im Bauch von Paris ist mir sonderbar vertraut. Als wir bei Jean Jaurès aussteigen, weiß er den Weg zu dem verfallenen Gebäude, wo uns Essen erwartet.

Ein schlichter Saal mit Tischen und Stühlen. Wir kommen spät. Ein großer Mann im Kaftan heißt uns willkommen, führt uns zur Suppe, die unerschöpflich scheint. Heißhungrig löffeln wir, brechen das Brot. Väterlich lächelnd schaut er auf uns herab. Sein Jiddisch ist wie ein alter Pelz, warm und bequem. Freunde scharen sich um uns herum: »Von wannen seid ihr? Welches Lager? Hast du gekannt den … aus Lodz? Den … aus Kielce? Den … aus Bialystok?« Fragen prasseln auf uns herab, aber wie wenig wissen wir zu sagen. Sie drängen uns: Bleib hier, was suchst du drüben? Schmerzhaft wird mir bewusst, um wieviel mehr sie wissen als wir, welches Ausmaß der Massenmord hatte, wie wenig geblieben ist, wonach man suchen kann.

Gesättigt und in Frieden gehen wir fort. Am Eingang ein alter Mann mit rotem Bart und Schläfenlocken. Er drückt mir zwanzig Franc in die Hand: »Nemm Yingel, käuf dir eppes Scheines.«

Wieder im Centre d'Accueil stehe ich in der Schlange für Gutscheine. Dreißig Franc, das Taschengeld, das jeder bekommt, wird mit dem Rat zur Sparsamkeit ausgehändigt.

Das Gefühl von Reichtum und Freiheit ermutigt mich, anderntags ein paar alte Knobelbecher, die man mir in der Mission Néerlandaise in die Hand drückt, abzulehnen. Was habe ich an den Tretern, in die ich mit meinem verbundenen Fuß ohnehin nicht hineinkomme. Einen Anzug aus Zellstoffasern mit locker gewebtem Fischgrätenmuster, leider für kürzere Gliedmaßen gedacht, als die meinen, und etwas Leibwäsche nehme ich an, aber erst, als ich höre, dass es nichts anderes gibt. Mit Metro und Bus durchquere ich kostenlos die Stadt, sitze in Parks auf Bänken in der Sonne neben Clochards und Müttern, die ihre Kinder verwöhnen.

Mit schleppenden Schritten bummele ich durch die großzügig angelegten, breiten Straßen, lasse eilige und neugierige Menschen an mir vorbeiziehen und weiß, dass die Welt so sein muss. Vor den Schaufenstern bleibe ich stehen und vergaffe mich am Unerreichbaren. Schuhgeschäfte sind Magneten: Wie wunderbar wäre es, wenn … »Schuhe« bedeuten Überleben, Freiheit. Was nützt mir das Geld ohne Schuhe?

Unweit vom Père Lachaise überwinde ich meine Scheu und betrete schüchtern ein Schuhgeschäft. Zwei junge Verkäuferinnen sehen mich an mit Gesichtern, in denen Lachen und Ernst einander abwechseln. Mein grauer Stoppelkopf, die schäbigen Kleider und die hölzernen Latschen stempeln mich zum Bettler ab. Zeigend und stotternd versuche ich zu erklären, was ich möchte. Sie rufen den Chef herbei, einen älteren Mann, der mir in mühsamem Französisch-Deutsch klarmacht, dass Lederschuhe mit Ledersohlen nur in dringenden Fällen auf ganz besondere Gutscheine erhältlich sind. Ich lasse nicht nach, zeige ihm meinen Fuß und gebe ein Stück Vergangenheit preis. Er lässt alle Förmlichkeit fahren. Schuhe mit biegsamen Holzsohlen und weichem Oberleder gibt es nur auf Karten, aber er will mal ein Auge zudrücken.

Die Mädchen bringen stapelweise Schachteln und probieren mir mit unendlicher Freundlichkeit und Geduld Schuhe an, bis sie das Richtige und Passende für mich gefunden haben. Rehbraun und weich, himmlisch duftend ist das Paar, auf das meine Wahl fällt. Es jetzt gleich einzuweihen wäre Sünde; das muss mit feierlicher Bedächtigkeit geschehen. Kichernd packen die Mädchen meinen kostbaren Besitz ein und winken mir aus der Ladentür nach, bis ich aus ihrem Blickfeld verschwunden bin.

Brennend vor Verlangen reiße ich das Papier während des Gehens auf. Ich will das Leder fühlen, seinen Duft einatmen, meinen Schatz bewundern und betasten. Meine Hand gleitet in einen Schuh und fühlt etwas Fremdes, das dort nicht hingehört. Ein Päckchen fällt heraus, und noch eines: Chesterfields. Ihr Lachen war Herzlichkeit ohne Spott, wie ich nachträglich begreife, und Freudentränen pressen mir die Kehle zusammen.

Strahlendes Paris im Juli 1945. *Quatorze juillet:* ein Karussell von tanzenden Soldaten und lachenden Mädchen in sauberen, frischgebügelten Blusen, von *valse musette* und zufriedenen Alten, von Clochards und *mutilés de guerre.* Am Etoile ein Feuer, entlang den Straßen Lampions. Und jedermann ist glücklich.

Das Defilée habe ich versäumt, oder wollte ich es versäumen? Die zarte Freude passt nicht zu Soldatenstiefeln und Marschmusik. Es ist auch mein Tag der Befreiung.

Abends höre ich, dass in wenigen Tagen ein Zug in die Niederlande abfährt, eine Reise ins Ungewisse, die mich lockt und schreckt zugleich.

Wie in einem letzten Umarmen streune ich durch Paris, bewirte mich mit einem Eis auf einer Terrasse und spiele den Touristen. Im Quartier nahe der Seine schiebt eine alte Frau in langen Bauernröcken und Schultertuch einen flachen Karren mit einem großen Haufen Aprikosen darauf, reif und rosagelb. Sie bleibt stehen, Käufer umringen sie wie Bienen den Korb. Für jeden Kunden wiegt sie die Früchte auf der Schnellwaage ab, dreht eine große spitze Tüte aus einer Zeitung und lässt die Aprikosen hineinrollen. Ich zähle mein letztes Geld. Für ein Pfund dürfte es reichen, obwohl mir der Kilopreis hoch erscheint. Da ich nicht weiß, was Pfund auf Französisch heißt, versuche ich mit Gesten ihr meinen Wunsch verständlich zu machen. Sie schaut mich grinsend an und füllt die Waagschale randvoll. Verzweifelt versuche ich nochmals zu erklären: ein Pfund, auf gar keinen Fall mehr. Aber sie macht weiter und achtet nicht auf meine Gesten. Die große Tüte voller Früchte legt sie mir wie ein Baby in den Arm, und als ich bezahlen will, wehrt sie mit breitem Lachen ab und wünscht mir: »Bonne chance«.

Ein Zug in Richtung Brüssel steht auf dem Gare du Nord bereit zur Abfahrt. Die staubigen, graugrünen Waggons sind schon fast voll, die meisten Coupétüren stehen offen. Ich klettere auf die langen Trittbretter und suche nach einem freien Platz, gehe von Wagen zu Wagen, schaue in ein Abteil nach dem anderen in der Hoffnung, dass jemand beiseite rückt.

Eine Rote-Kreuz-Schwester hilft mir beim Suchen. Am Ende des Zuges, weit außerhalb der dunklen Überdachung, höre ich meinen Namen. Im Gedränge finde ich den Rufenden nicht. Da wird dicht vor mir eine Tür aufgerissen, und jubelnd heißen mich André, Hans und noch zwei andere Freunde vom Innenhof in Prag willkommen. Sie überreden jemanden, mir Platz zu machen, und tief zufrieden setze ich mich auf die glatte Holzbank. Die Abfahrtszeit ist längst verstrichen, als der Zug sich langsam, schnaubend und keuchend in Bewegung setzt. Unsere Aufmerksamkeit wird dadurch kaum von den Geschichten abgelenkt, die wir einander erzählen, denn es ist niemand da, der uns nachwinkt.

Eintönig rollt der Zug durch Nordfrankreich dahin. Manchmal schnell, manchmal im Schritttempo. Oft hält er an zerstörten Bahnhöfen oder inmitten von ausgedehnten Kornfeldern. Es ist noch nicht ganz dunkel, als die Vorstadt von Brüssel an den Fenstern vorbeigleitet.

Mit Briefen in der Hand machen wir uns auf die Suche nach unserem Quartier für diese Nacht und schlendern durch die Straßen. Ein Führer oder Helfer weist uns den Weg und dicht vor dem Hotel sehen wir ein Straßenschild, das offensichtlich übersehen wurde: Rue Rauter. Ein Name, bei dem viele von uns laut fluchen.

Der nächste Tag ist unfreundlich und feucht, die Gesichter auf den Bahnhöfen düster. Keine Wärme strömt uns von den Bahnsteigen entgegen. In den Abteilen zerbröckelt unsere Verbindung zueinander. In Eindhoven sind wir keine Passagiere mehr, sondern nur noch Frachtgut. Auf einem Nebengleis für Güterwagen, neben einem großen Betonklotz mit kleinen Fenstern steigen wir aus. Ein großer, bedrohlicher Zaun aus Stacheldraht ruft schwarze Bilder in uns wach.

Um meinen Hals hängt ein grünes Schild mit einer Nummer. In langen Reihen stehen wir vor den Waggons und gehen auf Befehl mit unseren Bündeln oder mit leeren Händen zum Eingang der Speicherhalle. Eine kühle Lageratmosphäre hängt darin wie eine bleierne Wolke. Endlose Säle ohne Betten, ohne Stühle. Auf dem Steinboden dunkle Strohsäcke, meterlang und -breit, wie Beete auf dem Beton. Menschen in zerdrückter, muffiger Kleidung schieben sich an uns vorbei. Manche sitzen oder liegen, ohne ihren ärmlichen Besitz aus den Augen zu lassen. Sie brechen das ungeschnittene Brot, schreiben Briefe oder lesen angespannt, um das Stimmengewirr nicht zu hören. Einer schläft, als kümmere ihn nichts mehr, ein anderer stöhnt und knirscht mit den Zähnen. Lautsprecher an den Decken schmettern Nachrichten und rufen die Namen derjenigen auf, die sich an einem Schalter melden sollen. Zum Essen heulen Sirenen. Vor den Wasserhähnen und WCs stehen Schlangen. Eine weinende Frau, die schon seit Wochen auf eine Nachricht »von draußen« hofft.

Wir alle warten Tage oder Wochen lang wie Fundsachen auf ihre Besitzer. Im Saal neben uns ist das Büro mit den Schaltern.

Junge Männer in Uniform oder Zivilkleidung stellen den Leuten Fragen, schreiben Listen und Notizen. Manchmal verschwindet einer hinter einer verschlossenen Tür und kehrt nicht mehr zurück. Ein Wolf unter den Schafen, entlarvt.

Kleine Gruppen mit Bündeln machen sich auf die Reise zu ihrem Bestimmungsort. Mutlos schaue ich ihnen nach und warte auf mein Wunder: Wo soll ich hin? Wer fragt nach mir?

Nach Tagen höre ich meinen Namen und schrecke hoch wie ein Missetäter. Hinter dem Schalter ein junger Mann mit vage vertrautem Gesicht. Sein Blick verrät Erkennen, Schrecken, Verlegenheit. »Aber du bist ja der Gerhard! Erkennst du mich nicht? Ich bin der Sohn von Kuyt. Dein Vater hat bei uns Zigarren gekauft, in Apeldoorn, am Schuttersweg. Ich habe deinen Namen auf der Liste gesehen.«

Die drei Jahre zwischen damals und heute erscheinen wie dreihundert.

Ich schüttele seine Hand; ein Stückchen Zuhause.

»Es sind schon viele Menschen aufgetaucht«, sagt er vorsichtig, »aber von dort, wo du warst, sind bislang wenige zurückgekommen, soviel ich weiß. Ein Onkel oder Vetter von dir hat es geschafft!« Er rät mir, in Apeldoorn mit dem Suchen anzufangen und setzt mich auf die Liste für einen Transport in Richtung Nord-Niederlande.

Die Sonne steht über unseren Köpfen. Die Stahlklappe des amerikanischen Zehntonner-Armeelasters ist so heiß, dass man sie kaum anfassen, die Ladefläche so hoch, dass niemand ohne Hilfe hinaufsteigen kann. Einmal oben, sitzen wir wie Auswanderer auf unseren Bündeln, Taschentücher als Sonnenschutz auf dem Kopf. Rumpelnd, Staub und Steine hinter sich aufwirbelnd, trägt das Fahrzeug mich und viele meinesgleichen zu Orten, aus denen wir vor langer, sehr langer Zeit vertrieben worden sind. Überall entlang der Route steigen Leute ab: in Nijmegen, Arnhem, Deventer, Zwolle. Der Abschied ist immer kurz. Eine erhobene Hand, ein Gruß, ein guter Wunsch. Im Abschiednehmen haben wir große Übung.

Die letzte Wegstrecke ist lang und einsam. Ich bin der einzige Passagier, sitze klein und still neben dem Soldaten in der Fahrerkabine. Zartfühlend schweigt er, als wir Apeldoorn erreichen. Von meinem erhöhten Sitz herab sehe ich die Alleen und Wege, die alten weißen Häuser und meine Schule, das Lebensmittelgeschäft, in dem ich als Junge für meine Mutter eingekauft habe, den Ort, an dem ich vor vier Jahren einen Abschnitt aus dem Buch der *Richter* vorgelesen und jüdische Männerrechte erworben habe.

Auf dem Marktplatz hält der Lastwagen vor dem Backsteingebäude mit den vergitterten Fenstern und runden Toren: der Polizei von Apeldoorn.

Vor drei Jahren der Anfang und jetzt das Ende der Reise.

Nach 1945

Ein korpulenter Mann mit kaffeefarbenem Gesicht öffnet die Haustür. Seine Hand ist kühl. Die Oberseite ist dunkelbraun, die Handfläche viel heller. Ich hatte einen prüfenden Blick erwartet, aber seine Augen lachen beruhigend und nehmen mir die Angst, die mich auf dem Weg hierher geplagt hat. Er geht mir voran ins Sprechzimmer und ruft unterwegs in die Küche nach Kaffee für uns beide.

Dr. Simons hat keinen weißen Kittel an, sein Praxisraum gleicht einem gemütlichen Wohnzimmer. Der Sessel, in den ich mich setzen darf, ist weich und an den Armlehnen ein wenig zerschlissen. Er nimmt in einem ähnlichen Stuhl mir gegenüber Platz, sieht mich an, nickt und lächelt, als kenne er mich schon viel länger als von jenem einen Besuch im Landhaus auf der Heide.

Während meines Wutausbruchs, der mit einem Weinkrampf endete, hatte meine Tante gedroht, mich in ein Irrenhaus einsperren zu lassen. Tags darauf stand Dr. Simons im Zimmer zwischen den Ledersesseln und anderen Möbelstücken, die vor unserer Deportation meinen Eltern gehört hatten, und hörte sich ihren Bericht an. Mein Onkel saß schweigend am Tisch.

Ich hörte auch zu, erhielt aber keine Gelegenheit, etwas dazu beizutragen. Meine Weigerung, das Zimmer zu verlassen, brachte meine Tante noch mehr auf. Der Arzt hörte sich ihre Tirade geduldig und ohne sie zu unterbrechen an und sagte nach einer

Viertelstunde, er halte es für nützlich, wenn ich in seine Praxis in der Stadt käme.

Auf dem Heideweg zur Bushaltestelle klopft mir das Blut im Hals. Nach meiner Befreiung, nach der Entlassung aus dem Krankenhaus und während meines Herumirrens auf der Heimfahrt in die Niederlande ließ ich den Hoffnungsfunken, meine Verwandten wiederzufinden, nicht erlöschen. Jetzt, hinkend unterwegs zu einem fremden Psychiater, sehne ich mich zurück nach den kameradschaftlichen Mitreisenden, die Buchenwald überlebt und mich wie einen Bruder in ihrer Mitte aufgenommen hatten, auf der Reise nach einem Zuhause, das kein Zuhause mehr war.

Die Bushaltestelle, ein verrostetes Schild an einem farblosen Pfahl, steht verlassen in der Landschaft. Während ich warte, spüre ich den Schmerz in meinem Fuß, der quälend langsam heilt.

In den Asphalt haben die Raupenketten von Panzern grobe Spuren gefräst. Die Schützenlöcher am Straßenrand sind noch nicht zugeschüttet, und da und dort, entlang der Straße im Sand verstreut, liegen schmutziggelbe Scheiben, die ich als Landminen erkenne. Ein einziger Schritt, und alles Elend ist zu Ende, aber dann wäre alles vergeblich gewesen.

Das Brummen des Busses verjagt meine schwarzen Gedanken.

»Versuch, mir deine Geschichte zu erzählen. Du brauchst dich nicht zurückzuhalten, alles bleibt unter uns.«

Das Klopfen in meinem Hals hört auf; der Eisklumpen in meinem Bauch schmilzt. Seine Wärme schenkt mir Vertrauen, doch die Worte über die Lagerjahre bleiben unausgesprochen. Es gibt keine Sprache, um die Erniedrigung, den Schmutz, die Wut und den Kummer zu beschreiben. Mein stammelnder Versuch scheitert.

Er drängt mich nicht. Er versteht. »Wie war es, als du hierher zurückkamst? Wie hast du Onkel und Tante gefunden?«

Seit meiner Befreiung am 8. Mai 1945 ist so viel geschehen, dass ich Mühe habe, die Gedanken zu ordnen.

»Wie bist du hergekommen?«

»Mit einem amerikanischen Militärlastwagen. Der hat mich bis zur Polizeiwache gebracht. Ich erkannte das Haus sofort. Dort haben wir vor drei Jahren nach der Razzia am 2. Oktober 1942 hinter Gittern gesessen. Und von dort aus wurden wir nach Westerbork verschickt.

Der amerikanische Fahrer wusste sich mit mir keinen Rat. Er winkte noch, als er weiterfuhr. Sicherlich, um eine neue Ladung Heimkehrer zu holen. Es war eine Überwindung, hineinzugehen. Aber was sollte ich sonst tun? Beim wachhabenden Kommissar erkundigte ich mich nach einem Inspektor, von dem ich wusste, dass man ihm vertrauen konnte. Ein Mann vom Repatriierungsdienst in Eindhoven, der ihn aus der Widerstandsbewegung kannte, hatte mir seinen Namen genannt.«

Dr. Simons nickt ermutigend, um meinen stockenden Bericht wieder in Gang zu bringen. Meine Fäuste sind geballt.

»Und dann?«

»Ich saß auf einem Stuhl dem Kommissar gegenüber. Die Tür hinter mir ging auf. Ein Polizist kam polternd herein und meldete etwas, das ich nicht verstand. Als er sich umdrehte, sah ich sein Gesicht. Ob er mich erkannte, weiß ich nicht. Meine Panik muss sichtbar gewesen sein. Als die Tür zum Korridor zugefallen war, sagte der Kommissar zu mir, der Polizist habe seinerzeit die Befehle der SS und der Feldpolizei nicht ignorieren können. Er hatte immerhin Frau und Kinder. ›Sie werden ihn doch in Ruhe lassen, nehme ich an?‹ Ich war zu bestürzt, um antworten zu können. Der Gedanke an Rache war gar nicht in mir aufgekommen.

Der Inspektor war ein etwas älterer Mann, der sehr schlecht aussah. Er rauchte unentwegt. Seine Hände zitterten. Er kannte meine Eltern nur flüchtig, war aber ein guter Freund von Bekannten, die im Untergrund überlebt hatten. Von ihm erfuhr ich, dass Onkel und Tante lebten und sogar in der Nähe wohnten. Ich erzählte ihm von der Begegnung auf der Polizeiwache, und er war überhaupt nicht erstaunt. »Es ist hier noch überall voll von der Sorte. Sogar der Hauptkommissar ist nicht astrein.«

Er suchte die Adresse des Ehepaares für mich heraus, das uns damals, als es schon Razzien in Amsterdam gab, mit Wolldecken im Tausch gegen unsere Daunendecken versehen hatte. Wie er meinte, sei auch das Tafelsilber dort untergebracht. Er half mir beim Eintragen ins Einwohnerverzeichnis.

Ich habe ihn danach nicht mehr gesehen. Ein paar Monate später ist er gestorben, vermutlich vor Enttäuschung. Er hatte von der Befreiung anderes erhofft, genauso wie ich.«

Fast unmerklich nickt Dr. Simons und ermutigt mich, fortzufahren.

»Gegen Abend klingelte ich bei der Familie Koenen. Die Haustür ging auf, und Frau Koenen sah mich verwundert an, erkannte mich aber nicht. Das hatte ich auch nicht erwartet. Ich hatte noch Stoppelhaar, und meine Kleider waren zerlumpt. Vor drei Jahren war ich noch ein kleiner Schuljunge gewesen, und jetzt stand ein schäbiger Bettler vor ihr.

Ich nannte meinen Namen und sah den Schrecken auf ihrem Gesicht. Sie änderte sich schlagartig, lachte und weinte zugleich, bat mich sofort herein und rief aufgeregt nach ihrem Mann.

Ich fühlte, dass ich willkommen war. Bei Tisch, wo sofort Butterbrote und Tee serviert wurden, brach eine Sturzflut von Fragen über mich herein, doch als meine Gastgeber merkten, dass ich todmüde war und kaum antworten konnte, bezogen sie ein Bett für mich im Gästezimmer. In jener Nacht schlief ich tiefer, als ich seit Jahren geschlafen hatte. Ich brauchte nicht mehr auf der Hut zu sein.«

Ein Lächeln erscheint auf dem Gesicht des Therapeuten.

»Fast eine Woche war ich bei ihnen. Sie umsorgten mich und drängten mich nicht. Stolz erzählte mir der Mann von dem Silber, das sie für uns sicher aufbewahrt hatten. Nie hatte der SD, der Sicherheitsdienst der SS, bei ihnen eine Hausdurchsuchung gemacht. Die Schätze waren neben der Höhle des Löwen versteckt. Der Ortskommandant war sein Nachbar gewesen, der morgens sogar grüßte, wenn er zur Kommandantur ging. Auch bei seinem Freund, dem Notar, sei noch das eine oder andere von meinen Eltern vorhanden, vertraute er mir an.

Ein paar Tage später sah ich einen Mann in Lederweste und Kampfanzug auf einem großen Motorrad den Gartenweg herauffahren. Als er absaß und die Motorradbrille auf die Stirn schob, erkannte ich das Gesicht meines Cousins. Es war nicht so mager und abgekämpft wie vor zwei Jahren, als ich ihn auf der Krankenstation in Westerbork zum letzten Mal sah. Ein paar Wochen zuvor war er als ›Straffälliger‹ dort angekommen, nachdem die Gendarmen ihn bei einer ›illegalen‹ Tätigkeit aufgegriffen hatten. Am nächsten Tag sollte er wegen einer akuten Ohroperation ins Krankenhaus nach Gronigen überstellt werden. Widerstandsleuten ist es gelungen, ihn von dort zu entführen. Die Nachricht von seiner Flucht überraschte uns im Lager. Unsere Angst vor Repressalien war keine eingebildete, aber wir freuten uns trotzdem für ihn.

Er begrüßte mich herzlich, aber mit einem Anflug von Verlegenheit, die ich schon bei anderen Menschen beobachtet hatte. Als ob ein Totgeglaubter wieder vor ihnen stünde.

Stolz zeigte er mir seine alte Harley Davidson und lud mich ein, mit ihm in das Haus am Rand von Beekbergen zu kommen, in das mein Onkel und meine Tante nach der Schlacht um Arnheim eingezogen waren. Gespannt und voller Erwartung bestieg ich die große Maschine und hielt mich am Griff des Passagiersattels fest. Mein Kleiderbündel lag eingeklemmt zwischen seinem Rücken und meinen Händen. Ich traute mich kaum, dem lieben Ehepaar zu winken, das mich so gastfreundlich empfangen hatte.

Der Wind blies durch meine Kleider, aber kalt war es nicht in der Augustsonne. Das Motorengeräusch machte jedes Gespräch unmöglich, und ich musste die Fragen, die ich hatte stellen wollen, noch eine Weile aufschieben. Waren die Kanadier, von denen Leo gesprochen hatte, die Befreier der Niederlande? Was war die Schlacht um Arnheim? Wo war meine Familie untergetaucht gewesen? Gibt es noch andere, die am Leben sind?

Wir fuhren aus Apeldoorn in Richtung Arnheim. Nach Beekbergen war die hügelige Straße nahezu verlassen. Wir überholten ein Auto, das einen großen Gasballon auf dem Dach trug, und einen Lastwagen mit Holzantrieb. Leo deutete auf sie. Solche Fahrzeuge hatte ich noch nie zuvor gesehen.

Die Landstraße, die wir einschlugen, war steinig. Staub flog uns um die Ohren. Langsam fuhren wir an hölzernen Sommerhäuschen vorbei, die sich hinter ungepflegten Gärten mit Heidekraut und Nadelbäumen versteckten. Beim letzten Haus, wo die Straße in einen ungehärteten Sandweg überging, hielten wir an. Wir bahnten uns einen Weg an den Laken vorbei, die vor der Haustür zum Trocknen hingen. Durchs Fenster hörte ich die Stimmen meines Onkels und meiner Tante. Ihre Stimme war durchdringend; die seine hatte noch immer den deutschen Akzent, den ich von früher bei Emigranten und Flüchtlingen kannte. Meine Tante erschien in der Tür. ›Tag, Junge.‹ Ich bekam einen zögernden Begrüßungskuss. Sie trat einen Schritt zurück und musterte mich vom Scheitel bis zur Sohle: ›Du siehst noch nicht sehr gut aus. Ich werde etwas zu essen für dich machen.‹ Auch mein Onkel wusste nicht, wie er mit mir umgehen sollte. Er war zwar herzlich, doch ich spürte, dass er seine Gefühle kaum beherrschen konnte. Der Sohn ist am Leben, aber wo ist mein jüngerer Bruder? las ich in seinen Augen.

In der Woche, die nun folgte, schlief ich unruhig auf dem Feldbett, das man für mich aufgeschlagen hatte. Die Mutter meiner Tante war nach der Befreiung aus der Schweiz zurückgekommen. Man hatte sie aus Theresienstadt mit einem Transport »Austauschjuden« dorthin gebracht, und sie fand, dass gute Manieren sofort wieder beachtet werden müssten. Bei Tisch ärgerte sie sich maßlos über mich. Als ich eine Schale mit einem Rest Kompott an den Mund hob, stieß sie sie mir ins Gesicht. Saft und Früchte schwappten auf meine Kleider. Die Tischgenossen lachten bloß, ich war sprachlos vor Wut.

Die Villa, in die wir ein paar Tage später umzogen, lag einen Steinwurf weit vom Sommerhaus. Während des Krieges war sie der Wohnsitz eines hohen niederländischen SS-Funktionärs gewesen und nach der Enteignung meinem Onkel zugewiesen worden. Dort haben Sie mich gestern zum ersten Mal gesehen.«

Dr. Simons sagt: »Du bist nicht mit offenen Armen empfangen worden, stimmt das? Sie haben natürlich auch eine Zeit voller Gefahren und Spannungen hinter sich, wie so viele hierzulande. Bei meinem Besuch habe ich das sehr wohl bemerkt. Die Funken sprühten nur so. Aber sprich weiter: ich kann die Gewalt der Explosion noch immer nicht begreifen.«

Ich bin durch seine Bemerkung kurz durcheinandergeraten. Dass der Krieg auch in den Niederlanden Spuren hinterlassen hatte, wusste ich, doch sein Argument fällt in diesem Augenblick bei mir nicht auf fruchtbaren Boden.

»In der neuen Wohnung fühlte ich mich überhaupt nicht willkommen. Mein Bericht über die vergangenen Jahre blieb mir in der Kehle stecken. Trotzdem hoffte ich auf ein wenig Ermutigung, aber das Gegenteil war der Fall. Meine Tante erstickte jede Anspielung im Keim. Auch bei meinem Cousin. Über die Lager war ein Tabu verhängt, aber die Heldentaten und Entbehrungen der Familie wurden breit erörtert.« Dr. Simons nickt wieder und spornt mich an, Einzelheiten zu erzählen. »In der Nähe lag das Zeltlager der Kanadier. Zusammen mit Leo schlenderte ich über das Gelände. Wir bewunderten ihre Ausrüstung. Die Soldaten waren so fröhlich und kameradschaftlich. Die ›fieldrations‹, die wir von ihnen bekamen, schmeckten herrlich, aber wir fühlten uns wie Bettler, wenn wir die dicken Schokoladerippen verspeisten.

Abends besuchte uns oft ein jüdischer Sergeant aus Toronto.

Ich war das Paradepferd: das Mitglied der Familie, das die Konzentrationslager überlebt hatte. Zuerst schämte ich mich, ich weiß nicht warum.

Sam erzählte, er habe Bergen-Belsen gesehen. Er wusste … er war wirklich interessiert. Mit ihm konnte ich sprechen. Die Geschichten über sein Zuhause weckten Heimweh in mir. Er sagte: ›Wenn du jemals nach Kanada kommst …?‹ Oft brachte er Stangen Senior-Service-Zigaretten und Corned-beef-Konserven mit im Tausch für einen Fotoapparat oder etwas anderes. Als Abschiedsgeschenk bekam ich von ihm ein Paar neue Militärstiefel und zwei Armeehemden mit einem Läppchen am

Hals. Die ›Knobelbecher‹ konnte ich nicht tragen. Mein Fuß war noch nicht geheilt. Am nächsten Tag trug sie mein jüngster Cousin. Die Oberhemden verschwanden in der Wäsche. Ich habe sie nicht wiedergesehen.«

Dr. Simons erwähnt die Schule. »Hast du darüber nachgedacht, ob du weiterlernen willst?«

Ich erzähle ihm von der Oberrealschule, in die ich vor vier Jahren aufgenommen worden war, und von der Enttäuschung, sie als Jude doch nicht besuchen zu dürfen. »Das Gebäude steht noch nicht zur Verfügung, und manche Lehrer auch nicht. Mein Onkel meint, die Hauptschule sei gut genug für mich. Seiner Meinung nach braucht man nicht mehr als Kaufmann. Aber für ein Leben als Kaufmann habe ich nichts übrig.«

Es gab Schulbücher im Haus, und ich habe versucht, mir ein wenig Lehrstoff einzuprägen, aber meine Gedanken ließen sich nicht zwingen. Ich wurde schnell müde und fühlte mich elend. Der Hausarzt stellte einen Herzfehler fest. Diphterie und Flecktyphus hatten ihre Spuren hinterlassen.

Meine Tante hielt es für wehleidiges Getue: ›Studieren und körperliche Arbeit sind gut für deine Gesundheit und für die Moral.‹ Wenn ihre Söhne lernen, holzhacken, schleppen und täglich Wasser hochpumpen konnten, müsse ich das auch können. ›Die Jungen haben es im Krieg auch nicht leicht gehabt!‹

Ich bin nie darauf eingegangen. Aber als sie auf meine Eltern zu sprechen kam, wurde ich böse. Aus meiner Kinderzeit erinnerte ich mich an ihre Herrschsucht und an die Auseinandersetzungen, die darauf folgten.

Als die Schwester meiner Mutter aus Schweden zurückkam, wurde die Atmosphäre noch geladener. Sie hatte Ravensbrück mit knapper Not überlebt und war schon im Februar 1945 unter dem Schutz des Grafen Folke Bernadotte mit einem Transport nach Malmö gebracht worden. Sie war gereizt. Durch die Gefangenschaft war sie noch streitlustiger geworden, als ich sie früher gekannt hatte. Ich hörte sie lauthals protestieren, dass sie als Putzfrau behandelt werde.

Holzhacken und pumpen: Zuerst tat ich es ohne Murren, auch wenn mein Herz hämmerte. Meine Tante aus Malmö wurde rasend, als sie sah, dass ich jeden Morgen das Wasser aus dem Keller in den Wassertank hochpumpen musste. Allmählich fasste ich Mut und wagte es, mich zu beschweren. Das schlug dem Fass den Boden aus. Meine Tante wütete wie ein Dragoner. Der Streit mit mir und der Schwester meiner Mutter tobte durchs Haus. Sie fand eine andere Unterkunft, aber ich blieb zurück, da ich nicht wusste, wohin. Von meinem Onkel war keine Unterstützung zu erwarten. Er wollte Frieden. Nur mein ältester Cousin traute sich manchmal, etwas zu sagen.

Vor ein paar Tagen machte mir das Pumpen besonders große Mühe. Ich fühlte mich elend und zitterte vor Anstrengung. Keuchend ruhte ich mich aus. Meine Tante stand oben auf der Kellertreppe und sagte spöttisch, ich solle mich nicht so anstellen. Ein Wutanfall in der Gefangenschaft hätte den Tod bedeutet. Diesmal konnte ich ihn nicht mehr unterdrücken und schrie: ›Es geht hier zu wie im Konzentrationslager.‹

Ich sah sie blitzschnell nach dem Milcheimer greifen. Oben an der Treppenluke drehte sie ihn um. Zehn Liter Magermilch ergossen sich über mich. Ich war durchweicht, es verschlug mir den Atem. Dann schrie ich meinen ganzen Kummer heraus, meine Tränen flossen wie die Sintflut. Das übrige wissen Sie.«

Er schüttelt den Kopf. Seine Augen sind geschlossen. Dann sieht er mich an und nickt. Um mich zu ermutigen oder aus Mitleid? Er sagt, dass mir nichts fehlt, dass er meine Aufregung sehr gut begreifen kann und einsieht, dass ich mich bei meiner Familie nicht einleben kann. Auf seine Frage, ob es keine Bekannten meiner Eltern gebe, bei denen ich vorläufig unterkommen könnte, weiß ich keine Antwort. Sein Rat, wieder mit der Schule anzufangen, kommt gerade recht, ich möchte nichts lieber als das.

Er erhebt sich. Die Konsultation ist zu Ende. Er bringt mich zur Tür, legt die Hand auf meine Schulter: »Wenn du Schwierigkeiten hast und glaubst, ich könnte dir helfen, dann ruf mich an.«

Der Notar, dessen Namen meine Eltern mir schon in Westerbork eingeprägt hatten, wohnt in der Nähe. Er hatte ein wenig Geld und Gegenstände in Verwahrung genommen, als die Verfolgungen in Amsterdam und Apeldoorn begonnen hatten. Ein Kennwort war verabredet, falls einer von uns zurückkehren sollte. Im Lager hatte ich es erfahren. Damals fand ich es zwar absurd, aber spannend: wir teilten ein Geheimnis miteinander. Das gab mir ein Gefühl des Erwachsenseins, machte mir aber auch Angst. Warum sollten wir nicht zusammen zurückkehren?

Vor der Kanzlei des Notars zögere ich zu klingeln. Durch die Fenster sehe ich Männer und Frauen an großen schwarzen Schreibmaschinen sitzen. Auf den Schreibtischen liegen Aktenstapel. Das Namensschild aus poliertem Messing flößt mir Respekt ein. Doch alle Leute im Büro scheinen zu wissen, wer ich bin. Ihre Herzlichkeit überrumpelt mich, macht mich verlegen. Der Notariatsgehilfe und der Buchhalter klopfen gemeinsam an der Tür des Notars. Er kommt mit ausgestreckter Hand aus seinem Büro. »Mein Gott, siehst du deiner Mutter ähnlich«, sind seine ersten Worte. Über die Schulter entschuldigt er sich bei seinem Mandanten.

Im Sprechzimmer weist er auf einen großen Lehnsessel und setzt sich mir gegenüber. Die Sekretärin bringt Tee und nickt mir zu, wie um mich zu beruhigen. Der Kopf des Notars glänzt im Licht der Schreibtischlampe. Das Haar an seinen Schläfen ist grau. Er ist älter als mein Vater. Er stellt wenig Fragen, und ich spüre, dass er sie mir ersparen will. Der Herr Koenen habe schon viel von mir erzählt, sagt er. Besorgt erkundigt er sich nach meiner Gesundheit und schiebt einen Hocker herbei, als er den Verband an meinem Fuß erblickt. Dann ruft er durchs Haustelefon seine Ehefrau an und meldet unser Kommen. »Du bleibst doch zum Essen? Später bringe ich dich dann heim.«

Auch seine Frau ist älter als meine Mutter, aber in ihrem braunen Haar ist weniger grau als in dem meiner Mutter bei unserem Abschied, der Jahrhunderte und Sekunden zugleich zurückzuliegen scheint.

Das mütterliche Willkommen taut mich auf. Auch für mich ist gedeckt, und bald kommen vier Söhne und eine Tochter herein, wie Orgelpfeifen. Sie sehen mich neugierig an.

Die Schüsseln stehen auf dem Tisch. Notar Kuhlmann senkt den Kopf, seine Frau und die Kinder tun es ihm nach. Alle bekreuzigen sich und sagen das Ave Maria deutlich und ohne zu stocken. Die Eltern beten vor. Ihre Augen sind geschlossen, aber die Kinder gucken durch die Lidspalten verwundert herüber zu mir, dem Fremden, der nicht weiß, was sich gehört. Nach der Mahlzeit wieder ein Gebet und Kreuzzeichen, aber jetzt ohne verständnislose Blicke. Der Vater hat während des Essens erklärt, dass ich einen anderen Glauben habe, zu dem andere Gebete gehören.

Wir sitzen in großen Plüschsesseln vor dem Kamin. Die Kinder sind ohne Protest zu Bett gegangen. Aus der Küche kommt vertrautes Klirren von Gläsern und Geschirr im Abwaschbecken. Notar Kuhlmann zündet eine Pfeife an und bläst den Rauch nachdenklich vor sich hin. Dann richtet er den Blick auf mich und fragt, ob es mir auf der Heide bei meiner Familie gefällt. Ich kann meinen Kummer nicht zurückhalten, auch nicht meine Tränen. Er hört zu und erstarrt. Ernst sagt er: »Es fällt mir schwer, etwas vor dir zu verschweigen, aber vielleicht noch schwerer, es dir zu sagen: Du weißt, dass deine Eltern mir ein wenig Geld und Sachen zur Aufbewahrung dagelassen haben. Sie haben ein Kennwort ausgedacht für den Fall, dass ihr nicht alle zurückkommen solltet.« Er zündet erneut die Pfeife an und entlässt Rauchwölkchen aus seinem Mund. Ich murmele leise das Kennwort, aber er schüttelt den Kopf. »Das meine ich nicht; ich weiß sehr gut, dass du es bist. Etwas anderes bedrückt mich, und ich fürchte, dich damit zu belasten: Ein paar Tage nach der Kapitulation – meine Kanzlei war noch nicht eröffnet – stand deine Tante vor der Tür und wollte mich sprechen. Sie stellte sich vor und sagte, ihr Mann sei der Bruder deines Vaters, und sie beide seien die einzigen Erben von deinen Eltern und dir. Was mich böse machte, war ihre Bemerkung, dass ihr sicherlich alle umgekommen wäret. Dass niemand von euch zurückkommen würde. Zur Sicherheit fragte ich sie nach dem Kennwort, doch sie blieb die Antwort schuldig. Ohne Gruß ging sie fort. Wütend. Danach habe ich sie nicht mehr gesehen. Sie scheint das Gerücht verbreitet zu haben, ich versuchte, euer Eigentum zu unterschlagen.«

Ich traue meinen Ohren kaum. Die Ohnmacht, die mich während der groben Behandlung in ihrem Haus gelähmt hat, schlägt um in Wut. Ich stottere vor Zorn, und mein Entschluss steht fest: Ich gehe nicht mehr dahin zurück.

Er beugt sich vor, klopft mir aufs Knie und sagt: »Bei einem meiner Jungen steht ein zweites Bett. Wenn du damit vorliebnehmen willst, bleib bei uns. Du bist von Herzen willkommen.« Ich suche nach Worten, um meinen Dank auszudrücken, doch er wehrt ab, als sei sein Angebot etwas Selbstverständliches.

In den folgenden Wochen ist das Haus des Notars eine Oase des Friedens. Von »meneer« wird der Notar zum »Onkel«, von »mevrouw« seine Frau zur »Tante«, und ich, der ich nie einen Bruder oder eine Schwester hatte, werde meinerseits zum »Onkel« für das kleine Volk.

Allmählich verliert die Welt um mich herum das Bedrohliche. Meine Füße stehen auf festem Boden. Der eisige Fluss, der mich jahrelang mitgeschleppt hat, schmilzt. Die Zukunft ist noch neblig, aber nicht mehr imaginär.

Ich bin siebzehn Jahre alt, ohne Beruf, ohne Ausbildung. Das Lager war eine Schule für das Sterben, nicht für das Leben. Erinnerung an Schule und Hausarbeiten werden wach; an die Monate nach meiner Aufnahmeprüfung, als mutige Lehrer mir Privatunterricht gaben, weil die richtige Schule für jüdische Kinder versperrt war; als Lernen ein Zaubergarten war, in dem ich mich vor der täglichen Gefahr verstecken konnte.

Das alte Gebäude der Höheren Bürgerschule steht noch immer. Das Glockentürmchen, die Granitstufen, abgetreten von Tausenden von Kinderschuhen, die Klassenzimmer mit zerkratzten Bänken, alles ist seit 1941 unverändert.

Dr. Logeman, der alte Direktor, der während der Aufnahmeprüfung stundenlang auf knarrenden Schuhen durchs Klassenzimmer wanderte, um das Abschreiben zu verhindern, ist pensioniert. Ihn wollte ich sprechen, an ihn dachte ich sogar noch im Lager. Als wir im Polizeigefängnis von Apeldoorn hinter Gittern saßen, war er es, der mir durch die Stäbe ein Mathematikbuch zusteckte und heiser sagte: »Nimm das mit, vielleicht kannst du dort damit weitermachen. Ich möchte dir nur eine gute Reise wünschen.«

Der neue Direktor, Herr Ingenieur Koers, ein hochgewachsener Mann mit strengem Gesicht, ungelenk bei der Begrüßung und ungelenk sogar, wenn er eine Pfeife zwischen die Zähne steckt, ist sachlich und distanziert. Meine Aufnahmeprüfung ist noch gültig, aber ich muss alle Klassen durchlaufen. Er wundert sich, als ich mein Alter sage, und fragt nach dem Grund meines späten Beginnens. Ein Stückchen meiner Geschichte genügt, damit er auftaut. Sein Rat beruhigt mich: ich soll den Lehrstoff der ersten zwei Klassen zu Hause durch Privatunterricht bei einem Lehrer nachholen und dann einen Test für das dritte Jahr machen. Er ruft seinen alten Kollegen an, redet zunehmend lebhafter, erklärt ihm, worum es geht, und legt ein gutes Wort für mich ein, als er hört, dass eigentlich kein Platz mehr ist, denn auch aus Niederländisch-Indonesien gibt es Kinder, die viele Jahre Unterricht versäumt haben. Zufrieden teilt er mir mit, dass ich schon bald anfangen könne.

Notar Kuhlmann freut sich über meinen Bericht und meint, ich brauche eine Unterkunft mit Verpflegung, wo ich ruhig, ungestört durch Kinderlärm, studieren kann.

Frau Posthuma, die Witwe eines Widerstandskämpfers, der kurz vor der Befreiung standrechtlich erschossen worden war, wohnt in einer Allee nahe der Bürgerschule. Sie begrüßt uns in Friesisch, die Sprache, die mein Vormund und sie aus ihrer Jugend bewahrt haben, und spricht sofort Holländisch weiter, als sie meine Verwunderung bemerkt.

Keinen Augenblick zögert sie, seine Bitte zu erfüllen, die er schon telefonisch an sie gerichtet hat. Sie geht vor uns die Treppe hinauf. Das vordere Zimmer im ersten Stock mit Aussicht auf die Allee bekommt von zwei Seiten Licht. Eine Balkontür gewährt Zutritt zu einer Veranda, die über einem Wintergarten liegt. Bemooster Kies liegt darauf, und es sieht aus, als hätte ihn seit Jahren niemand betreten. Ein Waschbecken mit Marmorplatte und Kupferhähnen hängt in einer Nische. Ein Küchentisch und ein gepolsterter Stuhl stehen vor dem Fenster. Auf dem Tisch liegt ein kariertes Wachstuch. Das breite Bett steht an der Wand. Kopf- und Fußende haben weißlackierte Stäbe mit Kugeln an den Enden. Ein hellgrüner Petroleumofen der Marke Aladdin steht in einer Ecke. Im Zimmer ist es kühl und ein bisschen feucht. Ihr Gesicht scheint älter zu werden, als sie sagt: »Das war unser Schlafzimmer.« Dann gewinnt sie ihre Fassung wieder und legt den weichen Arm um meine Schulter: »Ich werde das Zimmer für dich gemütlicher machen. Du wirst hier in Ruhe studieren können.«

Der Umzug ist leicht. Sogar ein Lieferrad ist zu groß. An der Wand meines neuen Zimmers hängen jetzt kleine Bilder von der Veluwer Heide mit Schäfer und Schafstall. Die Einrichtung ist durch einen Korbsessel, eine Schreibtischlampe und ein Bücherregal ergänzt worden. Die klamme Kälte ist geblieben. Der nasse Herbst leckt an der Balkontür.

Eine große dicke Frau öffnet die Haustür. Verstört mustert sie mich. Ich habe wohl zu heftig an der Klingel gezogen, denke ich. »Bist du der neue Schüler? Mein Mann ist oben bei den anderen Schülern. Er weiß doch, dass du kommst? Du brauchst sicher Nachhilfe für die Abschlussprüfung?« Ich geniere mich, dieser bäurischen Frau zu gestehen, dass ich mit der ersten Klasse anfangen muss. Sie zeigt mir den Weg zum Unterrichtszimmer, legt mir ans Herz, künftig leiser zu klingeln, und verschwindet ins Wohnzimmer.

Oben höre ich Gemurmel. Etwa zehn Schüler sitzen an kleinen Tischen vor ihren Büchern und Heften. Herr Van Dijk beugt sich über einen von ihnen und zeigt ihm etwas. Als er mich in der Tür sieht, kommt er auf mich zu und zieht mich mit in den Gang. Wir stellen uns einander vor. Über den Stand meiner Kenntnisse brauche ich ihm nicht viel zu erzählen, der Direktor hat ihm schon Bescheid gesagt. Er teilt mir mit, er werde mir bei den Sprachen und bei den Fächern helfen, in denen keine Mathematik vorkommt. Entschuldigend sagt er, er sei ein echter Geisteswissenschaftler, aber sein Assistent habe einen guten Kopf für Mathematik. »Der wird dir alle naturwissenschaftlichen Fächer beibringen. Und dann noch etwas: Du wirst dich tüchtig ranhalten müssen, sonst ist es schade um unsere Zeit und dein Geld.« Er macht eine besorgte Miene und fügt hinzu: »Du hast doch Geld?«

Die Röte steigt mir ins Gesicht. Ich nicke unsicher und hoffe im stillen, dass genug Geld da ist, um diese Extravaganz zu finanzieren. An Geld habe ich noch nie gedacht, und seit meiner Rückkehr hat sich nichts daran geändert. Ich weiß nicht einmal, wie lange ich noch zur Schule gehen kann, ohne Arbeit suchen zu müssen. Niemand hat je Bezahlung von mir verlangt. Wie in einem Traum habe ich alles angenommen, ohne den Preis zu wissen oder mich nach dem Preis zu erkundigen. Ich nehme mir vor, den Notar um Rat zu fragen, sage aber jetzt schon, dass ich am Unterricht teilnehmen will.

Während eines Besuchs in seiner Kanzlei brauche ich nicht lange auf Antwort zu warten. Die Versteigerung des Hausrats meiner Eltern wird genügend erbringen, um die Schuljahre zu überbrücken, wenn ich es schaffe, sparsam zu leben.

Jeden Nachmittag sitze ich zwischen Kindern, die unter dem wachsamen Auge der beiden eifrigen Lehrkräfte ihre Hausarbeiten machen. Ihnen fehlt es an Sitzfleisch oder an Verstand, die Aufgaben allein zu bewältigen. Ich fühle mich wie Gulliver unter den Liliputanern. Auf meinem Tisch liegen die Schulbücher in hohen Stapeln, und ich verschlinge ihren Inhalt wie ein Hungriger ein Festmahl. Gierig sammle ich die Kenntnisse, die mir jahrelang vorenthalten wurden. Meine Lehrer lassen sich mitreißen und widmen mir viel Zeit.

Mein Gedächtnis lässt sich wieder trainieren wie ein Pferd. Die Vergangenheit wird von Schulwissen überspült, aber das rächt sich nachts in meinem eisernen Bett. Schreiend schlage ich die Alpträume von mir weg, und meine Wirtin kommt fassungslos nachschauen, was sich in meinem Zimmer abspielt. Schon bald hat sie sich daran gewöhnt und bringt mir warme Milch, um mich zu beruhigen. Auch ihre Nächte werden von Träumen gestört, bekennt sie mir. Den Inhalt der Spukbilder verschweigen wir voreinander. Frühmorgens, lange vor dem Frühstück, sitze ich an meinem Tisch unter der grellen Schreibtischlampe, mache Rechenaufgaben, pauke Grammatik, lerne Vokabeln, Städte und Flüsse. Die Zerstörungen im Altertum und Mittelalter erscheinen harmlos gegen das, was sich in unserer Gegenwart zugetragen hat.

Bei Tisch bin ich schweigsam, während meine Hausgenossen fröhlich plappern. Die drei Kinder – das älteste fast so alt wie ich – behandeln mich, als wäre ich schon im vorgerückten Alter. Ihren Späßen bin ich nicht gewachsen. Sie meinen es gut, können aber nicht verstehen, dass ich ein Außenseiter bin.

In ein paar Monaten schaffe ich, wozu jüngere Schüler Jahre benötigen. Es ist keine Last, es schenkt Vergessen.

Nach ein paar Prüfungen im Frühjahr 1946 betrete ich das alte Schulgebäude. Der hochgewachsene Direktor geht mir voran und klopft an das Türfenster der dritten Klasse. Ein Lehrer mit Glatze, von dunklem Haar umkränzt, schaut vom Buch auf, aus dem er vorliest. Die neugierigen Augen der Schüler sind auf mich gerichtet. Herr Koers stellt mich vor. Die Furcht, er könnte mein Taufgeheimnis lüften, ist unbegründet. Für die Klasse bin ich bloß ein »Neuer«. Der Lehrer weiß schon Bescheid. Seine braunen Augen schweifen interessiert über mein Gesicht, als käme ich von einem anderen Erdteil. Er stellt sich vor, lächelt freundlich und sagt, ohne mich anzusehen: »Ich bin der Deutschlehrer.« Ich erschrecke nicht. Er führt mich zu einer Schulbank in der dritten Reihe, wo ein großes Mädchen auf dem anderen Platz sitzt. Sie lacht mich an, nimmt ihre Tasche von meinem Platz und flüstert: »Ich bin Herma.«

Als der Direktor gegangen ist, geht der Unterricht einfach weiter. Alle beugen sich über das flache grüne Buch, das vor ihnen liegt. Herma zeigt mir das Titelblatt: *Schwere Wörter.* Während meiner Privatstunden habe ich es bereits durchgelesen und fand es gar nicht schwer. Die Redewendungen waren mir vertraut und selbstverständlich. Zu Hause hatte ich früher nichts anderes gehört, doch hier stammeln alle bei jedem Satz und jeder Frage. »Schwer« ist es für mich keineswegs. Der Vorsprung gibt mir Selbstvertrauen, und als Herma bei einer Frage stottert, sage ich ihr vor.

Es sind noch zehn Minuten, bis die Pausenglocke läutet. Der Lehrer nimmt ein anderes Buch und trägt in Deutsch ein Gedicht vor. Die erste Zeile öffnet den Vorhang meiner Erinnerung. Meine Lippen bewegen sich mit. Schon vor fünf Jahren konnte ich es aufsagen. Damals brachte ich die sorgenvollen Gesichter meiner Eltern und unserer Hausgenossen zum Lachen: »Palmström steht an einem Teiche und entfaltet groß ein rotes Taschentuch: Auf dem Tuch ist eine Eiche dargestellt sowie ein Mensch mit einem Buch …«

Dr. Berkhout hält inne mit dem Vorlesen, und ich spüre das Schweigen der Klasse. Er ermutigt mich, laut weiterzusprechen. Die nächsten Zeilen sage ich auf wie im Traum. Der Applaus meiner Mitschüler bringt mich in die Gegenwart zurück. Sie lachen über das Gedicht, nicht über mich. Das Eis ist gebrochen.

In der Woche darauf lerne ich die anderen Lehrer kennen. Männer und Frauen mittleren Alters, in Anzügen und Kleidern, die den Krieg nicht ohne abgewetzte Stellen überstanden haben. Sie unterrichten mit Hingabe und erwarten von ihren Schülern denselben Eifer. Aber bei vielen ist die Disziplin zum Lernen im letzten Kriegsjahr abhandengekommen. Sie schwänzen zwar nicht die Schule, aber die Lehrer müssen sie mitziehen wie Wolgaschlepper.

Für mich bedeuten die Schulstunden Entspannung und Erlösung von bedrückenden Erinnerungen. Nachmittags in meinem Zimmer mache ich die Hausaufgaben und gebe mich nicht zufrieden mit der geringen Menge der Aufgaben, die in meinem Notizbuch verzeichnet sind. Bis abends sitze ich über den Büchern. Ich verschlinge sie wie Romane. Mit einer Decke um die Beine gegen den kalten Luftzug, der durch die Ritzen der Balkontür hereinweht, schlage ich Seite nach Seite um, mache mathematische Aufgaben, präge mir reihenweise Wörter und Jahreszahlen ein, sage Städte, Flüsse, physikalische Gesetze und chemische Formeln auf. Mein Leben hat die eintönige Farbe des Einschlagpapiers, das meine Schulbücher schützt, aber sie halten die Gespenster von mir fern.

Meine Wirtin findet, ich sei nicht gesellig, aber ich weiß nicht mehr, was »gesellig« ist. Manchmal höre ich mit ihr und den Kindern die Radiosendung »Bunter Dienstagabendzug« oder ein Hörspiel. Durch den Lautsprecher des Drahtfunks dringen die Sendungen in das geheizte Wohnzimmer, aber das schallende Gelächter bei den Späßen von »Snip und Snap« oder die Spannung bei einem mysteriösen Kriminalfall wollen bei mir nicht aufkommen. Die Besuche am Sonntagmittag bei meinem gastfreundlichen Vormund schenken mir zwar ein Gefühl der Geborgenheit, aber es vermischt sich mit dem Kummer um meine eigenen Eltern.

In den Ferien, wenn die Sonne es gut meint, fahre ich ziellos mit dem Rad über die Veluwer Heide, Bücher und Butterbrote auf dem Gepäckträger. Um eine menschliche Stimme zu hören, knüpfe ich Gespräche an mit Wanderern, die auf einer Bank ihr Brot verzehren. Die Alleen dort, wo wir gewohnt haben, meide ich. Das Haus aus gelbem Backstein mit dem Garten, in dem meine Eltern mit großer Mühe Stachelbeersträucher am Leben zu halten versuchten, möchte ich wiedersehen, doch ich fürchte die Erinnerungen. Der Kreis, in dem ich wochenlang um den Bezirk herumradle, wird immer kleiner, bis ich an einem Frühlingsabend mit klopfendem Herzen vor dem hölzernen Gartenzaun stehe. Das Haus starrt mich mit toten Augen an. Die Sträucher sind verschwunden. Eine struppige Ligusterhecke umsäumt einen räudigen Rasen. Die schweren Gardinen vor den Fenstern verhindern den Einblick. Die Farbe der Fensterrahmen blättert ab. Der Pfad zur Haustür ist unverändert. Ich getraue mich nicht, ihn zu betreten. Mein Trommelfell hat das

Knirschen des Kieses bewahrt, das die Männer machten, bevor sie an unserer Tür hämmerten.

Ein paar Tage später überwinde ich meine Furcht. Meine Wirtin hat mir Mut zugesprochen. »Vielleicht gibt es noch Fotos oder Sachen von deinen Eltern. Die Bewohner werden das sicherlich verstehen.«

»Ich habe hier mit meinen Eltern bis Oktober 1942 gewohnt und möchte Sie fragen, ob Sie noch etwas von uns gefunden haben. Fotos oder Papiere oder dergleichen.« Ihre blassblauen Augen sehen mich feindselig an. Sie steht auf der Schwelle der halboffenen Tür, dreht sich um und schreit jemandem im Hintergrund zu: »Hier ist der Junge der Judenfamilie, die früher hier gewohnt hat.« Ich höre einen Mann sagen, dass die Eltern schon selbst herkommen müssten. Mit Mühe bringe ich heraus, dass sie nicht zurückgekommen sind, aber sie tut, als sei sie taub, und schließt die Tür, ohne ein Wort zu sagen. Fassungslos gehe ich auf dem knirschenden Pfad zurück.

Ich sehe, dass sich im Haus nebenan Gardinen bewegen. Ich erkenne unsere ehemalige Nachbarin an ihrem schwarzen Haarknoten und den roten Bauernwangen. Sie scheint mich nicht zu sehen, doch in einem plötzlichen Impuls entschließe ich mich, bei ihr zu klingeln. Ich sehne mich nach einem vertrauten Gesicht.

Meine Eltern sprachen selten mit dem ein wenig steifen Ehepaar. Ihr kleines Töchterchen mit den blonden Zöpfen war keine Spielkameradin für mich. Der Altersunterschied von sechs Jahren war zu groß und die Kluft des Glaubens zu tief. Ihre Eltern riefen sie streng zurück, wenn sie es wagte, den Ball zurückzuholen, wenn er in unseren Garten gefallen war. Frau M. begrüßt mich freundlich, aber erstaunt. Sie erkennt mich und bittet mich herein. Zum ersten Mal sehe ich ihr Wohnzimmer. Sie errötet, als sie sich nach meinen Eltern und unseren Hausgenossen erkundigt. Meine Antwort erschüttert sie, und sie versucht, ihre Verwirrung zu verbergen, indem sie in den Gang geht und nach ihrem Ehemann ruft. Seine schweren

Schritte dröhnen auf der Treppe. Als er in der Tür erscheint, stockt mir der Atem.

Noch bevor ich seine Augen sehe, sehe ich seinen Anzug. Es ist ein Anzug meines Vaters, der graue Anzug mit dem Fischgrätenmuster. Sein strenges Bürokratengesicht läuft rot an, und ohne Umschweife gibt er zu, dass er gleich nach unserer Verhaftung ins Haus gegangen ist, um nachzusehen, was brauchbar war. »Die SS hätte doch alles beschlagnahmt. Wir haben fast nichts retten können, nur ein paar Bettdecken und dies.« Er zeigt auf den Anzug, den er trägt. »Du kannst ihn natürlich wiederhaben.« Ich weiß nicht, was ich sagen soll, und bringe mühsam heraus, er solle ihn nur behalten, er würde mir ohnehin nicht passen.

Zurück in meinem Zimmer, gewinnt das Selbstmitleid die Oberhand. Meine mütterliche Wirtin versucht mich aufzuheitern mit Törtchen, die sie auf den kargen Bezugsscheinen erstanden hat. Ihre Kinder und die anderen Pensionsgäste teilen das Festmahl aus Schlagsahne und Schokolade, und im Rausch der Verbrüderung schmelzen meine Wut und mein Kummer dahin. Jan, ihr ältester Sohn, überwindet seine Zurückhaltung und lädt mich ein, seine Habseligkeiten zu besichtigen.

Am nächsten Abend geht er mir auf der Dachbodentreppe voran. Er macht das Licht an und zeigt stolz wie ein Räuberhauptmann in die Runde. Wie Orgelpfeifen stehen da Dutzende von Granatenhülsen von ganz groß bis ganz klein. Er hat sie in den Wäldern um die Stadt aufgelesen und zu Hause blank geputzt. »Die Zündhütchen stecken noch drin«, sagt er selbstsicher. Er öffnet ein altes Büfett voller Zigarrenschachteln, in denen Hunderte runder und rechteckiger Plättchen aus schwarzem Material liegen. »Schießpulver von den Moffen. Damit kannst du den Ofen anzünden. Es brennt phantastisch und ist nicht gefährlich.« In mir kommen Zweifel auf, aber ich will ihm nicht die Illusionen nehmen. Aus einer Schublade des Schränkchens holt er mit geheimnisvoller Geste, wie um mich noch mehr zu überraschen, eine Pistole mit sehr weitem Lauf hervor. »Eine Leuchtpistole, die sie bei der Marine und der Luftwaffe benutzt haben«, erklärt er. Mir wird ängstlich zumute. Seine Schatzkammer macht mir eine Gänsehaut.

Er macht vor, wie das Ding mit ausgestrecktem Arm gehalten wird. Sein Finger krümmt sich am Abzug. Ein ohrenbetäubender Knall zerreißt die Stille auf dem Dachboden. Wo vorhin ein Dachfenster war, ist jetzt ein großes Loch, in dem der Himmel in einem Wirbel aus lila Licht sichtbar wird. Unser Schrecken geht über in johlendes Gelächter. Seine Mutter kommt schreiend heraufgestürmt, schimpft ihm die Hucke voll und prustet plötzlich los. Durch das Loch betrachten wir das Feuerwerk da draußen, und ganz kurz kommt es mir vor, als hätte er meine Sorgen fortgeschossen. Ich habe das Lachen nicht verlernt.

Das Ende des Schuljahres kommt in Sicht. Es war zu leicht, zu einfach. Ein Strandspaziergang mit Bergstiefeln. Meine Lehrer pflichten mir stirnrunzelnd bei. Ihre Sorge um meine Gesundheit rührt mich.

An einem warmen Junitag gehe ich ins Waldbad am Stadtrand von Apeldoorn. Es ist unverändert seit dem letzten Mal, als ich mit meinen Eltern hier war und versuchte, Brustschwimmen zu lernen. Ein paar Klassenkameraden schwimmen wie Delphine im Wasser und setzen sich triefend neben mich zum Verschnaufen. Einer von ihnen sieht die blautätowierte Nummer auf meinem Arm und fragt arglos nach der Bedeutung. Die Antwort bleibt mir wie eine Gräte in der Kehle stecken. Ich fühle mich entlarvt und verlasse unwirsch die ahnungslose Gesellschaft.

Die vertrauliche Atmosphäre in meiner Klasse ist wie durch Zauberschlag verschwunden. Ich bilde mir ein, in ein Netz aus Klatsch verstrickt zu sein, und weiche den fragenden Blicken aus. Die Mitschüler sind noch genauso nett zu mir wie früher, und Herma bemuttert mich mehr denn je, und dennoch hat sich eine gläserne Wand um mich geschoben. Finden sie, ich sei ein Streber, weil ich sie überhole? Nichts weist darauf hin. In der Pause bin ich noch immer als Ratgeber gefragt. Aber zwischen uns gähnt die Kluft der Vergangenheit, und mir fehlen die Worte, um eine Brücke zu schlagen.

Auf den Straßen und Plätzen von Apeldoorn stehen Wahltafeln auf weichen Beinen aus Brennholz. In den Vorgärtchen schwanken sie leicht hin und her im warmen Frühlingswind. Ich radle durch die Alleen der Stadt und betrachte die Namen und Wahlsprüche der vielen Parteien, die zu den ersten Wahlen nach dem Krieg um die Stimmen der Bürger werben. Ich bin noch zu jung, um eine Partei zu bevorzugen, und könnte auch gar keine Wahl treffen. Die Wörter auf den Tafeln klingen hohl. »Wiederaufbau« heißt die Devise, aber wer baut uns wieder auf, die Überlebenden aus dem Hades, die Widerstandskämpfer und jene Unzähligen, die alles verloren haben?

Mein Chemielehrer und seine Frau empfangen mich herzlich. In ihrem Garten steht eine Tafel mit den Buchstaben CPN, für die kommunistische Partei, doch über Politik wird ebenso wenig gesprochen wie über ihre Hilfe für Juden während der Kriegsjahre. Ich kenne ihn flüchtig aus dem Unterricht in der Schule. Ein bisschen jähzornig, ein bisschen verlegen, gegen die Dummen ironisch, die Interessierten anspornend. Bewundernd habe ich ihm während der Musikstunde im Gymnastiksaal zugehört, wo er mit Beethoven- und Schubert-Sonaten selbst die lautesten Schüler zum Schweigen bringen konnte.

Nach der Schule hat er mit mir gesprochen. Er auf dem Labortisch sitzend, ich auf dem Schreibpult einer Schulbank. Als Erwachsener zu einem Erwachsenen. Ob ich die vorletzte Klasse überspringen möchte, ob ich es fertigbrächte, in den Sommerferien durchzuarbeiten? Es ist, als hätte er meine Gedanken gelesen. Nichts möchte ich lieber, aber ich weiß nicht, wie. Im Wohnzimmer steht ein Flügel mit offenem Deckel und einer Partitur auf dem Notenhalter. Ein Cello lehnt in einer Ecke. Seine Frau bringt Tee und Kekse. Er sucht nach Worten, um ein paar Fragen nach meiner Lagervergangenheit so zu formulieren, dass sie für mich nicht peinlich sind; beide sind sichtlich bewegt.

Dann wird er plötzlich sachlich, als wollte er Erinnerungen von sich abschütteln. »Ich habe mit meinen Kollegen gesprochen. Sie wollen dir mit Büchern und Ratschlägen helfen. Nur die Mathematiklehrerin muss die Stunden bezahlt bekommen, aber das werden wir schon regeln. Wenn du willst, kannst du schon vor dem offiziellen Ende des Schuljahres beginnen und dann im Herbst versuchen, in der Examensklasse mitzuhalten. Du kannst herkommen, so oft du willst. Ena und ich werden dir helfen, wo wir können.«

Wir sprechen über seine Liebe zur Musik. Als er in mir auf Resonanz trifft, die schon in meinen Kinderjahren angelegt wurde, spielt er Schubert-Lieder, die mein Vater früher gesungen hatte. Hin und hergerissen höre ich zu. Wehmut und Abwehr kämpfen um die Wette. Die Vergangenheit darf mich nicht lähmen.

Der Lehrstoff des vorletzten Jahres ist zäher und umfangreicher, als ich vermutet hatte. Der Erfolg der vergangenen Monate hat mich zur Überheblichkeit verleitet. Ich brauche jetzt unbedingt Hilfe.

Die Mathematiklehrerin wird rot vor Anstrengung. Nach einer falschen Antwort schüttelt sie heftig den Kopf. Dann schwenken ihre aufgerollten Zöpfe wie lose Kopfhörer hin und her. Mein Bleistift gleicht einem abgenagten Süßholzstöckchen. Nach zwei schweren Stunden schnaufen wir wie nach einem Marathonlauf.

Abends fahre ich durch schlecht erleuchtete Alleen zu meinem Chemielehrer. Er will mir seine Liebe für die Naturwissenschaften übertragen, holt Bücher von berühmten Gelehrten aus dem Regal und versucht, mir Theorien zu erklären, die mein Auffassungsvermögen bei weitem übersteigen.

Eine Katastrophe trifft Apeldoorn. Ein junger Fliegerunteroffizier stürzt auf das Gebäude der Christlichen Höheren Bürgerschule ab. Einundzwanzig Schüler kommen jämmerlich um. Der Pilot wollte seiner Mutter, die gleich hinter der Schule wohnt, zeigen, was er schon konnte. Sie stirbt an Herzversagen.

Die Stadt trauert. Die Schule trauert mit. Der Bruder des Fliegers besucht die oberste Klasse. Die Katastrophe hat ihn betäubt und in mir die Angstbilder von Rotterdam erstehen lassen. Mit bangen Vorgefühlen gehe ich zu meinem Chemielehrer. Sein Haus steht keine hundert Meter von der Unglücksstätte entfernt. Obwohl die schwarzversengte Schule einen schrecklichen Anblick bietet, legt sich meine Panik, als ich sehe, dass sein Haus unversehrt ist. Zum Glück leben sie noch, sage ich egoistisch zu mir selbst.

Der Sommer geht fast unbemerkt vorbei. Sogar die Balkontüren lasse ich nur selten offen am Haken klappern. Meine Konzentration darf nicht durch fröhliche Kinderstimmen gestört werden. Die Versuchung der Sommerabende versage ich mir. Nicht nur aus Arbeitseifer, denn mit wem sollte ich sie verbringen? Das sommersprossige Mädchen, das ich in jenem Jahr auf der Grundschule aus der Ferne angebetet habe, wohnt nicht mehr hier. Der Friseur, ihr übernächster Nachbar, hat mir grinsend erzählt, er habe die »Moffenhure« nach der Befreiung kahlscheren geholfen.

Als das Schuljahr beginnt, fühle ich mich noch nicht ganz bereit für die Examensklasse. Erst im Oktober muss ich auf den fahrenden Zug springen, aber ich habe schreckliche Angst davor. Studieren als mildernde Medizin zum Vergessen gehört der Vergangenheit an. Das Arzneimittel scheint Nebenwirkungen zu bekommen. Alpträume stören meinen Schlaf. Examinatoren mit dem Gesicht von Seyß-Inquart, Streicher oder Göring stellen mir Fragen, die ich nicht beantworten kann. Klatschnass erwache ich und beruhige mein Gehirn mit algebraischen Funktionen und naturwissenschaftlichen Formeln. Das vertreibt die Gespenster.

Mein Spiegelbild wird hohläugig. Die Wirtin schickt mich zum Arzt, aber der stinkende Baldrian hilft nicht.

Die Zeitungsberichte über den Nürnberger Prozess gehen nicht unbemerkt an mir vorbei, aber ich verschlinge sie auch nicht. Die biblische Geschichte von der Frau Lots bekommt eine Bedeutung. Sich nach dem Totenreich umzusehen ist gefährlich. Wenn mein Vormund zögernd fragt, wie ich über den Prozess denke, gerate ich in Verwirrung. Die Fotos der Henker widern mich an, und ich versuche, sie aus meinem Kopf zu verdrängen. Erst wenn ich sicher weiß, dass sie die Todesstrafe bekommen, werde ich beruhigt sein. Ich sage ihm das, und er begreift meine Unversöhnlichkeit. Ob er sie für richtig hält, bezweifle ich, denn sein Glaube gebietet Vergebung.

Der 2. Oktober, der schwarze Tag unserer Verhaftung vor vier Jahren, bringt endlich ein wenig Genugtuung. Im Leitartikel der *Apeldoornse Krant* steht mit großen Buchstaben, dass gestern das Urteil gefällt wurde. Von den zweiundzwanzig Angeklagten werden zwölf zum Tode verurteilt, und sieben müssen für lange Zeit ins Gefängnis. Hitler, Göring und Bormann haben selbst Hand an sich gelegt. Das Gnadengesuch von Seyß-Inquart wurde zum Glück abgewiesen. In Nürnberg, wo Hitler unser Todesurteil herausbrüllte, wurde es jetzt über seine gewissenlosen Handlanger verhängt. Ich bin den Richtern dankbar, fürchte aber, dass ihr Urteil uns nicht von den Alpträumen und von unserem Kummer erlösen kann.

Ausgerüstet mit einem Kopf voll Schulwissen werde ich vom Direktor der Realschule in den Physiksaal geleitet. Dr. Vijverberg nickt zerstreut und weist mir einen Platz zu. Die Schüler beachten mich nicht. Sie haben ein Blatt Papier vor sich; der Lehrer steht vor der Tafel und schreibt darauf die Aufgaben.

Das Herz klopft mir in der Kehle. Als er sich umdreht, wage ich ihn zu fragen, ob ich jetzt sofort mitmachen soll. Er nickt unnachsichtig. Beklommen gehorche ich.

Über die gebeugten Rücken der sich abplagenden Schüler hinweg starre ich auf die Tafel. Einige Aufgaben lassen etwas in mir anklingen, doch die übrigen rufen nur ein großes Fragezeichen auf. Das Ächzen in der Klasse und das Nagen an Federhaltern und Bleistiften wirken nicht eben beruhigend.

In der Pause tauschen die Jungen lauthals Informationen aus, um ihre Unsicherheit über die eigene Arbeit mit den anderen zu messen. Ich stehe verloren daneben und höre zu. Das Herz rutscht mir in die Schuhe, als ich Lösungen vernehme, die nicht mit den meinen übereinstimmen. Einer der Jungen fragt mich, was ich herausbekommen habe. Er hat einen hochgekämmten Haarschopf, und seine Wangen verraten, dass er sie täglich rasieren muss. Er bemerkt meine Unsicherheit. »Ach was, vergiss es, wenn wir es verpatzt haben, machen wir es eben noch einmal«, lacht er mit seiner Bassstimme. »Wir wollen unser Genie Jan mal fragen, der weiß alles.« Jan, bleich und mager, mit einem freundlichen Mausgesicht, zählt die Ergebnisse auf, als lese er eine Einkaufsliste. Ich fürchte, mein Comeback in der Schule verpfuscht zu haben.

Lange brauche ich nicht auf den Urteilsspruch zu warten. Ein Ungenügend bestätigt mein banges Vorgefühl, doch der Lehrer nimmt es ziemlich leicht. Der Junge mit dem Basslachen hat eine Note, die noch schlechter ist als meine, aber seine gute Laune ist ungebrochen. Nach der letzten Stunde schließt er sich mir an, fragt mich ungeniert aus, erzählt mir von seinem Zuhause, das in der Nähe liegt, und von seinen vergeblichen Versuchen in den vergangenen Jahren, die Abschlussprüfung abzulegen.

Schneller als ich zu hoffen wagte, hat die Klasse mich in ihrer Mitte aufgenommen. Nur wenige Jungen sind richtige Schulkinder, die die Klassen brav durchlaufen haben. Ich bin nicht mehr der Älteste. Durch die Lagervergangenheit in Indonesien sind einige Jungen vorzeitig zu Männern gereift. Mein Nachbar hinter mir hat sogar, zusammen mit seinem Vater, am bewaffneten Widerstand teilgenommen und will jetzt wieder in ein normales Leben zurückkehren. Wir lassen die Vergangenheit ruhen, außer in vertraulichen Momenten unserer Freizeit. An dämmerigen Abenden im Hause meines scheinbar unbekümmerten Freundes schlagen seine Eltern vorsichtig das Thema an. Ich ziehe mich nicht mehr zurück wie eine erschreckte Schnecke.

Das Weihnachtszeugnis gibt mir die Sicherheit, dass ich trotz meines Ausrutschers am Anfang auf dem richtigen Weg bin. In der Regelmäßigkeit des Schullebens finde ich Ruhe. Meine Klassengenossen werden zu Kameraden. Die Lehrer sind offen und behandeln uns wie ihresgleichen.

Nur ein Vorfall droht den Frieden zu stören. Ein etwas älterer Erdkundelehrer, der seine Popularität dem Erzählen zynischer Witze verdankt, hält einen Vortrag über die Bevölkerungsgruppen der Welt, über ihre Unterschiede in Hautfarbe, Körperbau und Kultur. In seinen Bericht schlüpfen ironische Bemerkungen über Neger und Asiaten. Meine Klassengenossen aus Indonesien rutschen unruhig in den Bänken hin und her. Unempfindlich für die veränderte Atmosphäre im Raum, macht er weiter und spuckt Vorurteile über die Juden aus, die mir grauenhaft bekannt in den Ohren klingen. Ohnmächtige Wut steigt in mir auf. Ich werde kreidebleich und kann die Tränen nicht zurückhalten.

Die dunkle Stimme meines Freundes dröhnt durch die Klasse. Er steht neben seiner Bank und schreit den Lehrer an, er solle seine Naziparolen für sich behalten. Der Lehrer versucht, ihn autoritär zum Schweigen zu bringen. Das macht ihn vollends rasend. Er läuft nach vorn, packt den Mann beim Arm, dreht ihm den Arm auf den Rücken und stößt ihn so zur Klasse hinaus. Die Klasse johlt und applaudiert. Zum ersten Mal in meinem Leben fühle ich mich einigermaßen sicher.

Wir besuchen einander, bereiten uns auf die Prüfung vor und tauschen Bücher aus. Die langen Literaturlisten schrecken fast alle anderen ab, aber für mich öffnet sich eine neue Welt. Die Stadtbibliothek ist eine Schatzkammer, obwohl die deutsche Abteilung während der Besetzung nahezu leergeraubt wurde.

Ein kleiner jüdischer Mann, der das Untertauchen überlebt hat, versucht, Ordnung zu schaffen. Ich kenne ihn von früher, als er in unserem Wohnzimmer mit meinem Vater Gespräche führte. Seinen deutschen Akzent hat er noch immer nicht verloren. Ich weiche seinen ungeschickten Fragen aus, doch als er erzählt, dass die Töchter der Herzensfreundin meiner Mutter bei einer Familie in Heemstede den Krieg überlebt haben, bin ich ganz Ohr. Auch ihre Eltern sind nicht zurückgekommen.

Im selben Jahr wie wir waren sie aus Deutschland geflohen, und in Rotterdam hatten wir uns wiedergefunden. Ich will die Mädchen sehen, ihre Geschichte hören.

An einem herbstlichen Sonntagmorgen stehe ich vor dem Haus, das mir die Pflegemutter der beiden Mädchen telefonisch beschrieben hat. Sie klang, als legte sie keinen besonderen Wert auf meinen Besuch, zauderte aber aus Furcht, den Kindern etwas vorzuenthalten.

Ein Mann mit strengem Gesicht und dicker Brille macht auf. Mit gerunzelten Brauen sieht er mich an. Sein Händedruck ist kalt und schlaff. In seinem schwarzen Sonntagsanzug und mit der schwarzen Krawatte ähnelt er einem Pastor. Seine Frau ist ebenfalls dunkel gekleidet. Ihr Gesicht ist gefurcht, doch es sind keine Lachfalten. Ihr Willkommen klingt kühl. Das Zimmer ist ungemütlich und dunkel. Auf einer Tischdecke aus Wachstuch stehen fünf Becher und fünf Teller. Sie ruft unten an der Treppe nach den Mädchen. Schüchtern betreten sie das Zimmer: bleiche Schatten mit starren Gesichtern, in langweiligen blauen Kleidern.

Es ist kein Wiedersehen. Sie erkennen mich nicht, und ich suche in ihren Mienen nach den Kindergesichtern meiner Erinnerung. Sie sprechen fast unverständlich leise. Meine Fragen nach früheren Zeiten beantworten sie widerwillig und mit knappen Worten. Immer wieder tritt Stille ein, die mich beklommen macht. Die Pflegeeltern geben sich keine Mühe, sie zu überbrücken.

Unschlüssig bitten sie mich, ein Butterbrot mit ihnen zu essen. Wir gehen zu Tisch. Vor dem Herrn des Hauses liegt eine große Bibel. Mit salbungsvoller Stimme liest er einen Abschnitt aus dem Neuen Testament. Danach beten alle laut mit geschlossenen Augen und gefalteten Händen. Während der Mahlzeit sagt niemand ein Wort. Als ich das Schweigen brechen will, werde ich mit einer einsilbigen Antwort abgespeist. Die Mädchen sehen mich strafend an, als hätte ich ein wichtiges Gebot übertreten. Nach der Mahlzeit folgt abermals ein Gebet. Und wieder versuche ich verzweifelt, die beiden frommen Mäuse aus ihrer Lethargie hervorzulocken. Vergeblich.

Im Zug nach Hause fühle ich mich niedergeschlagen und aufsässig zugleich. Ich will mich vom Totenreich freikämpfen, die Stadt verlassen, in der so viele Giebel ein memento mori sind. Ich will wieder eine Zukunft haben.

Energisch stürze ich mich in die Vorbereitungen für die Abschlussprüfung und gönne mir keine Zeit mehr für Spielereien. Sogar das Kino, das Vergnügen schlechthin, lockt mich nicht mehr, außer wenn Filme wie *Die rote Erde* gezeigt werden. Die Genugtuung, den dänischen Widerstand gegen die Deutschen zu sehen, möchte ich nicht versäumen.

Der Maimorgen ist von Sonne überflutet, aber im Prüfungssaal brennen die Deckenlampen. Einzeln kommen wir herein und suchen uns schweigend einen Platz. Gespannt sitzt jeder an seinem Tisch. Gegenseitige Hilfe ist ausgeschlossen.

Unter dem wachsamen Auge des Direktors zerbrechen die Lehrer die Siegel an den Paketen mit den Prüfungsaufgaben. In der Stille höre ich das Knistern des braunen Packpapiers. Der Direktor gibt uns mit sonorer Stimme die Zahl der Stunden bekannt, die wir zur Verfügung haben, und wünscht uns Erfolg. Drei Aufseher teilen die Aufgaben aus. Wie ein Läufer im Startblock warte ich auf mein Päckchen. Eilig überfliege ich die Seiten. Mein Herz klopft wie ein Vorschlaghammer. Eiskalte Panik kriecht mir am Rücken hoch. Ich lese nochmals. Fatalismus überkommt mich. Bis ich mir auf einmal klarmache, dass dem Examen nur eine sehr relative Bedeutung zukommt. Mein Leben ist nicht mehr bedroht. Die Angst von damals, nackt in der Reihe vor den selektierenden SS-Ärzten, ist nicht die Angst von heute. Die Fragen werden deutlicher. Noch einmal lese ich sie durch. Der Nebel zieht hoch, und ich schreibe ohne Unterbrechung. Noch bevor die Glocke läutet, liefere ich die Blätter ab. Mein Selbstvertrauen ist wieder hergestellt.

Die mündliche Prüfung hat für mich einen Beiklang von Kreuzverhör. Mein Verstand versichert mir, das sei unsinnig, doch mein Gefühl lässt sich nur schwer überzeugen.

Der Erfolg des ersten Examens verjagt den Schatten von Stacheldraht. Der Lehrer und der Beauftragte der staatlichen Prüfungskommission legen mir keinen Stein in den Weg. Die Prüfer sind hilfsbereit, ihre Fragen sachlich. Von Kreuzverhör ist nicht die Rede. Ich antworte ohne Zögern. Allmählich wird mir bewusst, dass ich mich in der Nachkriegswelt zu behaupten vermag.

In der Aula der Schule stehen wir, die erfolgreichen Absolventen. Der feierliche Augenblick versiegelt einigen von uns den Mund, andere flüstern aufgeregt mit Verwandten und Bekannten. Mein Vormund und seine Frau nicken aufmunternd zu mir herüber.

Ich vermisse ein paar Freunde. Sie haben die enttäuschende Nachricht ihres Scheiterns schon tags zuvor auf der Türmatte gefunden. Dass mein treuer Geselle, der so manches Mal für mich in die Bresche gesprungen ist, fehlt, stimmt mich traurig.

Herr Koers verweist in seiner Rede auf die schwere Kriegszeit, die die Schule durchgemacht hat, auf die Treue der Lehrer und Schüler, die durch ihre Leistungen mithelfen, eine bessere Zukunft zu bauen. Anerkennend erwähnt er einen Mitschüler mit indonesischer Lagervergangenheit, und dann mich. Seine Würdigung unseres Durchhaltevermögens erfüllt mich zwar mit Stolz, doch ich will nicht wieder zum Außenseiter abgestempelt werden.

Auf drei flachen Bauernwagen, gezogen von schweren Brauereipferden mit peitschenden Schwänzen, sitzen wir und grölen Studentenlieder, von denen wir zwar die Melodie, aber nicht den Text kennen. Die Bürger von Apeldoorn stehen in ihren Vorgärten und sehen dem Aufzug verwundert zu. Vor der Polizeiwache winken ein paar Polizisten. Ich winke nicht zurück.

Die Suche

Vor mir auf dem Rollband steht ein Chassid. Ein grauschwarzer Bart liegt auf Kragen und Revers. Schläfenlocken ringeln sich unter dem breitkrempigen Filzhut hervor. Der Anzug aus schwarzem Tuch spannt sich über den athletischen Schultern.

Als ich ihn zu überholen versuche, sehe ich ein rot angelaufenes Gesicht, hinter dicken Brillengläsern glänzen einschüchternd durchdringende Augen. Der Hut sitzt auf dem Hinterkopf und wirkt zu klein. Der kaum sichtbare Mund bewegt sich, als bete er, und in der dunkelbehaarten Linken hält er den schwarzen Samtbeutel, in dem ich Gebetsmantel und Gebetsriemen vermute.

Vor dem Eingang zum Flugsteig D 52 stehen zwei israelische Sicherheitspolizisten in Hemdsärmeln, neben ihnen Grenzpolizisten in dunkelblauen Uniformen mit Karabinern. Mit scheinbarer Nonchalance mustern sie jeden Passagier, der vom Rollband kommt, wie Qualitätsprüfer. Nur die Augen bewegen sich in den Gesichtern. Die gebräunte straffe Haut verrät die Wüstensonne, und die Falten um die Augenwinkel deuten auf gespannte Aufmerksamkeit.

Ohne ihnen einen Blick zu gönnen, schreitet mein schwarzer Vorgänger an den Polizisten vorbei. Ich glaube in ihren Gesichtern den Anflug eines Lächelns zu bemerken, mich dagegen übersehen sie. Mit meiner bereits in der Halle und im *security*-Keller gründlich untersuchten Tasche gehe ich hinter ihm her.

Zwischen Gepäckstücken und gelben Plastiktüten mit zollfreien Waren bahnt sich mein Vordermann energisch einen Weg zur Glaswand im Osten, hinter der ich das riesige Flugzeug erblicke, das uns gleich in seinem Bauch aufnehmen wird. Bevor er bei der spiegelnden Scheibe anlangt, zieht er die Schnüre des Samtbeutels auf, holt sorgsam den Gebetsriemen hervor und legt ihn rasch und geübt an. Er entfaltet den Gebetsmantel, als wolle er einen Tisch damit decken, küsst die Fransen und den Nackenteil und wirft ihn um die Schultern.

Dutzende gleich ihm in einen weißen Tallith gehüllte Männer, auf der Stirn die schwarze Lederkapsel mit den heiligen Texten, verneigen sich nach Osten und wiegen sich auf den Fußballen wie Schiffsmasten im Sturm. Unempfindlich gegen die Geräusche hinter sich, beten sie in eintönigem Singsang, dann und wann lange Klagetöne ausstoßend. Die Spiegelbilder einer Schar Chassidim von Chagall schicken über den Köpfen der nervösen, verschwitzten Männer, Frauen und Kinder in den glatten grünen Sesseln ihre Gebete zum Himmel.

Nur die nichtjüdischen Passagiere beobachten die biblische Szene mit unverhohlener Neugier: eine Kostprobe ihrer Pilgerfahrt. Die anderen Passagiere zeigen sich uninteressiert; was hier außergewöhnlich scheint, gehört für sie zum täglichen Lebensbild. Als die blonden Stewardessen in gutsitzenden himmelblauen Uniformen hereinkommen, schrecken sie auf und folgen ihnen mit gebanntem Blick. Die Chassidim murmeln unerschütterlich weiter vor dem Vogel da draußen, bis sie ihr Gebet beendet haben. Dann verstauen sie den Tallith und die Gebetsriemen gelassen in die Samtbeutel und unterhalten sich, als stünden sie auf dem Vorplatz einer Synagoge statt in der glitzernden Wartehalle eines modernen Flughafens.

Kilometerhoch über verschneiten Berggipfeln, moosgrünen Tälern und weißen Wattewolken teilen die Stewardessen routiniert die in Aluminiumfolie verpackten und mit den Aufklebern des niederländischen Oberrabbinats versehenen Mahlzeiten aus an die Männer, die ein Käppchen oder einen Hut tragen, an die Frauen, deren orthodoxe Glaubensrichtung an Kopftuch oder Perücke kenntlich ist, und an alle anderen, die zu erkennen geben, dass sie koscher essen möchten.

Zwei Reihen vor mir entsteht Unruhe. Der Schriftgelehrte mit dem grauschwarzen Bart erhebt sich zwischen den Flugzeugsesseln. In der linken Hand hält er die verpackte Mahlzeit. Mit dem ausgestreckten Zeigefinger der Rechten fuchtelt er drohend in der Luft.

Seine Schüler und Mit-Chassidim ruft er in Jiddisch auf, die Mahlzeit nicht anzurühren, da er den Rabbiner, der für die rituelle Reinheit der Speisen verantwortlich ist, nicht kenne und ihm deshalb nicht traue. Böse spuckt er die englischen Sätze zu den herbeigelaufenen Stewardessen. Er wirft ihnen vor, man habe ihn vor dem Abflug aus Amsterdam nicht zu Rate gezogen.

Der Purser bahnt sich einen Weg durch die rundwangigen, blassen, bebrillten Jeschiwa-Schüler in Hosenträgern und weißen Hemden, unter denen die Schaufäden der *Arba Kanfoth* baumeln. Sie lassen sich kaum beiseitedrängen und bilden einen Wall aus Neugier und Schutz um ihren Lehrer. Beschwichtigend versucht der uniformierte Hofmeister den erregten Fluggast von der Verlässlichkeit des Siegels auf den Speisen zu überzeugen, bis die Lautstärke des Protestes allmählich abnimmt. Mit einem weißen Taschentuch wischt er sich die gerötete Stirn und lässt sich murrend in den Flugzeugsessel sinken.

Brummend schwebt das Flugzeug über der Wolkendecke von Europa. Über der endlosen weißen Daunendecke und unter der makellos blauen Kuppel gleicht die Zeit einen kurzen Augenblick lang der Ewigkeit. Und für diesen Augenblick schrumpft auch der Krieg, den ich überall und immer mit mir trage, zu einer Winzigkeit.

Das Ehepaar neben mir beabsichtigt, die Wallfahrtsorte im Heiligen Land zu besuchen, wie ich aus ihrem Gespräch mit einer hilfsbereiten Stewardess entnehme, die dem Ehemann meiner in Trevira 2000 gekleideten und mit einer neuen Dauerwelle versehenen Nachbarin Wasser für seine Medikamente bringt. Während des Vorfalls mit den frommen Reisegenossen haben sie mit tolerantem Lächeln nur leicht den Kopf geschüttelt. Die später ausgegebene, nicht-koschere Mahlzeit verzehren sie wie ich kritiklos und mit Appetit. Eifrig sammeln die himmelblauen Gastgeberinnen die Tabletts mit den Speiseresten und das schmutzige Geschirr in ihre Aluminiumwägelchen. Der Mittelgang, kaum breiter als der Rollwagen, lässt den Passagieren wenig Raum, die Beine auszustrecken.

Der inneren Uhr gehorchend, die zum *Mincha,* zum Nachmittagsgebet, mahnt, erheben sich die Männer mit den schwarzen Hüten und Gehröcken fast gleichzeitig von den Plätzen, drängen in den Mittelgang, drücken sich an den Stewardessen und ihren Wägelchen vorbei und versammeln sich vor der Pantry und den Toiletten. Dicht nebeneinander stehen sie da, Hut an Hut, Tallith an Tallith, und schaukeln von West nach Ost. Aus ihren Mündern orgelt, dumpf wie die Töne einer Basspfeife, das Gebet.

Die Stewardessen, von den Menschenknäueln eingekeilt, warten entgeistert hinter ihren Wägelchen. Noch immer höflich, aber mit sichtlich schwindender Freundlichkeit, versuchen sie, den Andrang der Schriftgelehrten aufzuhalten. Ihre dringenden Bitten, auf den Plätzen zu bleiben, stoßen auf eine Mauer des Unverständnisses. Unbeirrt strömen nun auch die anderen Männer zum Mittelteil, wo ihre Brüder bereits laut den Herrn preisen. Kapitän und Purser glauben eine gewisse Autorität ausüben zu können und rufen die älteren, bärtigen Chassidim mit erhobener Stimme zur Ordnung auf, predigen aber tauben Ohren. Die goldenen Uniformlitzen, die Worte von Gefahr, von Behinderung der Mitpassagiere und des Personals gelten in einer anderen Welt, nicht in der des Talmuds und der Thora.

Scheinbar unbeteiligt lasse ich den Blick zwischen Wolkendecke, Kabine und der *New York Times* wandern. Ich schäme mich und möchte den Eindruck erwecken, anders zu sein als sie. Modern, gebildet, vielleicht nicht einmal jüdisch.

Neben unserer Sesselreihe laviert eine schöne dralle Stewardess, Schweißperlen auf Stirn und Oberlippe, die Wangen vor Erregung gerötet, ihren Wagen zwischen den drängenden

Schenkeln der orthodoxen Passagiere. Ein wenig zu laut und zu deutlich klingen die tröstenden Worte meiner Pilger-Nachbarn: »So sind die halt, das ist typisch für sie«, und mit erleichtertem Lächeln bestätigt die Stewardess, dass man gegen die »Seitenlocken« immer den Kürzeren zieht.

Wie Eis krachen die Worte in meinen Ohren: das Trommelfell hat »Seitenlocken« aufgefangen, aber mein Herz hat »Shylock« verstanden.

Unterwegs nach Israel, zum Archiv von Yad Vashem, wo noch unzählige Berichte aus den Ghettos und Lagern in staubigen Mappen auf Leser warten, die ihnen eine Stimme verleihen wollen, fühle ich mich durch Worte voll uraltem Gift getroffen. Auch ich bin irritiert über das große Unverständnis dieser schwarzen Chassidim gegenüber der heutigen Welt, weiß mich aber zugleich mit ihnen verbunden. Einst, vor fast vierzig Jahren in einer Baracke von Birkenau, war ihr Schicksal auch das meine. Ihr Schaukeln, Verneigen, ihr dumpf gemurmeltes Kaddisch nach den Selektionen im Lager Hegen im Karbonzeitalter meines Gedächtnisses.

In der Ankunftshalle des Flughafens Lod vibriert Rufen und Zanken, Lachen und Weinen, Reden und Geschrei über dem Basso continuo der Klimaanlage.

Zwischen grellbunten Sommerhemden und Blusen löst sich das chassidische Schwarz auf, wird zum vereinzelten Tintenklecks. Junge Soldaten mit Uzis über den Schultern schlendern zwischen den Neuankömmlingen herum. Ein dunkeläugiges Mädchen in knappsitzender, beinahe koketter Polizeiuniform kontrolliert meinen Pass und fragt in singendem Sabra-Englisch nach dem Zweck meiner Reise. Ich gebe ihr den Brief des bekannten Archivars in Yad Vashem, das Passepartout zu den Berichten meiner Schicksalsgenossen. Sie sieht mich lange an, lässt die amtliche Maske fallen, nickt und flüstert: »Massel-tow«. Ich bin in Israel.

Die feuchte Wärme einer Waschküche umgibt mich, als die Pendeltür der Ankunftshalle hinter mir zufällt und ich das Gepäck auf das mühsam eroberte Wägelchen hebe. Überall auf dem Gehsteig stehen Männer in Hemdsärmeln, einige mit Käppchen, andere ohne, die »Dollars« gegen Schekel tauschen wollen und den Wechselkurs dazu zischeln. Taxifahrer vor großen, verbeulten Autos werben um Kundschaft, verhandeln gleichzeitig mit mehreren Passagieren und fahren mit den vollbesetzten Wagen in alle Richtungen davon. An einer kaum erkennbaren Bushaltestelle stehen Reisende mit Koffern und Taschen in der brennenden Sonne und schimpfen auf den öffentlichen Verkehr.

Der altmodische EGGED-Bus mit dem Zielort Jerusalem rüttelt und rumpelt. Die Deckel der Motorhaube zittern wie erregte Nasenflügel. Auf dem Zahltischchen neben dem Fahrer tanzen die Schekel. Der Gewehrkolben des Soldaten, der über die Sicherheit der Reisenden wacht, klappert auf dem blankgewetzten Metallboden wie die Hammerschläge eines Blechschmiedes. Ich sitze neben ihm und versuche mit ihm ins Gespräch zu kommen, doch er schaut scheinbar entspannt in die Runde und scheint mich nicht hören zu wollen oder zu können. Meine Stimme ertrinkt in der dröhnenden Symphonie von Motorenbrummen, vielsprachigem Geplauder und den überlauten hebräischen Nachrichten aus dem Autoradio des Busfahrers.

Sanft steigt der Weg nach Jerusalem an roten, sandigen Äckern entlang, vorbei an Wäldern mit den Namen gebefreudiger Freunde Israels und durch roh ausgehauenen Felsformationen aus Kalkstein. Der Hang wird steiler. Das Motorengeräusch übertönt das Babylon der Mitreisenden. Im Dröhnen und in der Hitze schwindet meine Neugier für das Draußen und Drinnen und in mir nagt der Zweifel über den Sinn meiner Reise.

Am Schreibtisch zu Hause, mit Unmengen von Büchern und übervollen Aktenmappen in Reichweite schien mir alles klar, sauber und wissenschaftlich vertretbar. Kühl und distanziert habe ich mir die Frage über Leben und Tod in den deutschen Lagern gestellt, wie ein Außenstehender. In den Akten mit engbeschriebenen und vollgetippten Blättern aus mürbem, vergilbtem Nachkriegspapier habe ich meinen Weg gegraben durch Berichte unbekannter Mithäftlinge, auf der Suche nach Antwort auf die Frage: Wie hatten sie überlebt, wo waren sie gewesen und wie war ihre Befreiung?

Als ich mich dem Ort nähere, wo tausende Stimmen aus der Tiefe als Zeugnisse für spätere Generationen aufbewahrt werden, zerbröckelt meine Objektivität und vage wird mir bewusst, dass sich mein eigener Alptraum im Alptraum der anderen spiegeln wird. Ich will meine Entfremdung durchbrechen und nach Menschen suchen, die mich und meine Eltern gekannt oder gesehen haben, dort und damals, um dadurch die Vergangenheit heraufzubeschwören.

Das Gehupe in den neuen Vorstadtvierteln von Jerusalem versetzt mich in die Gegenwart zurück. Die goldgelben Steine der Wohngebäude und Häuser glitzern in der Sonne. Geschlossene Fensterläden erwecken den Eindruck, als seien sie unbewohnt, aber Männer in Hemdsärmeln, Frauen in bunten Sommerkleidern und spielende Kinder auf den Straßen widerlegen diese Vorstellung. An der Bushaltestelle schräg gegenüber vom Herzlpark stehen bebrillte junge Männer in schwarzen Anzügen mit breitkrempigen schwarzen Hüten: die Uniform der Orthodoxen. Einige schütteln wütend die Fäuste hinter dem Bus, als er sie vor ihrer Jeschiwa stehen lässt. Sind die jungen Leute hier auch so weltfremd oder fühlen sie sich über alle irdischen Gesetze erhaben?

Moderne gelbe Hotelblöcke mit Namen, die überall und nirgends zu Hause sind, säumen die Einfahrt zur Endstation in der Jaffa-Straße. Schmutzig und feindlich liegt der Omnibusbahnhof vor mir. Unser Fahrzeug hält in einer der schmuddeligen Haltebuchten. Viele andere Busse verbreiten Gestank und Lärm. Gleichgültig stehen die Busfahrer in verschwitzten Hemden neben den im Leerlauf geschalteten Fahrzeugen und ziehen an ihren Zigaretten. Auf meine in Englisch gestellte Frage, welcher der Busse zur Altstadt führe, zucken einige die Achseln, andere reagieren gar nicht. Auch Jiddisch hilft nicht weiter. Ein Fahrer mit dickem Bauch deutet mit einer Kopfbewegung zu einer Gruppe lärmender Taxichauffeure am Ende des Schutzdaches.

Einsamkeit überfällt mich, anders und heftiger als in anderen Ländern, denn hier im Gelobten Land hatte ich erwartet, zu Hause zu sein, aber man behandelt mich als einen Fremdling.

Vor den Münztelefonen, die so eng nebeneinander hängen, dass die Sprechenden das freie Ohr zuhalten müssen, damit die Laute aus dem Hörer nicht in der Kakophonie aus Stimmen und Motorengeräuschen untergehen, steht eine Schlange ungeduldig Wartender. Unsicher warte auch ich und versuche vergeblich, meine Papierschekel in Münzen für den Automaten umzutauschen. Eine ältere Frau mit Sonnenfalten und einer Haut, die lange Jahre auf dem Lande verrät, erkennt meine Notlage, gibt mir eine Telefonmünze und fragt mich: »Von wannen kimmt er?« Ihr Golda Meir-Gesicht erhellt sich: eine von uns, die nicht feindselig ist.

Die Münze erlöst mich aus der Isolation. Am anderen Ende der Strippe ist Zwi, mein Orientierungspunkt in Israel, der bewunderte kleine Chirurg wie aus Federstahl. Seit seiner Flucht aus dem Lager Westerbork, die 1945 im turbulenten Palästina bei der Hagana endete, haben wir uns nur flüchtig und mit langen Zwischenpausen gesehen. Er, der feurige Liebhaber seines Landes, der bei jeder Begegnung den unerbittlichen politischen Kurs mit zunehmender Verbissenheit verteidigt, und ich, der wankelmütige Zweifler in sicherer Entfernung vom Brandherd, verwickeln uns in aussichtslose Diskussionen.

Begeistert klingt sein Schalom aus dem Hörer. Die Anweisungen für den Taxichauffeur sind knapp und deutlich. Seine Wohnung innerhalb der Mauern der Altstadt ist unerreichbar für den modernen Verkehr. Während Zwi den Weg erklärt, entsteht kein Bild vor meinen Augen, denn der Stadtteil Salomos war vor dem Sechstagekrieg für Juden nicht zugänglich.

Hinter dem feuchten Rücken des Taxifahrers, aus dessen Autoradio arabische Musik dudelt, sitze ich auf der Kante der hinteren Sitzbank, um keines der atemberaubenden Bilder zu versäumen, die an den Fenstern des klapprigen Autos vorbeigleiten. Koptische

Priester mit dicken Haarknoten, griechische Popen in schwarzen Kutten mit Hüten wie Ofenrohre, Nonnen mit weißen Hauben – Schwäne auf dem Trockenen –, Chassidim in tristem Dunkel, Araber in flatternden *Dschelabas* mit *Babuschen* und weißer *Kajfia* als zweckmäßiger Kopfbedeckung, Israelis in europäischer Sommerkleidung mit oder ohne Käppchen, oft nicht größer als die Tonsur der Franziskaner in braunen Kutten. Vor dem Hintergrund der verwitterten Mauern der Stadt König Davids bewegen sich die Würdenträger der Weltreligionen friedlich neben- und durcheinander wie Schiffe in der Nacht.

Mitten zwischen Betonmischern, Stapeln goldgelber Steine, Zementsäcken und Sandhaufen bleibt mein Taxi stehen. Mit einer mürrischen Handbewegung gibt der Chauffeur zu verstehen, die Fahrt sei hier zu Ende, die Adresse auf dem Zettel, den ich ihm nochmals vorhalte, müsse irgendwo hinter den noch nicht fertigen Wohnhäusern liegen. Hilflos stehe ich mit Tasche und Koffer auf der Baustelle.

Zwei Passanten kennen die Adresse nicht oder wollen sie nicht kennen. Die Altstadt scheint eine Terra incognita, doch als ich Namen und Beruf meines Gastgebers nenne, verschwindet ihre schroffe Abwehr wie auf einen Schlag. In Sabra-Englisch erklären sie mir den Weg zu einer schmalen Gasse, neu und gleichzeitig so alt, als wäre der Tempel Salomos noch nicht zerstört.

Zwi steht vor mir. Zwanzig Jahre haben nur ein bisschen Silber in sein Haar gemischt. Stahl ist noch immer das Metall, das ihn kennzeichnet, wenn auch etwas verbeult auf dem Amboss der Zeit. Während der Umarmung sehe ich an seinem Blick, dass in diesen Jahren zu viele Kriege an seinen Augen vorbeigezogen sind. Keine Klage kommt über seine Lippen, nur muntere Herzlichkeit, die nichts von den Problemen ahnen lässt, mit denen sich sein Land täglich konfrontiert sieht.

Mit meinen Führern wechselt er rasch ein paar Worte in Iwrith. Ich erkenne holländische Ortsnamen; meine zeitweilige Aufnahme in die israelische Gemeinschaft. Wir gehen einige

Schritte durch das Gässchen, das nicht viel breiter ist als die Spannweite meiner Arme. Meisterhaft wiedererbaut in einem Stil, der meine Phantasie entfacht. Schräg gegenüber von seinem goldgelben steinernen Haus mit der schweren Bronzetür und den schmiedeeisernen Gittern vor den Fenstern ist ein kleiner Laden mit Thorarollen, langen Reihen talmudischer Schriften, *Menora*-Leuchtern, Widderhörnern, Samttüchern zum Bedecken der geheiligten Brote und silbernen *Kiddusch*-Bechern. In der Tür steht Michelangelos Moses in schwarzem Seidenkaftan, auf der Nase eine kleine Brille mit dicken, ovalen Gläsern. Die Zeit der Könige und Propheten, für mich bislang nur Worte auf vergilbtem Papier, ist hier wirklicher als das Jahrhundert der Raumfahrt.

In Zwis Wohnung berühren sich Altertum und Gegenwart. Meterdicke Mauern trennen die modernen, beinahe holländisch eingerichteten Zimmer. Die innere Wendeltreppe ist wie aus dem Fels gehauen, und oben steht Hefzi, seine Frau, schwarz von Augen und Haar wie Esther, im Lande geboren, doch ihr Doktortitel und das hebräisch gefärbte Niederländisch stammen aus der Domstadt Utrecht. Sie heißt mich willkommen mit der Selbstverständlichkeit einer Sabra, für die die Diaspora definitiv beendet ist.

Zwis Studierzimmer ist eine Enklave westlicher Gelehrsamkeit. Die Bücherreihen verraten große Belesenheit, an den Wänden, bunt und exotisch, zeitgenössische Aquarelle der geliebten Altstadt. Durch die Fenstertür, die auf eine breite Dachterrasse aus glattpolierten, hellen Steinen führt, umsäumt von südlichen Gewächsen, dickblättrig, dornig und in grellen Farben, winkt Zwi mir zu.

Jeder Schritt zu ihm hin enthüllt ein Stück des Wunders. Als ich neben ihm stehe, liegt es in seiner ganzen majestätischen Größe vor mir. Ein ungekanntes Gefühl der Frömmigkeit raubt mir die Worte: Zu meinen Füßen liegt die Wiege der Geschichte.

In der Tiefe unter mir die Klagemauer aus verwitterten, mannshohen Sandsteinblöcken. Davor: Chassidim im Kaftan mit runden Hüten oder pelzbesetzten *Streimel*, die sich inbrünstig verneigen und wiegen; manche lesen aus Gebetsrollen, die auf kleinen Tischchen vor ihnen liegen, darunter auch Männer in westlicher Kleidung, die, angesteckt durch das feurige Gebet, sich ebenfalls wiegen und verbeugen. Frauen, Kopf und Gesicht unter dunklen Schultertüchern verborgen, die Gebetbücher in den Kleiderfalten versteckt, schwanken wie Schilf vor den heiligen Steinen. Auf dem Platz vor der Mauer laufen Touristen mit bedecktem Kopf und Kameras am Hals herum, und überall sieht man junge israelische Soldaten, scheinbar gleichgültig, aber durchaus wachsam, die Uzi über der Schulter, als Beschützer der Frommen und Agnostiker.

Durch Zwis Prismenfernglas sehe ich, wie die Gläubigen oder Abergläubischen kleine Zettel in die tiefen Spalten zwischen den sanft abgeschliffenen Steinblöcken von Salomos Tempelmauer stecken, und ich frage mich, ob vor Jahwe das geschriebene Wort schwerer wiegt als ihr mit heißem Atem ausgestoßenes Flehen.

In der goldenen Kuppel des Felsendomes spiegelt sich die Abendsonne. Ich weiß, dass dort drüben zwischen den Bäumen des islamischen Heiligtums Feindseligkeit lauert, aber seine Schönheit überwältigt mich und ich bedaure die Gespaltenheit des Landes. In der Ferne zeichnen sich die Turmspitzen der christlichen Kirchen gegen den Himmel ab: Lanzen unbarmherziger Kreuzfahrer, drohend und unnahbar.

Sprachlos, fast gierig, nehme ich die Bilder in mir auf und erst das wiederholte Rufen zu Tisch bricht den Bann. Während der Mahlzeit reden meine Freunde über Probleme, die mir als Holländer fremd sind und die ich nur entfernt und vage aus den Medien vernommen habe. Mir brummt noch der Kopf von der Reise. Die Eindrücke tummeln sich darin wie funkelnde tropische Fische in einem Aquarium, und mein Interesse für Politik ist noch geringer als sonst.

Ein wenig ermüdet fasse ich beim Nachtisch den Bericht über mein Vorhaben kurz zusammen. Trotz ihres langen Arbeitstages in der Klinik und im Laboratorium erkundigen sich Zwi und

Hefzi eindringlich nach den Details. Zwi gibt keine Ruhe, bis er, trotz der späten Stunde und ohne meine schwachen Einwände zu beachten, den Archivar von Yad Vashem am Telefon hat und für mich einen Termin für den nächsten Vormittag vereinbart.

Im Gästezimmer sinke ich in traumlosen Schlaf, aus dem mich bei Sonnenaufgang die ohrenbetäubenden Korangebete des Muezzin auf der El Aqsa-Moschee wecken. Die Stunden als Tourist sind zu Ende.

In der prickelnden Morgenluft in Jerusalem warte ich auf den Bus inmitten einer Gruppe schnatternder Schulbuben mit Käppchen. Wenn ihr Geschrei zu laut in den Ohren gellt, kreischen die Frauen mit den Einkaufstaschen »schekked«, Ruhe, aber es hilft nicht viel. Kaum haben sich die Türen des rüttelnden Busses geöffnet, stürzen sie sich johlend hinein.

Zeitunglesende Männer, debattierende oder Gebete murmelnde Chassidim und Hausfrauen auf dem Weg zum Markt blicken kurz hoch, aber niemand wird ernstlich böse. Wohlwollen in Gestalt eines leichten Lächelns umgibt die Generation, auf die sich die Hoffnung gründet.

Jeden Morgen, mit Ausnahme des Samstags, sehe ich die Stadt an mir vorbeiziehen und erkenne allmählich die Gesichter der anderen Passagiere: ein Einwohner unter Einwohnern, ein Einheimischer ohne Sprache.

Eine haushohe, rot angestrichene Stahlskulptur kennzeichnet den Platz, an dem ich aussteigen muss; jedes Mal frage ich mich ungehalten, warum ihr Schöpfer, Alexander Calder, seinem einsamen Kunstwerk auf dem Zugangsweg zum Yad Vashem den Namen »Roots« gegeben hat.

Der Parkplatz vor dem schlichten Seitenflügel des Archivs ist fast leer, bis auf einen Reisebus mit ernst dreinschauenden Touristen, die heute als erste die lebensgroßen Fotos aus unseren Schreckensjahren besichtigen wollen.

Zusammen mit den wissenschaftlichen Mitarbeitern, die mich freundlich und sachlich in ihre Mitte nehmen, betrete ich das Gebäude durch den Seiteneingang, als arbeitete ich hier seit Jahren. Die eiserne Wendeltreppe zum ersten Stock hallt nach wie eine Glocke, doch als ich die Tür von Gideon Hausners karg möbliertem Arbeitszimmer hinter mir schließe, umgibt mich die Stille einer Isolierzelle.

Ich sitze an demselben Schreibtisch, an dem der öffentliche Ankläger im Prozess gegen Eichmann unzählige belastende Dokumente studiert hat, jetzt, zwanzig Jahre nach Eichmanns Hinrichtung. Vor meinen Augen an der Wand hängt eine große Landkarte, auf der mehr als dreitausend Punkte eingetragen sind, freundliche, romantische Namen, die im Dritten Reich einem Alptraum gleichkamen. Vor mir liegen Mappen und Tonbänder mit den Berichten von Männern und Frauen, für die jene Punkte mit Demütigung und Mord, mit Hunger und Erschöpfung identisch waren.

Tag für Tag ziehen Tausende Worte an mir vorbei und beschwören Bilder herauf von unabsehbaren Reihen ausgemergelter, in Lumpen gehüllter Häftlinge, von vollgefressenen Kapos mit Knüppeln, von brüllenden »Blockältesten«, von Viehwaggons unter sengender Sonne oder in eisigem Schneetreiben, und von gleichgültigen SS-Wachposten, das Gewehr im Anschlag, als schössen sie auf Tontauben.

Ich halte mir vor Augen, dass ich wissenschaftlich arbeite und nach Gesetzmäßigkeiten suche. Mein Gesicht fühlt sich starr an. In der Kantine nehme ich automatisch an den Gesprächen teil wie in einem Traum, in dem die anderen, wie hinter Glas, mich nicht berühren können. Eine unbestimmte Furcht hält mich zurück, das Museum zu besuchen und in der Erinnerungshalle das Kaddisch zu sprechen.

Jeden Abend warte ich an der Haltestelle auf den Bus. Immer wieder rast ein überfüllter Bus vorbei, verfolgt vom zornigen Geschrei der *Jeschiwa*-Bochers. Eine vertraute Szene: Die zwei Wochen seit meiner Ankunft kommen mir vor wie Jahre.

Ich bin zahlender Gast bei zwei betagten Sabras, die stolz auf viele Ahnengenerationen im alten Palästina zurückblicken. Sie, rundlich und von überwältigender Freundlichkeit, redselig und scharfsinnig, wacht über mein Wohlbefinden. Üppige Mahlzeiten sind ihr Heilmittel gegen alle Leiden. Aus Pietät billigt sie zwar mein Wühlen in der Vergangenheit, aber das Heute und das Morgen haben für sie immer Vorrang.

Er, Moische, untersetzt und mit den Muskeln eines Pioniers, dem nie eine Last zu schwer wird, ist versessen auf Fernsehnachrichten, die reichlich aus Amman, Jerusalem und Kairo eintreffen. Wenn das Bild verschwindet und nur noch das Summen des Ventilators zu hören ist, beginnt er manchmal in zögerndem, aber unverfälschtem Jiddisch von früheren Zeiten zu erzählen. Über Pogrome in Wilna, über den Kampf gegen Türken und Engländer, die Freundschaft und Feindschaft mit den Arabern, den Aufbau und die Kriege, aber niemals über die Shoah, diese unverheilte Wunde der Geschichte.

Die Aktenstapel vor mir wachsen, in meinem Kopf wird es voller und chaotischer. Ich bin der Zauberlehrling, der die Papierflut nicht beherrscht und der den Zauberspruch nicht kennt, um ihr Ordnung aufzuzwingen. Mein Ziel wird unklar, denn jede Geschichte ist so einzigartig, jedes Schicksal so vom Zufall bestimmt, dass der Versuch zur Abstraktion immer anstößiger wirkt.

Verwirrt irre ich an endlosen Bücherreihen entlang durch das Gebäude und über das Gelände, wo mir die hämische Sonne auf den unbedeckten Kopf brennt. Ich suche den Schatten der Bäume, die Israel für die Gerechten gepflanzt hat, und stehe plötzlich vor der Erinnerungshalle.

Ein alter Mann mit grauem Haar und tiefen Furchen im Gesicht schaut mich mit dem einen Auge, das ihm verblieben ist, scharf und prüfend an, gibt mir eine *Jarmulka* und fragt mich ohne Umschweife nach den Lagern: »Wo du bist gewejn«. Wie Wechselgeld tauschen wir die Namen aus. Er lässt mich ein in den dunklen Saal, wo nur Steine und der Raum mich umgeben. Die Flamme, die nie erlöschen darf, brennt mitten zwischen den verfluchten Ortsnamen. Flüsternd spreche ich sie wie eine Verwünschung aus und das alte Gefühl unerträglicher Verlassenheit treibt mir Tränen in die Augen. Mit zuckenden Schultern starre ich in das Feuer und murmele das Kaddisch scheu wie ein Kind, das seine Gebete stockend hersagt.

Der Panzer meiner Gleichmut ist angeschlagen, als ich wieder im gleißenden Sonnenlicht stehe. Der alte Mann nickt mir verständnisvoll zu. Jetzt weiß ich, wonach ich wirklich suchen will.

Der kleine, lebhafte Archivar sitzt reglos an seinem Schreibtisch. Die akademisch unterkühlte Zurückhaltung, die bislang unsere kurzen Gespräche in seinem Arbeitszimmer bestimmt hat, schmilzt dahin. Durchdringend, mit fast väterlichem Blick, sieht er mich an. In meinem Bericht über die Festnahme, die Lager, die Heimkehr erkennt er die Bruchstücke seiner eigenen Geschichte und die jener Tausende in den Hängemappen der Stahlschränke. Er weiß, was das fanatische Suchen seiner Gäste bedeutet und sagt es mir nachsichtig, ohne Besserwisserei. Der eine gräbt hier nach Namen von Familienangehörigen, Freunden, Kameraden, der andere versucht das schwarze Tuch, das sich über seine Erinnerung gelegt hat, zu lüften. Das hier ist für alle ein unermesslicher Friedhof ohne Grabsteine.

Stirnrunzelnd sieht er vor sich hin. Dann steht er auf und öffnet einen Metallschrank. Die Tür hallt nach wie nach einem Donnerschlag. Zielsicher greift er nach einem großen Stapel vergilbter Mappen, aus denen engbeschriebenes Durchschlagpapier quillt, und legt sie so vor mir hin, dass ich die großen schwarzen Lettern der Schrift auf der obersten Mappe lesen kann: Auschwitzprozess, Frankfurt/Main, 1964, I.

Betroffen lese ich die Worte und schäme mich meiner Unwissenheit. Ich habe das Gerichtsverfahren damals so verdrängt, mich so sehr in anderen Arbeiten vergraben, dass mir Angst einjagt, was jetzt vor mir liegt. Fast ehrfürchtig nehme ich die Akten in den Arm. Ungeduld und unbestimmte Vorahnungen treiben mich an den vertrauten Platz vor Gideon Hausners Landkarte. Nach Dutzenden engbeschriebenen Folioblättern stehe ich wieder hinter dem Stacheldraht in Birkenau.

Der Mann, dessen Bericht vor mir liegt, ist ein Jahr jünger als ich. Von seinem Geburtsort Ostrava, tief im alten Zentrum

Europas, habe ich nur eine blasse Vorstellung. Mein Vorurteil, östlich von Prag lägen nur gottverlassene Ortschaften, wird schon nach der ersten Seite Lügen gestraft. In dieser Industriestadt nahe der polnischen Grenze wächst Yehuda im komfortablen Milieu jüdischer Fabrikanten auf. Zuhause bei Tisch hört er, wie Flüchtlinge, die nach sicheren Orten im Osten unterwegs sind, von Razzien und Lagern im Westen berichten. 1941 werden dort, wie in den Niederlanden, jüdische Kinder von den Schulen ausgeschlossen und der Unterricht findet, wenn auch illegal, in den eigenen Kreisen statt. Einmal hier, einmal dort, je nachdem, wie Verrat droht, kommen die Kinder gruppenweise in ständig wechselnden Wohnzimmern zusammen, wo sie von Lehrern unterrichtet werden, die ihren Beruf nicht mehr ausüben dürfen und ihre Aufgabe in der Erziehung der Jugend sehen.

Lehrer verschwinden spurlos in Richtung Osten. Kinder bleiben dem Unterricht fern, Familien sind geflohen oder verhaftet worden. Furchterregende Berichte über Deportationen aus Prag und Brünn wirken wie ätzendes Gift.

Aus Auschwitz kommt ein Päckchen mit den Hosenträgern eines geliebten Lehrers. Im Begleitschreiben fordert die Lageradministration zur Zahlung der Portokosten auf, bevor seine Asche ausgeliefert werden kann.

Postkarten mit verschlüsselten Nachrichten über Hunger und Elend treffen aus Theresienstadt ein, bald darauf erfolgt der Aufruf zum Transport in dieses Sammellager der europäischen Juden. In den zwei Tagen zwischen Befehl und Deportation wählen manche ältere Aufgerufene den Freitod. Die Zuversichtlicheren versuchen Freistellung zu erreichen, indem sie nach Beweisen für nichtjüdische Vorfahren suchen. Andere versehen sich mit Proviant, haltbarer Kleidung und festem Schuhwerk, und machen sich selbst Mut, indem sie den Gerüchten mit optimistischen Erklärungen begegnen.

Yehudas Beschreibung der Ankunft im Ghetto Theresienstadt ruft Bilder der Erinnerung in mir wach. Die Bollwerke und Zinnen, die alten, verwahrlosten, riesigen Kasernen mit ihren grauen und roten Dächern; die vielen Bogengänge mit halbkreisförmigen Öffnungen, die den Blick auf Exerzierplätze mit Kopfsteinpflaster freigeben; die Schicksalsgenossen in zerdrückter Kleidung, die mit ängstlich gesenktem Blick vor den Gendarmen und der SS die Reste ihrer geplünderten Habe schleppen; die nahezu ausgestorbenen, geraden langen Straßen mit Häuserfassaden, die an geschundene Häute erinnern; die mageren Gesichter der Ghettoinsassen mit starrem, nach innen gekehrtem Blick hinter den schmutzigen Fensterscheiben; die jüdischen Funktionäre, die vor jedem Uniformierten untertänig die Kopfbedeckung ziehen.

Mit seinen Augen sehe ich, wie die verfallene, überfüllte Garnisonsstadt aus der Zeit der Donaumonarchie zum Leben erwacht. Die mit mehrstöckigen Betten vollgestellten, feuchten Zimmer, in denen ein Nagel zum Aufhängen der verschimmelten Kleider schon Luxus bedeutet; die in Schlangen anstehenden, vorzeitig gealterten Männer und Frauen vor den Kesseln mit dünner grauer Suppe oder vor Tischen mit bröckelnden Brotstücken warten ruhig, bis sie an der Reihe sind, und messen misstrauisch die Portionen der anderen, in den tiefliegenden Augen Hunger und brennender Neid. Jungen und Mädchen, oft etwas besser ernährt, weil sie die Schleichwege kennen, um ihre kargen Rationen aufzubessern, betrachten die Älteren mit schlecht verhohlenem Spott, wenn sie um Zuschlag bitten oder sich bei der Essenausteilung streiten.

Dagegen weiß ich nichts von den Häusern, in denen junge Leute nach Alter und Nationalität in Gruppen aufgeteilt wohnten und heimlich unterrichtet wurden von idealistischen Lehrern und Jugendleitern, die versuchten, die Moral der Schüler zu erhalten und sie vor dem tiefsten Elend im Ghetto zu bewahren.

Ebenso wenig weiß ich von dem künstlerischen Leben, das in Theresienstadt trotz aller Unterdrückung in Kellern und auf Dachböden blühte. Musiker spielten Kammermusik auf Instrumenten, die ins Lager geschmuggelt wurden, sie komponierten, gaben Konzerte und bildeten junge Kollegen aus. Maler, Zeichner und Bildhauer versuchten mit kargem, unzulänglichem Material ihrer Kunst Ausdruck zu geben unter der trocknenden Unterwäsche zwischen den Etagenbetten.

Als ich fast zwei Jahre nach Yehuda mit dem Transport aus Westerbork in Theresienstadt eintraf und mich mit glasigen Augen umsah, ahnte ich nichts von dieser Schattenwelt. Die meisten Künstler waren längst verhungert oder zum Endziel in den Osten abgereist, und die Kulissen der Kinderoper *Brundibar* und von Smetanas *Verkaufter Braut* waren in rostigen Kanonenöfchen verheizt.

Mit Yehudas Deportation nach Auschwitz-Birkenau im Dezember 1943 fand die Periode absurder Gegensätze für ihn ein Ende. Die namhaften Pädagogen, die, den Tod vor Augen, ihr Wissen an die jungen Häftlinge in den Jugendhäusern weitergaben, und die berühmten Künstler, die trotz der Verelendung dem jungen Yehuda auf heimlich verschafftem Papier Zeichen- und Malunterricht gaben und sein Talent förderten, haben tiefe Spuren in ihm hinterlassen.

Mit zunehmender Beklemmung lese ich seinen Bericht über den Transport in das »Familienlager« Birkenau B II B, über die Fahrt in dunklen Viehwaggons, über die nächtliche Ankunft unter Scheinwerfern, die die Szene erhellten, die in mein Hirn genau so tief eingeätzt ist wie in das seine. Die Beschreibung vom Leben im Lager, von den Selektionen, von den Vergasungen, von den tausenden Neuankömmlingen aus Theresienstadt im März 1944 und von dem Mai-Transport, in dem meine Eltern und ich uns befanden, geben mir das Gefühl, als teilte ich seinen Blick.

Gebannt lese ich weiter, wie seine Geschichte parallel zu der meinen verläuft, wie eine Eisenbahnschiene neben der anderen. Anfang 1944 treffen unsere Schicksale zusammen, als wir bei der letzten Selektion in dem zum Tode verurteilten Familienlager mit über hundert anderen Jungen nackt und starr vor Angst vor Mengele stehen.

Seine Worte brennen mir in den Augen. Ich sehe wieder, was er sah, was ich sah. Mit den Tränen kämpfend, lese ich weiter, erkenne jede Einzelheit und fühle dennoch Freude und Dankbarkeit in mir aufsteigen. »Er hat es überlebt, o Gott, lass ihn noch am Leben sein.«

Ich gönne mir nicht die Zeit, zu Ende zu lesen und suche wie ein Verrückter in den Gängen nach meinem Ratgeber. Er hat immerhin gewusst, was ich gesucht habe, und mit fast kindlichem Vertrauen hoffe ich, dass er den Totgeglaubten zu finden weiß. Wieder sitze ich in der Stube mit den Schränken und Aktenmappen. Die vierundzwanzig Stunden, die seit unserem ersten Gespräch verstrichen sind, kommen mir wie ein Monat vor. Mit hochgezogenen Augenbrauen erkundigt er sich, ob ich die ganze Akte durchgearbeitet habe, und stammelnd erzähle ich ihm von meinem Fund. Er unterbricht meinen aufgeregten Bericht mit einer beschwichtigenden Geste. Ein kaum merkliches Lächeln gleitet über sein Gesicht. Ohne Umschweife fragt er: »Und jetzt wollen Sie wissen, ob er noch lebt?«

Wortlos nicke ich und lese ihm die Antwort von den Lippen ab, noch bevor er sie ausgesprochen hat.

Yehuda lebt, Yehuda ist ein bedeutender Künstler geworden, er wohnt in Jerusalem, ist gesund, ist verheiratet, hat Kinder. Er hat unsere Vergangenheit in Farben und mit schwarzem Stift festgehalten und ist hier im Hause ein gerngesehener Freund.

Aus dem Hörer kommt eine gedämpfte Männerstimme, deren mitteleuropäischer Akzent die harten hebräischen Vokale mildert. Zögernd beginne ich zu sprechen, mein Deutsch klingt unpassend, ist aber unvermeidlich. Am anderen Ende höre ich rasches Atmen. Über meine Worte stolpernd spreche ich in die gewölbte Hand. Worte, die nur für ihn bestimmt sind. Jeder andere könnte sie missverstehen. Nach wenigen Sätzen unterbricht er mich. In samtigem Tschechisch-Deutsch, heiser vor Rührung, ungeduldig, als sei das Telefon ein ärgerliches Hindernis.

Wir müssen uns sehen, miteinander sprechen, unverzüglich.

Er diktiert seine Adresse, versucht den Weg zu erklären, verwirrt sich in der Beschreibung, drängt mich, ein Taxi zu nehmen.

Die Worte des redseligen Chauffeurs rauschen an mir vorbei. Meine Gedanken sind anderweitig beschäftigt. Wir fahren durch Bezirke, über denen das Sonnenlicht flimmert. Palmen stehen in den Gärten der Häuser aus der Vorkriegszeit, die noch nicht den strengen Bestimmungen der Jerusalemer Städteplanungskommission unterworfen waren.

Der Fahrer wird unsicher, hält an, fragt einen einsamen Passanten nach dem Weg und verirrt sich wieder im Gewirr der kleinen Straßen. Er bringt das Auto zum Stehen und bedeutet mir, den Weg in diesem Labyrinth zu Fuß fortzusetzen. Berufsstolz hindert ihn daran, ein Trinkgeld anzunehmen.

Als das Taxi verschwunden ist, umgibt mich die Ruhe der Siesta. In der flimmernden Hitze singen Zikaden, sie betonen die Stille. Ich dämpfe meine knirschenden Schritte, schütze den Kopf mit einer zu kleinen Kibbuzmütze gegen die stechende Sonne und spähe nach den Straßenschildern und Hausnummern hinter den Bougainvillea-Sträuchern. Das bevorstehende Wiedersehen und die Furcht, das Treffen zu versäumen, weil ich mich in dem Straßengewirr verlaufe, lassen mein Herz heftiger klopfen.

Und dann stehe ich plötzlich vor dem Haus, das Yehuda mir beschrieben hat, leicht erkennbar an einer schiefgesackten, mit Weinreben bewachsenen Pergola. Im Schatten träumt unruhig ein kleiner weißer Hund.

Ich scheue mich, die Zeit wieder in Gang zu setzen, ermanne mich dann doch und drücke den Klingelknopf. Der Hund schreckt auf und zerreißt die Stille mit grellem Gekläff. »Schekked, schekked«, ruft eine Männerstimme neben dem Haus. Noch bevor ich den Mann sehe, höre ich ihn fragend, mit tiefer Stimme meinen Namen nennen: »Gerhard?« Ich gehe auf die Stimme zu und sehe ihn vor mir stehen: klein, lebendige blaue Augen, volles, kaum ergrautes Haar, ein fast jungenhaftes Gesicht. Mit ausgestreckten Armen kommt Yehuda auf mich zu: »Gerhard!«, sagt er stürmisch, in höherem Ton. »Schalom, schalom!« Tränen steigen mir in die Augen. Ich suche in seinem Gesicht die Züge von vor vierzig Jahren, ein verschwommenes

Porträt im trostlosen Rahmen des Lagers. Er sieht mich an, sucht, findet. Wiedererkennen leuchtet in seinen Augen auf: »Du warst das, du und die drei anderen aus Holland!«

Wir fallen uns um den Hals und bleiben schweigend, mit zusammengebissenen Zähnen stehen. Fast schämen wir uns unserer heftigen Gefühle.

Drinnen, im Halbdunkel hinter den herabgelassenen Jalousien, bewirtet er mich mit Früchten und Süßigkeiten, schenkt mir Limonade ein und versucht den Beginn des Gesprächs hinauszuzögern. Als er nichts mehr tun kann, setzt er sich auf die Kante der Couch, legt die Hände auf die Knie und richtet den Blick auf meinen Mund: »Erzähl, erzähl alles!« Sein Zuhören ist ebenso intensiv wie sein Schauen. Wo unsere Geschichten sich verflechten, ergänzt er, korrigiert. Szenen, die für mich zu unaussprechlichen Alpträumen geworden sind, getraut er sich in Worte zu kleiden, und Bilder, die er verdrängt hat, wagt er wieder zuzulassen. Das »Weißt du noch?« beschwört Lachen, öfter noch Weinen herauf. Wir tauschen unsere Erinnerungen wie wertvolle Briefmarken.

Unser Leben nach der Befreiung verlief in unterschiedlichen Bahnen. In den einsamen, ärmlichen Jahren nach dem Krieg hat jeder von uns auf eigene Weise versucht, den Schrecken zu bewältigen. Vergessen und uns damit abfinden können wir nicht, wollen wir nicht. Weder seine Kunst noch meine Wissenschaft haben die Spuren getilgt, die sich in unsere Jugend eingeprägt haben. Ich suche nach Hintergründen, Ursachen, Erklärungen. Er sucht nach Bildern, Vorstellungen, vor allem aber nach Menschen. Seine Erkundigungen nach Überlebenden aus der vom Schicksal zusammengewürfelten Gruppe jener Jungen, die in letzter Minute vor der Vernichtung des Familienlagers Birkenau in das sogenannte Männerlager B II D verlegt wurden, rauben mir den Atem. Ich wusste von zwei Überlebenden außer mir, Yehuda hat noch weitere fünfzehn Totgeglaubte gefunden. Fast triumphierend diktiert er ihre Namen, ihren Wohnort, ihren Erdteil.

Damals Jungen, jetzt Männer im vorgerückten Alter. Sie reden miteinander und schreiben sich, wenn auch nur selten.

Die Vergangenheit: Ein Panzerschrank, der fast nie geöffnet wird. Einer von ihnen, Historiker von Beruf und der jüngste der Gruppe, war zusammen mit Yehuda 1964 ein Hauptzeuge im Auschwitzprozess in Frankfurt. Er ruft ihn an. Nervös dreht er die Wählscheibe, bis nach einigen vergeblichen Versuchen die Verbindung zustande kommt. Heiser und mit stockenden Worten berichtet er ihm von unserer Begegnung.

In einem mit Tweed bezogenen Fauteuil warte ich im Aufenthaltsraum der Universität auf Dov. Der Ausblick auf das Becken mit einem leise plätschernden Springbrunnen und auf die kultiviert plaudernden Assistenten in bequemen Gartenstühlen um das Wasser beruhigt meine überspannten Nerven. Nicht allein die Erwartung auf das Wiedersehen mit einem ehemaligen Lagerkameraden nach achtunddreißig Jahren ist schuld an meiner Aufregung, sondern dass man mich am Eingang des Campus unerwartet nach Waffen untersucht hat.

Im Bus hatten Dutzende von jungen Männern und Frauen in T-Shirts und Jeans gesessen, manche in Grüppchen plaudernd, andere in eine Zeitung oder ein Buch vertieft. Als der Bus am Zauntor der Universität hielt, waren sie mit mir ausgestiegen und hatten sich ganz selbstverständlich hinten in der Schlange der Studenten angestellt und gewartet, bis sie mit der Durchsuchung an der Reihe waren.

Schneller als erwartet erreiche ich eine der drei gläsernen Kabinen an den Eingängen, in denen Wachleute, mit Uzis bewaffnet, die Taschen und Mäntel mit Metalldetektoren kontrollieren. Niemand murrt, jedenfalls höre ich nichts. Die Untersuchung erfolgt routiniert und rasch, jeder beantwortet die in Iwrith gestellten Fragen und geht gelassen seiner Wege, als sei nichts geschehen.

Bei mir stockt die Reihe. Ich verstehe den jungen Soldaten ebenso wenig wie er mich. Ungeduldig wühlt er in meinen Papieren, tastet mich ab, will meinen Kassettenrecorder öffnen. Eine Frau hinter mir bietet ihre Hilfe an, übersetzt unsere

Worte. Er will wissen, was ich hier mache, zu wem ich wolle und stellt neugierig oder misstrauisch weitere Fragen.

Die Schlange hinter mir verliert die Geduld, wird unruhig, Worte fallen laut und schnell. Ein älterer Wachtposten kommt herangeschlurft, mischt sich in das Gespräch, befreit mich aus dem Gespinst des Missverständnisses und bringt mich zur Empfangshalle.

Von meinem bequemen Sessel aus betrachte ich die Dozenten um mich herum. Alles sieht ähnlich aus wie bei uns, aber ich weiß nun Bescheid.

Mit den Augen peile ich die Gesichter aller Männer mittleren Alters an. Dov ist nicht unter ihnen, wie ich instinktiv weiß.

Ich warte, blättere zerstreut und unaufmerksam in einer Zeitung und versuche eine Haltung einzunehmen, in der ich möglichst wenig auffalle.

Ein Schatten fällt auf die Zeitung, eine fragende Stimme: »Gerhard?« Ich schaue auf und weiß, dass er es ist, obwohl ich seine Züge nicht wiedererkenne. Verlegenheit überfällt uns beide. Beinahe förmlich geben wir uns die Hand. Dozenten unter sich, auf der Hut vor Emotionen in einer Umgebung, die nicht begreift, nicht begreifen kann, was uns verbindet.

Neben ihm gehe ich zur Mensa für die Lehrkräfte und empfinde peinlich meine Größe. Blitzartig sehe ich ihn wieder als Jungen im Lager: der kleinste von uns allen.

Bei Tisch, wo er in der vertrauten Umgebung der Kollegen bei einer schönen jemenitischen Serviererin unseren Lunch bestellt, Freunden zuwinkt und mir die Speisekarte erklärt, löst sich die Spannung. Wir reden über unsere Arbeit, vermeiden jedoch jede Anspielung auf die Vergangenheit, wie um die Mahlzeit davor abzuschirmen.

Draußen im Park, außerhalb des Blickfeldes von Kollegen und Studenten, gewinnen unsere Worte an Gewicht. Andächtig lauscht Dov meinem Rapport über die Suche in Archiven und Prozessakten und reagiert auf jeden Namen, jedes Detail. Manchmal unterbricht er mich mit einer Ergänzung, einer Frage oder einem Vorschlag. Allmählich gibt er seine akademische Zurückhaltung auf und lässt seine Bewegung erkennen. Mit verhaltener Stimme erzählt er von seinen Suchaktionen nach Dokumenten über Auschwitz, über Eichmann und alles, was direkt oder indirekt mit unserer eigenen Geschichte zu tun hat. Bescheiden berichtet er über seine Funde in der Papierflut der deutschen und amerikanischen Kriegsarchive, aber mir ist klar, wie wertvoll diese sind.

Die Betriebsamkeit um uns nimmt zu. Während des Gesprächs haben wir die Zeit vergessen. Dov kann seine Studenten nicht länger warten lassen. Im Zwiespalt zwischen Pflicht und Katharsis siegt das Hier und Jetzt. Steif vom verkrampften Sitzen stehen wir auf, können und wollen aber so nicht Abschied nehmen. Fast gleichzeitig sprechen wir unseren Gedanken aus: Wir müssen weitermachen, festhalten, weitergeben. Wir verabreden ein Treffen am folgenden Tag im Hause unseres Freundes, des Malers, um mit ihm gemeinsam unsere Vergangenheit auszugraben.

Wieder fahre ich, diesmal neben Dov, der den Weg kennt, durch die stille, in der Sonne brütende Vorstadt. Wieder schreckt der kleine Hund hoch und zerkläfft die Siesta, wieder höre ich »schekked«, aber diesmal klingt Willkommen in Yehudas nun vertrauter Stimme.

Er führt uns durch das schattige Wohnzimmer in sein Atelier, damit wir nicht gestört werden, wenn seine Söhne aus der Schule kommen. »Das Atelier ist nur klein«, entschuldigt er sich. Eine Staffelei fehlt. Regale voll Zeichenmappen, losen Blättern, Blocks. Seine Vorliebe für Graphik zeigt sich in dem, was fehlt: Tuben, Pinsel, Flecken, der Geruch von Ölfarbe und Terpentin. Er hat drei einfache Stühle wie für ein Streichtrio hingestellt. Während er in der Küche hörbar ungeschickt mit den Limonadengläsern klappert, packen Dov und ich die Instrumente aus: Kassettenrecorder, um unsere Worte und unser Schweigen über damals und danach festzuhalten.

Links von mir sitzt Dov, äußerlich unbewegt. Trotz der Hitze hat er das Jackett anbehalten. Sein Sony-Gerät lässt er nicht aus den Augen, obwohl das Band tadellos läuft. Sein Atem jagt, sein Gesicht ist blass. Mir gegenüber, aufgeregt, fast fröhlich, sitzt Yehuda mit Schillerkragen und kurzen Ärmeln, auf dem linken Unterarm eine plumpe, schiefe Nummer. Mit erstaunten Kinderaugen sieht er uns an und schlägt vor, anzufangen.

Ich schweige und fühle mein Herz klopfen. Lampenfieber lähmt mir die Zunge. Dovs Stimme kommt leise, zögernd aus dem Nichts. In der Rolle des Dozenten zügelt er seine Aufregung: »Gerhard hat lange geglaubt, nur drei Jungen aus unserer Gruppe hätten den Krieg überlebt. Sollen wir hierauf näher eingehen und damit beginnen, unsere Namen und Daten auf das Band zu sprechen, um uns vorzustellen?«

Der Gedanke wirkt beklemmend, dass unser Gespräch aus der Geschlossenheit dieses Zimmers hinausgeht. Kurz und gemessen zähle ich meine persönlichen Daten auf: Namen, Zeitangaben, Lagernamen im Telegrammstil. Dov spricht mit heiserer, gedämpfter Stimme und gibt noch weniger von sich preis. Yehuda folgt unserem Beispiel, bedauert aber die Kürze.

Noch immer zurückhaltend, in mühsam formulierten Sätzen spricht Dov nun, teils zu uns, teils zu einer nicht anwesenden Zuhörerschaft: »Darf ich vorschlagen, dass wir uns über das Thema einigen, nämlich die Gruppe der Jungen zwischen dreizehn und sechzehn Jahren, der wir 1944 in Birkenau angehörten, und über den Grund unserer Zusammenkunft im Jahr 1982, hier in Jerusalem im Haus von Yehuda?« Ich nicke zustimmend, obwohl mich seine schulmeisterliche Genauigkeit verwirrt.

Er fährt fort: »Gerhard ist nach Israel gekommen, um zu untersuchen, wie Menschen in den Lagern überleben konnten, doch bei unserem Treffen wollen wir die Frage auf unsere eigenen Erfahrungen beschränken. Wie kommt es, dass von der Gruppe der Jungen, die die letzte Selektion im Familienlager Birkenau überstanden, fast ein Fünftel die Befreiung erlebt hat, trotz der Lagerverhältnisse? Gerhard war erstaunt, als er von Yehuda und mir erfuhr, dass noch beinahe zwanzig von uns am Leben sind. Wir stellten uns die Frage, ob es eine Erklärung gibt für den hohen Prozentsatz der Überlebenden aus unserer

Gruppe, verglichen mit dem der erwachsenen Mithäftlinge, und dabei wurde mir bewusst, dass ich eigentlich nie darüber nachgedacht habe.«

Yehuda, die Handflächen nach oben gekehrt wie eine Schale voll Antworten, ergreift erregt das Wort: »Vergesst vor allem nicht, dass von mehreren hundert Jungen im Juli 1944 nur neunundachtzig bei Mengeles Selektion durchgekommen sind. Die Zurückgebliebenen im Familienlager wurden alle vernichtet. Außerdem brach nicht sogleich das gesamte Elend über uns herein, sondern nur tropfenweise. Die Franzosen beispielsweise kamen meist direkt aus Paris über Drancy nach Auschwitz. Ohne Übergang von zu Hause in die Hölle. Wer von uns damals noch am Leben war, musste einen Widerstand in sich aufgebaut haben, trotz des Hungers, der uns ständig begleitete.«

Yehudas analytische und zugleich ergreifende Darstellung überrumpelt mich; ich wage nicht, ihn zu unterbrechen.

»Bis 1944 waren wir körperlich noch nicht durch unerträglich schwere Arbeit angeschlagen. Im Männerlager von Birkenau bekamen wir Kleidung und Schuhwerk, ja, manchmal sogar Pillen gegen Durchfall. Denn vergesst nicht: Durchfall bedeutete Tod, Läuse bedeuteten Tod, Stockschläge und Misshandlung bedeuteten Tod, wenn es keine Möglichkeit gab, sich davon zu erholen. Wenn ich die Selektionen für die Gaskammer und andere tödliche Maßnahmen außer acht lasse, waren die physischen Bedingungen für uns etwas günstiger als für die älteren jüdischen Häftlinge. Vielleicht war auch unsere psychische Verfassung ein wenig besser. Wir waren noch nicht so entmenschlicht wie die langjährigen Lagerinsassen. Viele von uns wussten bis Juli 1944, dass ihre Eltern und Verwandten noch am Leben waren.«

Dov, äußerlich immer noch der kühle Dozent, weist Yehuda auf Lücken hin und präzisiert seine Aussage. Ich höre zu. Das Atelier, die Hitze, die diskutierenden Freunde: die Realität verschwimmt, die Zeit zerrinnt.

»Mit dem tropfenweise ausgegossenen Elend meinst du das Familienlager in Birkenau, wo die Transporte aus Theresienstadt untergebracht wurden. Die Zustände waren dort weniger schlimm, weil einer zu Besuch angesagten Kommission des Roten Kreuzes Sand in die Augen gestreut werden sollte. Was die psychischen Bedingungen betrifft, von denen du sprichst, so setze ich ein Fragezeichen. Die täglichen Praktiken der Vernichtung unmittelbar vor Augen, wussten wir sehr wohl, was sich im Lager ereignete. Wir glaubten nur, wir hätten eine längere Frist.«

Yehuda pflichtet ihm bei: »Weil im Familienlager alle sechs Monate eine Jagdsaison zu Ende ging: durch ›Sonderbehandlung‹.«

»Und wir wussten«, ergänzt Dov leidenschaftlich, »dass wir unserem Schicksal nicht entgehen konnten.«

Die gläserne Hülle seiner Zurückhaltung bekommt Sprünge: »Etwas anderes fällt mir ein. Die absurde Atmosphäre der Kinderbaracke, in der wir eine Art Kabarett spielten, voller Galgenhumor mit grausamen Witzen, in denen die SS-Leute auch im Himmel noch Selektionen und Läusekontrollen durchführten, als gäbe es Auschwitz auch im Jenseits.«

Yehuda nickt zustimmend: »Vergiss nicht, dass wir damals in unserem Alter keine andere Wirklichkeit kannten. Dass man uns wie Ungeziefer vernichten würde, nahmen wir fast als selbstverständlich an, und dass es außerhalb von Auschwitz eine ganz normale Jugend geben könnte, ging über unser Vorstellungsvermögen.«

Ich unterbreche und sage etwas über unsere gespaltene Vorstellungswelt in jener Zeit, aber Dov korrigiert mich sofort. »Du hattest bereits eine Vorstellung von einem normalen Leben, wir Jüngere dagegen – ich bin fast fünf Jahre jünger als du und drei Jahre jünger als Yehuda – hatten überhaupt keine Ahnung von einer kultivierten Welt. Für Kinder wie uns waren Theresienstadt und Auschwitz die Welt, wenn auch keine kultivierte.«

Mein Versuch, das Gespräch zusammenzufassen und auf unseren Ausgangspunkt zurückzuführen, scheitert. Dovs Worte über sein Alter bohren sich in mein Gedächtnis: Fünfzehn war ich damals, fast sechzehn, kein Kind mehr und noch kein

Mann, im Niemandsland zwischen Gaskammer und Arbeitstransport zufällig verschont. Mit Mühe konzentriere ich mich auf die Diskussion, nehme den Faden wieder auf, berufe mich auf Erfahrungstatsachen, flüchte in den Windschatten des rationalen Denkens.

Bei den Worten und Sätzen, die ich sage, nicken meine Freunde. Sie bestätigen meine Ansichten. Der Begriff »sozialer Lernprozess«, mit dem ich andeuten will, dass wir schon auf eine langjährige Lagererfahrung zurückblickten, bevor wir nach Auschwitz kamen, klingt absurd in meinen Ohren und doch gebrauche ich ihn, um Abstand zu den schmerzhaften Erinnerungen zu schaffen. Denn hinter dem Stacheldraht lernten wir sonderbare Dinge: Wir wurden Meister der Mimikry, wachsam wie das Wild gegenüber Jägern. Kein Wachmann überraschte uns, wenn wir ausruhten, um Kräfte zu sparen – musterhaft sprangen wir in Haltung, zogen das Barett vom Kopf, antworteten in knappem Deutsch. Wir kannten den Kode und die Lagerethik, ohne dass jemand sie uns beigebracht hatte. Wir mieden den Blick der Machthaber, versuchten solidarisch zu bleiben und einander vor dem Abgrund der Apathie zu retten. Wir waren geschickt im »Organisieren«, stahlen aber niemals von Kameraden: das eiserne Gesetz des Lagers.

Der Schock bei der nächtlichen Ankunft zwischen Wänden aus Stacheldraht, der unter Strom stand, die brüllenden, mit Stöcken und Pistolen bewaffneten Uniformierten, das kalte Licht der Lampen und die rumpelnden Lastwagen stürzten viele, die aus der Welt von draußen, direkt von zu Hause kamen, in tiefe Resignation oder in schützenden Wahnsinn. Waren wir dem »Zugangsschock« besser gewachsen? Haben wir uns vor der Wirklichkeit abgeschottet? Begriffen wir wirklich, was um uns herum geschah?

Während ich spreche, wird mir erneut bewusst, dass ich mich in den ersten Wochen nach der Ankunft in einen Mantel der Abwehr gehüllt hatte. Ich sah, aber wusste nichts; ich hörte, aber begriff nichts. Allzu gern wollte ich glauben, dass der Rauch von Fabriken stammte und dass die Sauna wirklich eine Sauna war.

Dov schüttelt teilnahmsvoll den Kopf: »Wir, die wir Monate früher angekommen waren und die erste Sonderbehandlung überlebt hatten, wir wussten es besser, aber als Neulinge hatten wir genau so gedacht wie du, dass unsere Augen, unsere Ohren uns betrogen. Tag für Tag die Flammen, Züge, lange Menschenschlangen, grüne Lastwagen; nach und nach zerriss unsere Phantasie in Fetzen. Stundenlang schaute ich in die Flammen und versuchte mir vorzustellen, wie sich der Körper eines Menschen in Rauch verwandelt.«

Seine Stimme wird heiser, kaum hörbar. Immer schneller strömen seine Worte, ufern aus. »Noch immer verfolgt mich in den Träumen die Unentrinnbarkeit des Lagers, das Bewusstsein, niemals wieder hier herauszukommen. Das tägliche Leben im Angesicht des Todes und die ständige Angst vor dem Sterben ließen keinen Funken Hoffnung in mir aufkommen. Obwohl ich wusste, dass die Front näherkam und obwohl wir manchmal schon die Kanonen hörten, konnte ich mir nicht vorstellen, dass eine Befreiung aus der stählernen Ordnung von Birkenau möglich sei. In meiner Phantasie kamen nicht nur die Panzer zu spät, um uns zu retten, ich fand sogar den Gedanken an eine Befreiung kindisch in der Überzeugung, dass unser Schicksal ohnehin besiegelt sei.«

Dov zögert, bevor er weiterspricht. Er schaut uns an, wie um sich unserer Sympathie zu versichern, und fährt dann fort: »Noch immer träume ich denselben Traum: Zusammen mit vielen Kindern werde ich ins Krematorium gebracht, um vergast zu werden. Ich kann mich verstecken und es gelingt mir zu fliehen, sogar aus dem Lager. Dann stehe ich auf einem Bahnhof und plötzlich ruft eine Stimme aus dem Lautsprecher meinen Namen. Man nimmt mich fest und bringt mich zum Krematorium zurück, und im Traum weiß ich mit Sicherheit, dass ich bei jedem Fluchtversuch erneut ergriffen würde.«

Er hält inne und sagt dann nachdenklich: »Bei näherer Betrachtung frage ich mich, was besser ist: Verdrängen oder die Wirklichkeit zu akzeptieren. Der Traum, die Angst von damals verfolgt mich noch immer.«

Yehuda nickt heftig zur Bestätigung, dass seine Alpträume den gleichen Inhalt haben: »Ich weiß auch jedes Mal ganz sicher: Diesmal kommst du nicht davon, diesmal nicht mehr. Später habe ich mich gefragt, ob diese Gedanken einem Schuldbewusstsein entstammen. Aber was für eine Schuld? An wem? Wir Kinder haben doch nichts verbrochen, außer, dass wir am Leben geblieben sind? Auf unserer Pritsche bildeten wir eine kleine Familie, und zusammen mit den anderen Jungen der Gruppe fühlten wir uns als eine große Familie. Das hat unsere Überlebenschancen sicherlich erhöht, denn wir halfen einander, wo wir konnten. Als wir schließlich im Männerlager landeten, wurde das übrige Lager zur Außenwelt. Dort durfte man stehlen, was man konnte, aber untereinander standen wir uns bei, opferten sogar eine Brotration, um Aspirin für einen kranken Kameraden zu kaufen. Wir fühlten uns weniger verloren als die anderen Häftlinge, weniger von Gott und der Welt verlassen. Wir hatten Gefährten, mit denen wir reden konnten, Gefährten mit gemeinsamen Erinnerungen. Vielleicht wollten wir deshalb anderen Kindern helfen. Wie damals den Kindern, die mit einem Transport aus dem Ghetto von Lodz kamen. Sie standen an der anderen Seite des Drahtzaunes und wir warfen Brotkanten, Löffel und was wir sonst entbehren konnten in das E-Lager hinüber, obwohl die Posten auf den Wachttürmen Warnschüsse abgaben.«

Aufgeregt, fast atemlos fährt er fort: »Ich erinnere mich an einen Jungen, der im Frauenlager Brot gestohlen hatte, von einer Frau, die ein Kind bei sich hatte: ein Ausnahmefall, fast unvorstellbar. Tagelang redete keiner mit ihm. Er verkaufte sich an einen Blockältesten für Brot und versuchte uns damit zu versöhnen. Bald nach der Befreiung ist er an seiner Gefräßigkeit und an Fleischvergiftung gestorben.«

Mich beschleicht das unbehagliche Gefühl, dass der Gedanke der Solidarität sich allzu »romantisch« in sein Gedächtnis eingenistet hat. Die kaum überbrückbaren Klüfte, die sich zwischen den Nationalitäten und Muttersprachen auftaten, wollen mir das Bild der Zusammengehörigkeit weniger intakt erscheinen lassen, doch ich schweige. Denn was ist Gedächtnis und was ist Trost?

Die Flut seiner Assoziationen ist nicht aufzuhalten: »Es gab Jungen unter uns, die vor der Wirklichkeit zu fliehen versuchten, die die Plätze tauschten, wenn wir Holz oder Teerpappe zum Krematorium transportieren mussten, und die mit geschlossenen Augen am Galgen vorbeiliefen. Wir, die wir ein paar Monate früher aus Theresienstadt gekommen waren, waren neugieriger, realistischer als du. Im Nachhinein weiß ich nicht mehr, was uns besser half durchzuhalten: Verträumtheit war genauso gefährlich wie das Gegenteil. Offensichtlich hat jeder von uns instinktiv die Art und Weise gewählt, die zu ihm passte.«

Dov sinniert leise vor sich hin: »Eigentlich komisch, aber es gab auch schöne Augenblicke, an die ich mich gern erinnere. Der blaue Himmel mit den weißen Streifen der vorüberfliegenden Bomber, meine Verliebtheit in ein unerreichbares Mädchen im fernen Frauenlager, die Berge am Horizont, und einige Wochen nach der Befreiung der Moment, als Mischa G.s Vater seinen Sohn in unserem Hospital wiederfand und ihn nach England mitnahm.«

Yehuda philosophiert: »Ich glaube, dass jeder Mensch auf seine Jugend zurückblickt wie auf ein verlorenes Paradies. Jugend ist Jugend, auch wenn es noch so widersinnig klingt. Auch wenn sie noch so schrecklich war, ich sage immer zu mir: Ich danke Gott für diese Lebenserfahrung. Man verklärt alles, was man als Kind gesehen und erlebt hat.«

Lächelnd, voller Selbstironie hebt er die Hände und sagt theatralisch: »Ich war in Terezín, in Auschwitz und sogar in Mauthausen, so wie ein Soldat prahlt: ich war an dieser Front, an jener Front und auch noch an der dritten.«

Dov sagt, dieses Gefühl habe er nie gekannt, da sein Vater, der zu den ersten Häftlingen in Auschwitz gehörte, ständig darüber sprach und schrieb. »Ich habe alles von mir ferngehalten. Die grauenhaften Szenen habe ich verdrängt, ausgenommen jene, die unauslöschlich sind: ein Mann, dem man den Kopf einschlug, als man ihn während der Arbeitszeit in der Baracke erwischte, und die Erhängungen, bei denen wir zuschauen mussten.

Zuerst konnte und wollte ich nicht hinschauen, obwohl wir dazu gezwungen wurden, aber später sagte ich zu mir: Du *musst* hinsehen, du musst später Rache nehmen. Wenn Russen erhängt wurden, sangen sie zuweilen die *Partisana* oder riefen ›Stalin‹. Dann kam das Kommando: Mützen ab. Dr. Tilo, ein SS-Arzt, gab das Handzeichen, die Klappe fiel herunter und das war das Ende. Eigentlich sonderbar, denn ich habe täglich hunderte Tote gesehen, aber daran kann ich mich haarscharf erinnern.«

»Die vielen Leichen, das war nicht der Tod, das war das tägliche Leben. Die gestorbenen ›Muselmänner‹, die man wie Abfall hinter den Baracken abholte; wir haben fast gar nicht mehr darauf geachtet«, stellt Yehuda fest.

Ich sehe, wie Dovs Augen zu den Zeichnungen an der Wand schweifen und weiß, dass wir dieses Thema rasch fallenlassen müssen. Er selbst ergreift die Initiative: »Es gab ein paar orthodoxe Jungen unter uns, denen der Glaube half. Sinai A., der ebenfalls davongekommen ist und jetzt hier in Aschdod Oberrabbiner ist, versuchte sogar die Fastentage einzuhalten. Andere machten eine Glaubenskrise durch und wandten sich völlig von ihrem Glauben ab.«

Yehuda stimmt ihm zu: »Man musste sich an etwas festklammern können. Für mich hieß das: Ich will überleben. Ganz zielbewusst. Um Rache zu nehmen, um zu erzählen, aus hartnäckigem Zorn. Vielleicht war das Instinkt. Wir reagierten wie Tiere: eine falsche Bewegung, ein falscher Schritt, ein Finger am Stacheldraht, ein misslungener Kartoffeldiebstahl, eine unvorsichtige Bewegung während einer Selektion bedeuteten den Tod. Unsere Aufmerksamkeit durfte niemals erlahmen.«

Beinahe zugleich rufen beide: »Wenn es keinen Willen mehr gab, war es aus.«

»Die Streifen, die die amerikanischen Flugzeuge am Himmel zogen, gaben mir Hoffnung«, bemerke ich, doch Yehuda erinnert sich: »Ich hatte Angst, dass es deutsche Flugzeuge waren, die uns während des Appells mit Maschinengewehren erschießen oder bombardieren könnten. Dann dachte ich: Jetzt machen sie uns kaputt, jetzt vernichten sie uns.«

Dovs Gesicht verfinstert sich: »Bei mir gab es beides: manchmal Hoffnung, häufiger Verzweiflung.«

Unser Gespräch schwankt eine Weile zwischen Hell und Dunkel und ich fühle mich erleichtert, als Yehuda einen anderen Kurs einschlägt: »Ich habe mir allerlei Phantasien vorgegaukelt, um die Angst zu bezwingen. Jemand erzählte etwas von Spinoza und in meinem Kinderhirn entstand ein Wirrwarr philosophischer Gedanken über das Fortbestehen des Geistes. Ich zeichnete die Kreise transzendenter Sphären – weiß Gott, was das sein mochte – in den Sand und dachte dabei: Im Grunde sind wir unsterblich, ewig.«

Eine teure Erinnerung wird in mir wach, die ich den anderen mitteilen möchte. Peter, ein etwas älterer Junge, den ich nach den Selektionen aus dem Auge verloren habe, rezitierte Passagen aus Schillers *Räubern,* die er aus seiner Gymnasialzeit auswendig kannte und wie einen Schatz hegte. Nicht nur, weil er sich dadurch an sein früheres Leben in der Heimat festklammerte, sondern weil das Stück von Gerechtigkeit handelt. Unsere geflüsterten Gespräche über das Drama waren Augenblicke des Glücks.

Eifrig schließt sich Dov an: »In der Krankenbaracke lag ich neben einem sterbenden Muselmann, der Herbert hieß. Er erzählte mir Dinge, von denen ich noch nie gehört hatte und gab mir ein Buch, das ich erst später nach meiner Rückkehr ins Männerlager las. Dostojewskis *Schuld und Sühne.* Die Angst und die Gewissensbisse, die Raskolnikow wegen des Mordes an der alten Frau empfindet, konnte ich gut nachvollziehen. Die Vernichtung, die mich umgab, hatte damit nichts zu tun. Die Vorstellung von Gerechtigkeit und der Abscheu vor einem einfachen Mord waren in mir erhalten geblieben, obwohl ich die Welt dort draußen kaum oder überhaupt nicht kannte. Mein Gewissen erstreckte sich nicht nur auf unsere Gruppe, sondern viel weiter, vielleicht dank Dostojewski.« Gerührt über seine Worte bleibe ich stumm. Auch Yehuda schluckt, bemerkt aber dennoch, dass die Kinder in den polnischen Ghettos viel härter waren, weil sie schon seit 1939 inmitten von Mord und Totschlag lebten und drei oder vier Jahre länger als wir Hunger, Kälte, Schmutz und Verwahrlosung erdulden mussten.

Wie ein Pendel schwingt unser Gespräch zurück zu der Lagererfahrung, die wir bei den Selektionen zur Arbeit oder zur Gaskammer einzusetzen versuchten. Wir wussten genau, dass wir den Bauch einziehen mussten, damit der Brustkorb hervortrat, dass wir, gefragt nach unseren Fertigkeiten, nie etwas anderes nennen durften als ein Handwerk, und dass wir unser Alter immer innerhalb von Grenzen ansetzten, die in dem betreffenden Moment die größte Sicherheit versprachen.

Obwohl Dov weiß, dass auch wir wissen, wie sein Leben im Juli 1944 an einem seidenen Faden hing, wiederholt er zwanghaft die Episode seiner Todesangst: »Schwarzhuber wollte mich zurückschicken, weil ich noch nicht dreizehn war und für mein Alter klein und schmächtig. Ich habe mich nochmals hinten in der Reihe angestellt und bin mit einer Lüge durchgekommen«, sagt er fast triumphierend. »Ich handelte automatisch, ohne richtig zu begreifen, wie realistisch die Vernichtung war. Ich habe mich verhalten wie ein Tier, das um sein Leben kämpft. Meine Psyche hat die Wirklichkeit nicht zur Kenntnis genommen. So etwas geschieht, wenn eine Situation völlig aussichtslos ist. Und obwohl es absurd klingt: Nicht einmal meine Hoffnung und meine Träume wurden dadurch zunichte gemacht.«

Im Wohnzimmer neben dem Atelier höre ich Kinderstimmen. Yehudas Frau Lea versucht, die Ruhe herzustellen, was ihr nur halb gelingt. Yehuda, der noch etwas sagen will, trommelt gereizt mit den Fingern; unwillig, wie aus einer Trance erwachend, steht er auf und verlässt den Raum. Dov und ich sehen einander an wie Schlafwandler, die gleichzeitig aufgewacht sind. Als wir eben die Kassettenbänder umdrehen, kommt Yehuda verstört herein und zeigt auf unsere Apparate: »Noch nicht abstellen, mir sind noch ein paar Dinge eingefallen, die für unsere Gruppe wichtig waren.« Er setzt sich und ist im selben Augenblick wieder in das Thema des Überlebens versunken, als hätte es keine Unterbrechung gegeben.

»Die meisten Häftlinge kamen nie aus ihrer Lagerabteilung heraus, manche nicht einmal aus ihrer Baracke, außer am frühen Morgen, wenn sie zur Arbeit und zum Appellplatz gingen. In ihrer Bewegungsfreiheit waren sie sehr viel eingeschränkter als wir. Die Jungen vom ›Rollwagenkommando‹, zu denen auch wir gehörten, schleppten und schoben das Vehikel durch das ganze Lager Birkenau. Ich glaube, wir fühlten uns dadurch weniger eingesperrt und stumpften nicht so rasch ab. Unser Horizont war weiter; vielleicht konnten wir dadurch einen größeren Abstand zu den Dingen gewinnen.« Dov ergänzt: »Dasselbe galt auch für die Metallarbeiter und andere Handwerker, wie auch für die Laufjungen.«

Yehuda sagt leise, fast verschämt: »Ich glaube, wir fühlten uns ein wenig erhaben über die anderen Häftlinge, nicht zuletzt, weil viele von uns bis zum August 1944 ihre Haare behalten durften und in der Baracke des Strafkommandos wohnten. Die SS mied die Räume, aus Furcht vor den Russen und Polen, die dort untergebracht waren. Ihr Status färbte auf uns ab. Außerdem waren einige ältere Häftlinge gut zu uns, weil sie selbst runder verloren hatten. Stein zum Beispiel, der Kapo des Rollwagenkommandos, scheuchte uns mit großem Geschrei herum, sobald die SS in der Nähe war, und tat, als schlüge er kräftig zu, hielt aber den Stock zurück, um uns nicht wirklich hart zu treffen, obwohl er wusste, wie verhängnisvoll das für ihn sein konnte. Manchmal befahl ein SS-Mann einem Jungen, während der Arbeit den Vorarbeiter über die anderen zu spielen. Aber das war etwas ganz anderes als das Verhältnis zwischen den Kapos und den Häftlingen.«

Der letzte Satz lässt Zweifel in mir aufkommen: deutlich steht mir vor Augen, wie ein solcher Pseudo-Kapo aus unserer Gruppe unbarmherzig einen Jungen blutig schlug. Ich erspare Yehuda die Erinnerung, warum soll ich ihm die Illusion inniger Kameradschaft rauben? Ob mein Gesicht Skepsis verrät, weiß ich nicht, bin aber erleichtert, als Lea ihn ans Telefon ruft.

Als er zurückkehrt, gestehen wir uns ein, dass wir müde und leer sind, wollen aber trotzdem noch nicht aufhören. Die Zeit, die uns zur Verfügung steht, ist so kurz.

Yehuda spricht schneller als vorhin, um jede Minute zu nutzen: »Gerhard sollte Fragebögen herumschicken an alle ›Jungen‹ unserer Gruppe, die den Krieg überlebt haben, ihnen mitteilen, was wir hier besprochen haben, sie bitten, ihre Erinnerung aufzufrischen, kurzum, die Rolle des Chronisten übernehmen.«

Dov zählt Fragen auf, die keinesfalls fehlen dürfen: über Phantasie und Wirklichkeit, über unsere Ängste, unser heutiges Weltbild, über das Überleben in der Gruppe, in der Menge oder als einzelner, über die Verankerung des moralischen Bewusstseins, über unsere politischen Ansichten. Sein Wortschwall versickert in Müdigkeit. Yehuda richtet sich auf wie ein Boxer beim Gongschlag: »Wir müssen achtgeben, dass die Politiker keinen Missbrauch mit der Shoah treiben. In einem Film, der hier über einen unserer großen Staatsmänner gedreht wurde, wollte man mir in den Mund legen, ich hätte die Lager nur überlebt dank meines warmen, traditionellen jüdischen Hintergrundes. Das ging mir wider die Natur. Wenn die Politiker und andere aus unseren Erfahrungen lernen wollen – falls es überhaupt etwas daraus zu lernen gibt –, so dürfen sie uns nicht als Rechtfertigung für ihr Handeln benutzen, sondern sollten sich unsere Geschichten anhören.«

Dov, erregt: »Meine Vergangenheit hat mich nicht gegen Grausamkeiten abgehärtet. Wenn ich in den Kriegen, die wir führen mussten, grausame Szenen sah, war ich jedes Mal entsetzt. Das Mord-und-Brand-Gezeter der Betonköpfe in der Regierung oder in der Knesset – von denen kaum einer die Shoah persönlich erlebt hat – stimmt mich entsetzlich traurig. Selbstverständlich sind unterschiedliche Reaktionen bei uns möglich. Manche verschließen sich vor metaphysischen Problemen und wollen nur ein ruhiges Leben führen; sie sind froh, dass sie noch am Leben sind und suchen Geborgenheit und Sicherheit. Sie tragen eine Maske, um ihre tiefsten Ängste zu verbergen, und meistens tue ich das auch.«

Die Disziplin unseres Gesprächs lässt nach. Ich versuche einzugreifen und meine Auffassung darzulegen, dass es nicht nur einen einzigen Typus von Überlebenden gibt, dass jeder mit seiner Vergangenheit umgeht entsprechend seinem Charakter, seinen Begabungen, seinen früheren und derzeitigen Verhältnissen, seinen Vorstellungen von damals und jetzt, seiner körperlichen Verfassung und noch vielen anderen Aspekten.

»Ich denke nicht politisch und die Maske passt mir nicht«, ruft Yehuda mit verzweifelter Miene.

»Aber du hast das Glück, Künstler zu sein«, sage ich, und er antwortet: »Das ist zwar eine Hilfe, aber ich stehe nicht mit beiden Füßen auf dem Boden. Es ist so schwer, das tägliche Leben zu ertragen. Oft sage ich mir: Wie kannst du dich selber ernst nehmen, wie kannst du die Welt ernst nehmen, du, der Junge aus Auschwitz?

Auf einem Elternabend: Jeder regt sich auf, plustert sich auf. Ich denke: Wozu? Bei der Beerdigung eines prominenten Mannes denke ich: Ein einzelner Mann? Wichtig? Was ist wichtig?

Als ich in das Lager kam, war ich so alt wie meine Kinder heute sind. Kann ich ihre Probleme, ihre Sorgen verstehen? Nicht wirklich, glaube ich. Die ›Jungen‹ aus unserer Gruppe, mit denen ich korrespondiere, kämpfen mit denselben Schwierigkeiten. Ob Hochschulprofessoren oder Geschäftsleute, das tut nicht viel zur Sache. Keinem von uns passt die Maske perfekt.« Er spricht weiter, mehr zu sich selber als zu uns: »In mein Tagebuch schreibe ich oft, dass ich traurig bin, dass ich an der Welt leide wie Paul Celan und Jean Améry. Sie sahen keinen Ausweg mehr, aber ich kann mich dank meiner Arbeit darüber hinwegsetzen. Ich weiß nicht, was mich so depressiv macht. Ist es Auschwitz, ist es Zores oder meine Überempfindlichkeit? Und dabei hatte ich noch das Glück, dass es Menschen gab wie H.G. Adler, die mich nach dem Krieg in einem Waisenhaus aufgenommen und unterrichtet haben.«

Selbstkritisch geht Dov darauf ein: »Woher unsere Depressionen kommen, lässt sich schwer ergründen. Meistens komme ich schnell darüber hinweg, mit einer Ausnahme. Ich nahm damals an einem Kongress in Warschau teil. Ein Historiker und Kollege, der dort arbeitet, nahm mich mit zu einem Ausflug nach Łódź, Gdańsk und Auschwitz. Unterwegs sagte er zu mir: ›Wenn wir in Auschwitz sind, musst du auch nach Birkenau, denn das war das eigentliche Vernichtungslager‹. Wenn er mich gefragt hätte, ob ich dort inhaftiert gewesen war, hätte ich, glaube ich, ja gesagt. Aber er hat nicht gefragt und ich habe geschwiegen. Ich konnte die Maske nicht ablegen. Er weiß es bis heute nicht. Mit einem Taxi habe ich mich nach Birkenau fahren lassen und wieder zurück. So habe ich versucht, meinen Traum zu überwinden. Vergeblich.«

Im Wohnzimmer rufen Kinderstimmen uns in die Gegenwart zurück. Lea versucht nicht, sie zurückzuhalten, und ich bin froh darüber. Wir sind grau vor Müdigkeit und Erschöpfung. Dov und ich verstauen schweigend unsere Kassettenrecorder. Yehuda öffnet das Atelierfenster. Die Sonne steht tief am Himmel. Frische Luft strömt herein. Ein Hund bellt und die Klänge von Mozarts Prager Symphonie rauschen in der Ferne. Yehuda lacht: »Na! ... Kinder, weitermachen!»

Der harte alte Befehl zusammen mit dem »Na! ... Kinder« klingt so absurd, dass auch Dov und ich schallend lachen. Der Gedanke zuckt mir durch den Kopf, dass Humor im Leben unentbehrlich ist.

Wir verabschieden uns wie schuldbewusste Schulkinder, die zu lange gespielt haben. Gerührt steht Yehuda vor seinem Haus und winkt, bis das Auto um die Ecke verschwunden ist.

Die Kerze meiner Zeit in Israel brennt rasch herunter. Die letzten Tage verbringe ich hektisch lesend in Dovs Oral-History-Archiv; ich rufe meine neuen Brüder an, nehme Abschied von alten und neuen Freunden, vervollständige meine Aufzeichnungen und spaziere noch einmal um die goldgelb ummauerte Altstadt, um das Jahrtausende alte Bild für immer in mein Gedächtnis zu prägen.

In den kühlen Morgenstunden des Freitags packe ich meine Sachen und versuche, Papierbündel, Bücher und Tonbänder im Koffer zu verstauen, ohne die Scharniere zu sprengen. Die besorgte Wirtin fürchtet, ich könnte auf der Heimreise vor Hunger umkommen, stellt das letzte opulente Mahl vor mich hin und rät mir eindringlich, vor der langen Reise ein wenig auszuruhen.

Leise schließt sie die Zimmertür hinter sich. Draußen brütet die Mittagshitze. Die Jalousien an den Fenstern werfen Häftlingsstreifen an die Wand. Ich schlummere ein. Der Traum wird zum Alptraum. Die Glocke zum Appell läutet, einmal, zweimal. Beim dritten Mal bringt sie mich in das Zimmer in Jerusalem zurück. Schlaftrunken gehe ich zur Haustür in der Annahme, dass meine Gastgeberin ihren Schlüssel vergessen hat.

Ich öffne die Tür. Von blendendem Sonnenlicht umrahmt, steht vor mir ein kleiner Mann in einem schwarzen Gehrock. Sein langer grauer Bart fällt bis zur Weste herab. Auf dem Kopf trägt er einen schwarzen Hut, auf der Nase eine runde Nickelbrille. In der linken Hand hält er ein gelbes Büchlein, in der rechten ein großes weißes Taschentuch, mit dem er sich die Schweißtropfen vom Gesicht wischt. Verlegen fragt er mich in fließendem Deutsch nach meinem Namen und redet mich dabei mit »Sie« an. Ich erteile ihm die gewünschte Information. Hinter den dicken Brillengläsern sehe ich seine Augen, geweitet und gerötet vom grellen Licht. Oder von Tränen? Er sieht mich sekundenlang schweigend an und sagt, noch immer beinahe flüsternd, wie um mich nicht wachzuschrecken: »Ich bin Sinai A., Yehuda hat mich angerufen. Ich hoffe, ich störe nicht.«

In dem kleinen, bescheidenen Rabbiner hätte ich niemals den orthodoxen Jungen aus dem Männerlager erkannt. Seine Verlegenheit macht auch mich befangen. Ich bitte ihn herein, räume einen Stuhl leer und biete ihm Platz an. Limonade oder dergleichen lehnt er ab. Ein Glas Wasser ist alles, was er möchte.

»Ich habe dir etwas mitgebracht: ein kleines Buch über uns und wie – Sein Name sei gepriesen – uns errettet hat.«

Auf dem gelben Umschlag sehe ich eine Zeichnung, in der ich Yehudas Hand erkenne. Den Text kann ich ebenso wenig lesen wie die Sätze, die er auf das Deckblatt geschrieben hat.

Mühsam wechseln wir ein paar Sätze. Die Pausen sind lang. Unsere Welten liegen weit entfernt voneinander und doch verbindet uns ein altes Band. Nach einer knappen Stunde geht er fort, weil, wie er entschuldigend sagt, der Sabbat nicht mehr fern ist und er seinen Pflichten nachkommen müsse. Mit gemischten Gefühlen von Zuneigung und Zweifel schaue ich ihm nach. Das Büchlein über »uns und wie – Sein Name sei gepriesen – uns errettet hat« wiegt schwer in meiner Hand.

Warum uns und nicht die anderen?

Jessica Durlacher

Für immer mein Vater

Zwischen 1945 und meiner Geburt liegen sechzehn Jahre. Meine Mutter war siebenundzwanzig, mein Vater dreiunddreißig Jahre alt, als ich zur Welt kam. Das war 1961. Man kann es sich kaum vorstellen, aber es ist wahr, nur sechzehn Jahre vor meiner Geburt lebte mein Vater als Siebzehnjähriger in einer Zeit des Todes und des Grauens und meine Mutter litt Hunger. Als ich geboren wurde, waren weniger als sechzehn Jahre vergangen, seit das Lager Groß-Rosen durch die Russen befreit wurde, das letzte Lager, zu dem mein Vater gebracht wurde und in dem er drei Wochen lang bewusstlos am Rande des Todes lag. Er war so dünn, dass es der deutschen Krankenschwester, die ihm zugewiesen wurde, permanent die Tränen in die Augen trieb. Er war todkrank.

Mein Vater. Er erholte sich langsam von den schrecklichen Jahren in Westerbork, Theresienstadt, Auschwitz und Schotterwerk (Groß-Rosen) und kehrte in die Niederlande zurück, in das Gastland, in das er einige Jahre zuvor als Kind deutscher Juden geflüchtet war. Er beendete die Schule, studierte, begegnete meiner Mutter und gründete eine Familie. Es begann mit mir – mein Babyspeck und die Illusion eines Neubeginns überlagerten für einen kurzen Moment die barbarischen Morde und Horrorbilder, denen er als Kind ausgesetzt war.

Wenn ich an den Krieg denke, denke ich an meinen Vater und wenn ich an meinen Vater denke, denke ich an den Krieg – das, was er als Junge in Auschwitz gesehen hat und aushalten musste, ist unvorstellbar. Er gehörte zu einem der neunundachtzig Jungen, die von Mengele am Schluss vor der Gaskammer verschont wurden. Was aus seinen Eltern geworden war, wusste er nicht. Ein Jahr vor der Befreiung wurde er kalt und schmerzhaft auf grausame Weise von ihnen getrennt.

Zum Zeitpunkt meiner Geburt hatte mein Vater um sich herum einen Schutzwall, einen Bunker aus Stahlbeton aufgebaut, um den Albtraum, der für ihn noch allgegenwärtig war, nicht an sich heranzulassen. Dass alle seine Erinnerungen, alles Leid, alle Panik darin wie giftiger Atommüll an den Wänden fraß, war ihm nicht bewusst. Über zwanzig Jahre später sollten die Wände einstürzen und es gab kein Halten mehr.

Als Kind wusste ich nichts von diesem Bunker und auch als ich älter wurde, hatte ich keine Ahnung davon, wie nah dieses hässliche Ding noch war, das ab und zu als ein Ende erwähnt wurde, das aber irgendwann der Anfang von etwas gewesen war.

Die Farbe Schwarz war für mich gleichbedeutend mit dem Wort »Krieg« – eine schwarze Grenze verlief zwischen dem Damals und heute. Früher gab es Krieg, heute nicht mehr.

Als mir bewusst wurde, dass mein Vater etwas erlebt hatte, worüber er nicht sprechen konnte oder wollte, dass es ein Wunder war, dass er da war und dass meine kleinen Schwestern und ich geboren waren, schien der Krieg noch viel weiter weg zu sein. Ich sah schon, dass etwas meinen Vater am Schlafen hinderte, dies blieb jedoch abstrakt für mich. Ich dachte, es sei eine dieser »Vätersachen« – sie schliefen nicht und liefen morgens mit geschwollenen Augen und verkniffenem Mund herum und klagten über eine weitere schlechte Nacht. Die Gründe blieben im Dunkeln.

Auch die Irrationalität seiner Wutausbrüche gegenüber uns doch eigentlich süßen Mädchen erkannten wir erst, als wir schon Teenager waren. Als Kinder machten wir uns unsichtbar, um ihn nicht zu stören.

Trotz alledem waren meine Schwestern und ich so etwas wie Normalität für unseren Vater, und das war uns auch bewusst. Ich erinnere mich, dass ich die Illusion hegte, dass wir ihn vielleicht von seiner schrecklichen Vergangenheit erlösen könnten – einfach durch unsere Existenz. Und je älter wir wurden und dabei mehr und mehr ein realer Teil seines Lebens, bildete ich mir ein, dass der Krieg ihn loslassen und seine traumatischen Erfahrungen verblassen würden. Dass letztendlich das Gegenteil der Fall zu sein schien, erschreckte mich sehr. Je mehr Zeit verstrich, umso näher kam der ach so ferne Krieg. Seine Träume wurden schrecklicher und seine Gesundheit immer schlechter. Da er immer häufiger krank wurde, gab er seine Tätigkeit an der Universität frühzeitig auf.

Er begann zu schreiben und von diesem Moment an schien es plötzlich kein anderes Thema als den Krieg zu geben. Es war in dieser Zeit, dass ich zum ersten Mal den Begriff »geliehene Zeit« hörte. Seit dem Krieg lebte mein Vater in »geliehener Zeit«, sagte er.

Sein gesamtes Werk erzählte und erklärte all das, wonach wir uns niemals zu fragen trauten.

Er ist nicht mehr da, mein Vater. Im Jahr 1996 starb er an den Folgen desselben Krieges, den er mit so viel Mühe, Zufall und Glück überlebt hatte. Ich denke immer noch jeden Tag an ihn. Wenn ich die Ohren öffne, höre ich wieder seine Stimme. Ich sitze neben ihm auf dem Sofa und wir reden, so wie immer.

Zu diesen sechzehn Jahren sind viele Jahre hinzugekommen. Inzwischen sind beinahe achtzig Jahre vergangen, seit Europa befreit wurde und die Russen Groß-Rosen eingenommen haben, den Ort, an dem das Leben meines Vaters nur noch an einem seidenen Faden hing.

Achtzig Jahre Befreiung bedeuten: zu versuchen, sich achtzig Jahre lang von einem Tiefpunkt der menschlichen Geschichte zu erholen, achtzig Jahre lang versuchen, zu vergessen, achtzig Jahre lang vertrauen, dass die Zeit die Wunden heilt, achtzig Jahre lang die Frage, wie so etwas möglich war.

Achtzig Jahre lang frei und dabei doch nicht frei zu sein.

Befreiung ist eine schöne Sache, sie bedeutet jedoch auch den Beginn des Erinnerns, Ansammelns, Wegräumens, Vergessens und wieder Aufwärmens.

Es ist auch der Beginn von Albträumen, von Schuldgefühlen, von Erklärungsversuchen und Wut. Und neuem Elend, neuen Erfahrungen, neuer Bedrohung. Vieles ist seitdem geschehen, unglaubliche Ereignisse und grausame Tragödien sind zur Geschichte hinzugekommen. Die Zeit ist wie eine Decke, unter der die Geräusche verstummen. Die Decke lindert, aber sie heilt nie und kann einen ebenso gut ersticken.

Achtzig Jahre sind eine lange Zeit, sagen die Jüngeren. Achtzig Jahre sind kurz, sagen die Älteren. Für die Menschen, die alle Kraft aufbieten mussten, um den Krieg zu vergessen, müssen wir weiter erinnern, aber genauso für diejenigen, die jetzt Gefahr laufen zu vergessen, dass es jemals Krieg gab.

Ich denke immer an meinen Vater.

Menton, 1995. Ich gehe mit meinem dicken Bauch den Boulevard entlang. Es ist frisch, aber etwas zu kühl, um ohne Jacke zu gehen und etwas zu früh in der Saison, um es hier in Süd-Frankreich wirklich angenehm warm zu haben. Es riecht jedoch gut, es regnet nicht und wir haben hier für einen Monat ein Zimmer in einem Hotel an der Küste gemietet. Es ist der letzte Urlaub in unserem Leben, wie wir es kennen, ein Leben ohne Kinder. Wir werden schreiben, wir beide.

Leon, mein Mann, schreibt, aber ich flüchte immer wieder von dem wackeligen kleinen Tisch, um in das Städtchen zu schlendern, langsam, um meinen beinahe acht Monate dicken Bauch nicht zu stark zu fühlen. Ich schlendere den Boulevard entlang und schaue verstohlen nach Babykleidung, Decken, all den Sachen, die ich bald brauchen werde, aber noch nicht kenne. Ich rieche Mimosen und salzige Meeresluft. Vor einer Konditorei setze ich mich an einen Tisch auf dem Bürgersteig und trinke einen himmlisch leichten Milchshake mit Eiswürfeln. Ich spüre an dem sanften Tritt, dass das unbekannte Wesen in mir das auch zu schätzen weiß.

Meine Eltern rufen an. Mein Vater erzählt er habe geträumt, dass mein Sohn sich zu einem kompetenten Ökonometriker entwickeln wird. »Ein Ökonometriker?«, frage ich. »Warum in Gottes Namen ein Ökonometriker?«

»Keine Ahnung«, sagt mein Vater freudig, »das habe ich geträumt«.

Ich freue mich darüber. Nicht weil mein Sohn offenbar ein Ökonometriker werden wird, sondern weil mein Vater sich mit meinem Sohn beschäftigt. Es erfüllt mich plötzlich mit großem Stolz, dass ich meinem Vater einen Sohn schenken werde.

Immer, wenn ich während meiner Schwangerschaft bei meinen Eltern zu Besuch bin, fühle ich eine seltsame Verlegenheit. Mein Vater mischt sich nicht ein, wenn es um meine Schwangerschaft geht, Frauensachen eben. Die haben zwischen uns selten eine Rolle gespielt. Deshalb fühle ich mich bei ihm immer etwas unbehaglich mit meinem Bauch, der aussieht wie der eines Bischofs. Ich habe das Gefühl, dieser Bauch macht mich verwundbar und schmälert meine Rolle, die ich normalerweise als ernsthafte vollwertige Gesprächstochter innehabe. Ein seltsames Gefühl.

An diesem Mittag kaufe ich für den zukünftigen Ökonometriker einen teuren, warmen Schlafsack einer guten französischen Marke. Ich weiß nicht einmal was ein Ökonometriker ist, aber wenn mein Vater davon träumt, ist das für mich in Ordnung.

Nach Menton sollte es noch vier Wochen dauern, bis mein Sohn kam. Er war für den 3. Juli berechnet, aber erste Kinder kommen immer später als geplant, lachten meine Eltern. Also reisten sie am 21. Juni unbesorgt nach Deutschland, wo mein Vater eine Lesung hatte. Sie würden drei Tage später wieder zu Hause sein. »Behalte ihn so lange noch drinnen«, wurde gescherzt.

Als hätte er auf die Gelegenheit gewartet, setzten einen Tag später die Wehen ein und genau fünf Minuten nach zwölf in der Nacht, der 23. Juni war gerade angebrochen, erschien mein Sohn, Moos. Er war wunderschön, winzig und mager, ein dunkler Herrscher von etwas mehr als fünfeinhalb Pfund. Ruhig und eindringlich sah er mich mit riesengroßen, beinahe schwarzen Augen an, und zwischen ihm und mir wurde ein Bündnis geschlossen, so eng wie mit niemandem zuvor.

Ich hatte einen Sohn und er hatte mich. Das war alles.

Einen Tag später stürmten meine Eltern herein. Für einen kurzen Moment stiegen mir Tränen in die Augen, als ich die beiden sah, doch dann hörte ich Moos wimmern und fing mich wieder. Meine Eltern gingen leise aus dem Zimmer, als ich begann, Moos zu füttern – und dabei vergaß ich sie.

Anschließend ging ich behutsam die Treppe hinunter (und fühlte bei jeder Stufe die Schwerkraft an meinem Körper ziehen – als ob das Gebären jeden Moment erneut anfangen könnte) und übergab Moos vorsichtig meinem Vater. Da lag mein Kind an seiner Schulter, an der Stelle, an der ich selbst einmal als Baby lag, eine gesättigte, halb bewusstlose Larve, aus der ein wenig Milch herauslief.

Ich gab meinem Vater einen Lappen. »Es fühlt sich für ihn vertraut an«, sagte mein Vater zu sich selbst – »er fühlt die Verbindung«.

Vorsichtig setzte ich mich auf die Couch, die mir seit vorgestern auf einmal völlig anders vorkam, auch das ganze Zimmer kam mir sonderbar vor. Dort war meine Mutter, der es nicht gefiel, dass ich nicht im Bett war. Die Stühle am Tisch, das merkwürdige weiße Licht, alles war weiß. Es gab nur eine Person im Zimmer, die ich kannte, besser kannte als jede andere Person, die ich jemals gekannt habe und doch so fremd …

Moos lag auf der Brust meines Vaters. Übergangslos fing er an zu jammern, ein trauriges, beunruhigendes Geräusch. Einen Moment lang ertrug ich es, dass mein Vater ihn streichelte und ihm zart tröstende Worte zumurmelte, aber dann stand ich auch schon auf und nahm ihn behutsam aus den Händen meines Vaters.

»Entschuldigung«, sagte ich, und erneut fühlte ich das ziehende Gefühl im Kopf. Was blieb, war nur das brennende Verlangen dieses seltsame, vollkommene Wesen zu umsorgen und zu küssen, dieses Kleinod, das mein Sohn war. Mir war schwindelig vor Liebe. »Und ich möchte gerne dort sitzen, wo du jetzt sitzt«, sagte ich zu meinem Vater. Ungerührt sah ich zu, wie er sich leicht abstützend aus dem Sessel erhob, um Platz für Moos und mich zu machen.

Es war eine Entscheidung, die für mich getroffen wurde. Kein Wunsch, sondern eine Gewissheit. Was Generationen lang übergeht vom Vater auf den Sohn sollte auch mit Moos passieren – am achten Tag seines Lebens. Alle wurden eingeladen, mein Vater wurde angerufen, der Rabbiner, der Mohel … War er gut, der Mohel? Ja, er war sehr geschickt, ein Chirurg. Am Telefon erklärte er, welche Technik er anwenden würde. Schmerzlos, ja, nahezu.

Gelähmt vor Angst ließ ich mich mit dem gegen mein Herz gedrückten, vollkommensten Wesen zur Synagoge fahren. Neben mir saß mein Mann, einer derjenigen, die hinter diesem schrecklichen Vorhaben standen. Auch während der Fahrt konnte ich nur die Absurdität dieser Tradition, die schon Hunderte von Jahren vom Vater auf den Sohn übergeht, erkennen. Hinter jeder Tradition steht eine menschliche Entscheidung, Sturheit und Stolz, mit der das Festhalten an ein barbarisches Ritual als ultimative Kultur gefeiert wird.

Gleichzeitig musste ich auch über meinen eigenen nicht weniger traditionellen Hass gegen diesen Männerritus lachen. Ich wusste, zurück konnte ich schon lange nicht mehr.

In der Synagoge musste ich mein Kind an meinen Vater abgeben.

Als Mutter wurde von mir erwartet, dass ich in einem separaten Raum außerhalb des offiziellen Saals warte, bis es vorbei war. Wohl zurecht wird von den Müttern nichts Gutes erwartet, während ihr Kind beschnitten wird. Mein Vater trug einen *Tallit* um seinen Kopf und seine Schultern. Niemals zuvor hatte ich ihn damit gesehen. Auf seinem Kopf lag die mit Silber besetzte Kippa, die er an jüdischen Festtagen trug. Die kannte ich schon. Es verwirrte und berührte mich immer, ihn so jüdisch zu sehen.

Er schwitzte und lachte die Heiligkeit der Handlung für mich ein wenig weg, so wie er es immer so gut konnte. Aber in seinen Augen stand ein Glanz, aus der ebenso Hilflosigkeit wie tödlicher Ernst sprachen, ein Ernst, der alles überstieg, was jemals zuvor in unserer Familie geschehen ist.

Er war der *Sandak*, der mein Kind während des Eingriffs auf einem Kissen auf seinem Schoß halten sollte. Dass er diese Aufgabe übernommen hatte, machte alles unendlich größer und bedeutungsvoller.

Freiwillig und wissentlich hat er sein Judentum, seine traditionelle Bestimmung angenommen und somit auch wir, die ihm angehören. Dass es ihm bereits unendlich viel mehr Leid als Glück gebracht hatte, war eine banale Wahrheit und am Blick meines Vaters erkannte ich, wie sehr er sich dessen bewusst war. Eine Art Resignation war es: das Wissen, einer Realität ausgeliefert zu sein, die man nicht gewählt hat, diese aber am Ende mit Stolz und Freude und dem Gefühl der Unbezwingbarkeit annimmt. Das überwältigende Gefühl, dass mein kleiner Sohn in dem jahrhundertealten Kreislauf eine Rolle spielen würde, dass ich meinem Vater damit etwas schenkte, was angesichts der Bedeutung meine Besorgnis weit überstieg, beruhigte mich schließlich.

Während der Zeremonie saß ich mit meiner Mutter in dem Seitenzimmerchen und achtete mit Herzklopfen auf jedes kleinste Geräusch. Sie konnte mich nicht trösten, sie konnte mir nicht helfen.

Ganz entfernt hörte ich eine Stimme durch die schalldichten Wände, eine laute Stimme, wonach eine unergründliche Stille einsetzte und ich eine heftige Übelkeit aufkommen fühlte. Nach einer gefühlten Ewigkeit begann plötzlich das Weinen meines Kindes, dünn und scharf. Ich stand sofort auf, bebend vor Zorn und Kummer bis meine Mutter meine Hand ergriff und sagte, dass ich mich setzen sollte.

Das Weinen dauerte nur einen Moment und hörte dann auf. Danach öffnete sich die Tür des Saales und mein Vater erschien. Er trug Moos in seinen Armen. Mit dem Tallit und dem Kissen war er eine fast priesterliche Erscheinung. Ein Schleier lag auf seinen Augen. Er schwitzte noch viel stärker als vorhin, sein Gesicht glühte, Wasser lief in Strömen von seiner Stirn.

Ich bekam meinen Sohn von meinem Vater zurück. Danach sagte er den einen Satz, der die Beschneidung seines kleinen Enkelsohns für ihn am besten zusammenfasste, den Satz, den ich nicht vergessen kann, niemals vergessen kann, mit dem Tallit noch um die Schultern, heiser, ein Zittern in seiner Stimme: « Sie konnten uns nicht unterkriegen«. Ich wusste, wen er mit »sie« meinte.

Es war ein extrem heißer Sommer, der Sommer, in dem Moos geboren wurde. Nach 10 Tagen machte ich meinen ersten Spaziergang mit ihm in das Dorf, in dem ich damals wohnte. Es schien wie eine Wanderung durch die Wüste, und ich musste mich letztendlich, übel vor Orientierungslosigkeit, von dem kleinen Platz, an dem ich gelandet war, abholen lassen, benommen von der Hitze und dem weißen Sonnenlicht, das ich nach den vielen Tagen zuhause in einer Welt aus gedämpften Farben, plötzlich als höllisch wahrnahm.

Nicht einmal zwei Wochen nach Moos' Geburt, am 10. Juli, fuhr ich in derselben tropischen Hitze zum Geburtstag meines Vaters. Meine Eltern wohnten damals eine dreiviertel Stunde Fahrt von uns entfernt, aber, obwohl es mir immer noch nicht gut ging, ich verschwitzt und zitterig war, wollte ich an diesem Tag nicht fehlen. Gerade an dem Tag des Jahres, den er am meisten fürchtete, empfand ich es als meine Aufgabe, ihm seinen Enkelsohn, der alles gutmachen soll, zu bringen. Mein Sohn als Heilmittel, Medizin für Verwundete.

Um diese Zeit war Moos noch immer wie ein Hühnchen von nur sechseinhalb Pfund. (Dass er in den Wochen und Monaten darauf ein Pfund pro Woche zunehmen würde, wusste ich damals noch nicht) und in unserem Suzuki hatten wir keine Klimaanlage.

Im Stau Richtung Haarlem gab das kleine, zerbrechliche Wesen neben mir keinen Mucks von sich, aber ich fühlte, wie es sozusagen schmolz, erstickte, sich auflöste. Mir wurde schlecht vor Angst, dass ich Moos jetzt nicht füttern konnte. Warum musste ich so unbedingt zu meinem Vater mit meinem verletzlichen Neugeborenen, der sich noch immer nicht völlig von der Beschneidung erholt hatte?

An einer Tankstelle hielt ich eines der weißen Tücher, die ich bei mir hatte, unter einen Wasserhahn und legte es über die Tasche, in der Moos lag – ich hoffte, dass es die Luft um ihn herum kühlte. Der Gedanke kam mir instinktiv. Später las ich, dass dies von jeher eine Methode war, in tropischen Gebieten Häuser zu kühlen.

Ich benötigte mehr als eineinhalb Stunden für die Fahrt. So glücklich und überrascht meine Eltern auch waren, dass ich kam, um mit Moos den Geburtstag meines Vaters zu feiern, ich glaube nicht, dass es ihnen richtig klar war, welch ein Opfer mein Kommen war. In dem Zustand erhöhten Bewusstseins, in dem ich mich aufgrund der Hormone noch immer befand, dachte ich offenbar mehr in Symbolen als sie.

Denn ich konnte nie vergessen, dass am 10. Juli 1944, an dem Tag, an dem mein Vater sechzehn Jahre alt wurde, er für immer von seinen Eltern getrennt wurde. In einem seiner Bücher steht, wie er voller Entsetzen seine Mutter in der Reihe stehen sah in einer blaugrau melierten Strickjacke. Das letzte Mal.

An dem Tag, an dem Moos ein Jahr alt wurde, gab es Käsekuchen mit einer Kerze.

Im letzten Jahr habe ich meinen Vater nicht mehr so oft gesehen, denn mit einem Baby ist man immer beschäftigt und ich merke, dass es mit Moos um mich herum für mich immer schwieriger wird, die gleiche fürsorgliche, interessierte Tochter zu sein wie früher. Auch mein Vater zog sich in diesem letzten Jahr mehr zurück und war nicht, wie es ein idealer Großvater sein sollte, sonderlich begeistert von dem Lärm und der Aufregung, die ein Baby mit sich bringt. Es schien fast, als ob er sich durch seinen Enkelsohn verdrängt und etwas zurückgesetzt fühlte. Mein Vater ist nicht nur ein vernünftiger, gebildeter und reifer Mann, er kann auch wie ein kleines Kind sein.

Aber jetzt wird gefeiert. Familienmitglieder sind da und wir singen »Hoch soll er leben«. Moos sitzt verwirrt auf einem großen Stuhl und isst seinen Lieblingskuchen. In einer Woche werden wir für zwei Monate nach Amerika gehen, um zu schreiben.

Meine Eltern bleiben nicht lange. An unserer Haustür umarme ich sie und dann winke ich ihnen nach, so wie immer. Ich habe weniger Angst als früher. Unbesorgt und gelassen, auch wenn ich sie zwei Monate nicht sehen werde. Nahe nebeneinander sehe ich sie entlang der Gracht weggehen und merke zum ersten Mal seit Jahren, dass die alte Angst nicht mehr da ist, die Angst, dass ihnen etwas passiert. Ich bin ruhig und voller Vertrauen. Jetzt, wo ich ein Kind habe, gilt alle meine Angst ihm. Wenn ich mein Kind bei mir habe, habe ich vor nichts Angst. Diese Gedanken gehen mir durch den Kopf, während ich meinen Eltern hinterherschaue. Ich gehe wieder hinein.

Zehn Tage später erfahre ich, dass dies das letzte Mal war, dass ich meinen Vater sah.

Als wir gerade in New York angekommen waren, erhielten wir einen Anruf, dass er an einem Herzanfall gestorben ist.

Moos ist jetzt ein erwachsener Mann, kein Ökonometriker, aber ein Unternehmer, meine Tochter, Solomonica, ist Schriftstellerin. Ich kann es immer noch nicht glauben, dass mein Vater nicht mehr da ist. Noch immer rede ich mit ihm. Wenn ich an ihn denke, denke ich an den Krieg.

Wenn ich an den Krieg denke, denke ich an ihn.

Ernst Israel Bornstein
Die lange Nacht
Ein Bericht aus sieben Lagern
271 Seiten, Klappenbroschur
ISBN 978-3-86393-092-9

»›Die lange Nacht‹ ist in ihrer schonungslosen Klarheit ein Dokument von besonderem Wert, dem jeder von uns nur eine möglichst große Verbreitung bei Jung und Alt wünschen kann.« *Charlotte Knobloch in ihrem Vorwort*

Frida Michelson
Ich überlebte Rumbula
222 Seiten, Klappenbroschur
ISBN 978-3-86393-093-6

Der authentische Bericht von Frida Michelson über den Einmarsch der deutschen Truppen in Lettland, den Beginn der Ausgrenzung, Verfolgung, Zwangsarbeit, Ghettoisierung und anschließende Vernichtung im Wald von Rumbula, der sie durch einen Zufall entkam ...

www.europaeischeverlagsanstalt.de

H.G. Adler, Hermann Langbein
und Ella Lingens-Reiner
Auschwitz
Zeugnisse und Berichte
310 Seiten, Broschur
ISBN 978-3-86393-097-4

Die 1962 zusammengestellten »Zeugnisse und Berichte aus Auschwitz« sind eine der umfassendsten Dokumentationen der Wirklichkeit im größten nationalsozialistischen Vernichtungslager.

Thomas Gnielka
Als Kindersoldat in Auschwitz
Die Geschichte einer Klasse
184 Seiten, Klappenbroschur
ISBN 978-3-86393-058-5

»Mit eindrucksvollen Bildern zeigt Gnielka, wie auch die Seelen derer, die überlebt haben, irreparabel beschädigt wurden.« *NDR*

Werner Renz
Auschwitz vor Gericht
Fritz Bauers Vermächtnis und seine Missachtung
291 Seiten, Broschur
ISBN 978-3-86393-089-9

Renz zeichnet in diesem Band die NS-Prozesse nach. Dabei analysiert er die jeweilige Rechtsauffassung und die Rechtspraxis dieser Prozesse und deren Resonanz in der Öffentlichkeit.

Werner Renz
Fritz Bauer und das Versagen der Justiz
200 Seiten, Broschur
ISBN 978-3-86393-068-4

Noch heute stehen Angehörige des Auschwitz-Personals als Greise vor Gericht. Diese späten Prozesse sind ein Zeichen für das Versagen der deutschen Strafjustiz.

www.europaeischeverlagsanstalt.de